孙中山文物 **100** 个故事

100 Stories about Objects Related to Sun Yat-Sen

王春法 主编

北 京 时 代 华 文 书 局

图书在版编目（CIP）数据

孙中山文物 100 个故事 / 王春法主编 . -- 北京：北京时代华文书局 . 2017.9

ISBN 978-7-5699-2319-3

Ⅰ . ①孙… Ⅱ . ①王… Ⅲ . ①孙中山（1866-1925）－文物－图集 Ⅳ . ① K827=6

中国版本图书馆 CIP 数据核字 (2018) 第 107810 号

孙中山文物 100 个故事
100 Stories about Objects Related to Sun Yat-Sen

主　　编 | 王春法

出 版 人 | 王训海
责任编辑 | 周海燕　陈冬梅
责任印制 | 刘　银

出版发行 | 北京时代华文书局 http://www.bjsdsj.com.cn
　　　　　北京市东城区安定门外大街 138 号皇城国际大厦 A 座 8 楼
　　　　　邮编：100011　电话：010 - 64267120　64267397

印　　刷 | 永清县晔盛亚胶印有限公司　0316-6658663
　　　　　（如发现印装质量问题，请与印刷厂联系调换）

开　　本 | 787×1092mm　1/16
印　　张 | 13.5
字　　数 | 272 千字
版　　次 | 2018 年 8 月第 1 版　　2020 年 5 月第 2 次印刷
书　　号 | ISBN 978-7-5699-2319-3

定　　价 | 38.00 元

孙中山文物100个故事

序言

　　孙中山先生是伟大的民族英雄、伟大的爱国主义者、中国民主革命的伟大先驱。在中国遭受帝国主义列强野蛮侵略、中国人民遭受封建制度残酷统治的年代，他立志救国救民，与无数爱国者一起，开创了完全意义上的中国近代民族民主革命，为民族独立、社会进步、人民幸福做出了彪炳史册的贡献。1894年，28岁的孙中山取"振兴中华"之意，创建资产阶级革命团体兴中会。他高举民主革命旗帜，广泛联合革命力量，发动多次武装起义，领导人民推翻帝制，结束了在中国延续两千多年的封建统治。孙中山先生一生追求真理，始终站在时代前列。在晚年，他敏锐把握时代脉搏，确立了"联俄、联共、扶助农工"三大政策，实现了第一次国共合作，把反帝反封建的民主革命推向前进。

　　孙中山先生逝世后，中国共产党继承他的遗志，团结和领导全国各族人民和一切爱国力量，进行了艰苦卓绝的斗争，付出了巨大牺牲，终于完成了孙中山先生没有完成的民主革命，并把这个革命发展为社会主义革命，从根本上改变了中华民族的命运。孙中山先生作为中国近代民族民主革命的开创者，受到所有中国人民的深切缅怀，他逝世后，中国人民以各种形式纪念孙中山先生，缅怀他为中华民族建立的不朽功勋，弘扬他不屈不挠的革命精神和天下为公的崇高品德。

　　中国国家博物馆收藏有丰富的与孙中山相关的文物。依托丰富的馆藏，中国国家博物馆多次举办孙中山主题展览。1986年孙中山先生诞辰120周年时，中国革命博物馆举办了"伟大的革命先行者——孙中山诞辰120周年纪念展览"。该展览展出文物100多件，历史照片200多幅，同时出版了由邓小平题名的《孙中山先生画册》。1996年，中国革命博物馆举办了"伟大的革命先行者——纪念孙中山先生诞辰130周年展览"，以128件珍贵文物、197幅历史照片，全面生动地展示了孙中山先生光辉的一生。

2016 年孙中山先生诞辰 150 周年之际，我们精选 326 件馆藏文物，再次举办了"天下为公大道行——纪念孙中山诞辰 150 周年大型馆藏文物展"。该展览展出了孙中山的题词、手稿、信函、宣言、演讲录音、委任书、工作和生活用品、原版照片等大量珍贵文物，重点反映孙中山先生推翻封建帝制开创共和，以及联俄联共扶助农工，实现国共合作历史转变的伟大历史贡献，同时从学习、工作、生活等各个方面展现孙中山先生的精彩人生。这次展览采取文物展的形式，展出的文物数量大大超出历届，是我馆馆藏孙中山文物的一次空前的大展示。此次展览中，由宋庆龄亲自鉴定并一直期待能够展出的孙中山与宋庆龄婚约书真迹首次展出，实现了她生前夙愿。

　　展览具有眼见为实的实证优势，参观者有跨越时间与空间、亲自与历史对话的美妙体验。然而展览结束后，参观展览的那种美妙体验只能留在回忆中。同时，限于展柜空间及展览形式设计的要求，对文物的解读有一定限制，观众希望了解文物背后的故事、加深对文物的理解的需求得不到满足。为了弥补展览的局限性，让平时深藏于库房的文物更好地服务于社会，我们从馆藏中精选了 100 件与孙中山先生相关的文物，深入挖掘每件文物中蕴藏的故事，汇集成书，以飨读者。相信读者阅读本书后，能够对孙中山先生的事业、经历、思想，以及生活、情感等各个方面，都有更加深入的理解，认识到一个客观的孙中山，一个来自人民、热爱人民的革命先行者孙中山。

王春法

中国国家博物馆馆长

目录

01

从救人到救国
孙中山在广州学医时使用的显微镜头

■ 李 良

孙中山于 1866 年 11 月 12 日诞生于广东省香山县（今中山市）翠亨村。12 岁时，孙中山赴檀香山投靠哥哥孙眉，在那里读了中学。在人生观与世界观形成的关键时期，这一段海外经历和系统的西方教育深刻地影响了孙中山，使他开拓了眼界，接受了民主思想和科学素养的熏陶。1883 年，17 岁的孙中山回到家乡。由于反对封建迷信他捣毁了村里寺庙里的神像，遭到乡人的责难，家人只好送他至香港学习。

孙中山在香港先后就读于拔萃书室和中央书院，期间受洗加入了基督教。实行西方资本主义制度的繁荣的香港与处于封建统治下落后的家乡之间的巨大反差促使他反思中国落后的根源，希望能从先进的西方文明中寻求改造中国的道路。

中学毕业后，孙中山面临未来职业生涯的选择。这时的孙中山对基督教十分热忱，曾有意入神学院，但反对其入教的兄长孙眉拒绝为此负担学费。孙中山又想学习军事或法律，也因福州船政学堂在中法战争中被炸毁等原因而无法实现。为孙中山主持受洗的喜嘉理牧师便介绍他去广州博济医院附设的医学院学习。广州博济医院是一所美国传教士设立的医院，喜嘉理牧师希望孙中山此后可以藉行医以传道。这符合孙中山的意愿，加以刚刚结束的中法战争给当时的人们以很大刺激，行医以救治伤员成为很多人的报国途径，这样，医生成为孙中山最初的职业。

中国国家博物馆"复兴之路基本陈列"里有一件"孙中山在广州学医时使用的显微镜头"展品，见证了孙中山在广州博济医学院学医的经历。这个显微镜头是 1/12 油浸物镜，由位于德国威兹勒的恩斯特·徕兹公司（德国徕卡公司前身）生产，孙中山在上面刻有自己的英文名字"Dr. Sun Yatsen"和学校名字"Medical College, Canton"。 这个显微镜头是一个叫鸿江勇的侵华日军士兵 1942 年在广州岭南大学医学院（前身为广州博济医学院）掠夺的。（有可能是孙中山将显微镜头赠予广州博济医院的美国友人，太平洋战争爆发后，医院的美国人被日军逮捕，显微镜头被日军获得。）日本投降后，鸿江勇将其带至日本。1986 年，鸿江勇通过中国驻日本长崎总领馆把它归还中国，后来由中国革命博物馆（中国国家博物馆前身）收藏。

孙中山在博济医学院努力学习医学课

程之余，还聘请老师专门教授国学。孙中山勤学好问，学业进步很快，加之兴趣广泛，对各方面都有涉猎，同学们给他起了一个绰号"通天晓"。1887年，经教会的区凤墀介绍，孙中山前往香港新设立的西医书院继续学习。在这里，孙中山结识了几个同样关心祖国命运的志趣相投的同学，自由的环境更使他们可以无拘无束地畅谈革命，孙中山、杨鹤龄、陈少白、尤列被称为"四大寇"，他们并不介意，甚至以此为荣。

经过5年的学习，孙中山以优异的成绩从香港西医书院毕业，到澳门行医，开设了中西药局。由于孙中山医术精良，遭到澳门葡籍医生排挤，第二年又改赴广州行医。但是，孙中山的志向不在于行医，他有更远大的理想，那就是投身政治，探寻中国救亡图存的道路。1894年，孙中山曾做了一次以和平手段促使清政府改革的尝试。他写了《上李鸿章书》，书中提出了各种改革措施，以达到"人能尽其才，地能尽其利，物能尽其用，货能畅其流"的目标。孙中山和好友陆皓东托同乡郑观应及盛宣怀等辗转介绍，携带《上李鸿章书》北上天津，想呈递给当时最有权势的大臣李鸿章，结果呈递上去后如石沉大海，希望落空。在上书的过程中，孙中山目睹了官场的腐败。而此时中国在甲午战争中失败的消息不断传来，给国人以极大的刺激。孙中山认识到，实行封建专制统治和民族压迫政策的清政府已无可救药，必须代以新的民主共和政府，和平的救国道路无法施行，不得不采取暴力的方式。

1894年11月24日，孙中山赴檀香山，在大哥孙眉的支持下，联合一些爱国华侨成立了反清革命团体——兴中会，后来又联合辅仁文社的杨衢云、谢缵泰等，在香港成立了兴中会总部。1895年，兴中会毅然在广州发动起义。虽然起义最后失败，但是烈士的鲜血使孙中山的斗志弥坚，从此他义无反顾地走上了推翻清朝统治的革命道路。

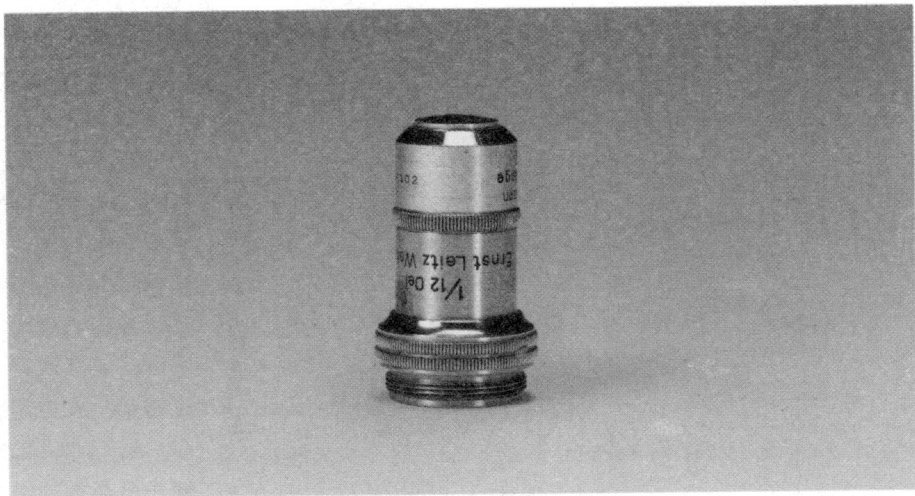

孙中山在广州学医时使用的显微镜头

02

意气激昂的"四大寇"
孙中山在香港西医书院学习时与友人合影

■ 隋立新

1886 年夏，孙中山在香港中央书院（The Central School）中学毕业后，曾一度打算学习军事或法律。然而，由于拟报考的福州船政学堂在中法战争中遭受破坏等原因未能如愿。战争中救护人员缺乏，一些伤兵得不到及时医治，饱受生死折磨的现实，使孙中山确定学习医学的志向。在他看来，"医亦救人之术也"，将来凭借着医术，同样能够进行救国救民活动。同年秋，经喜嘉理牧师推荐，孙中山进入广州博济医院附设医学院学习。

1887 年，香港西医书院（The College of Medicine for Chinese , Hong Kong）创立后，考虑到无论在师资力量还是教学设备上，西医书院都要优于本校，特别是香港较为宽松自由的环境利于宣扬革命，孙中山遂于是年 9 月从广州重临香港，报名入学西医书院继续攻读医学，直至 1892 年 7 月毕业。

大学时代的孙中山勤奋好学，思想活跃。他不仅在医学专业学习上取得优异成绩，课余之暇还遍览群书，广泛涉猎政治、经济、军事、历史、农学等有关利国福民的各类知识，学习范围大大超出医学院课程要求。年轻的孙中山心怀救国救民宏愿，不断地关切政治问题。他喜欢讨论国情，放言革命，畅谈新政，慷慨激昂地抨击清政府的弊政，

1892年孙中山在香港西医书院学习时与友人合影

盛赞洪秀全为民族英雄，时人听了他的这些言论后，"不以为大逆不道而避之，则以为中风病狂相视也"，鲜有敢于附和者。

然而中华民族从不乏热血男儿，孙中山很快找到了志同道合者。不出几年，他就在与其年龄相当的广东同乡中"得革命同志三人，曰尤、曰陈、曰杨。皆志同道合，暇则放言高论，四座为惊，毫无忌惮。起卧出入，均相与偕，情胜同胞。因相结为一小团体，人称曰四大寇"。这张拍摄于1892年的合影中，前排右起人物分别是尤列、陈少白、孙中山、杨鹤龄，后立者是与孙中山同在香港西医书院学习的校友关心焉。其中，尤列、陈少白、杨鹤龄即是孙中山在上文中提及的尤、陈、杨三人，当时，他们四人常住香港，朝夕往还，经常聚在一起意气激昂地纵论时政，抨击腐败无能的清政府，是这一时期与孙中山相依甚密者。

四人当中，最先和孙中山认识的，是其翠亨村同乡杨鹤龄 (1868—1934)。杨鹤龄自小随家人在港澳居住，孙中山在香港中央书院读书期间，经同乡兼同学介绍后，始和他熟悉起来。杨鹤龄曾在广州算学馆就学，与尤列是同学，毕业后继承父业在香港歌赋街杨耀记商店经商。杨耀记商店毗邻西医书院，遇有闲暇时，孙中山、杨鹤龄、陈少白、尤列四人就常常相聚在商店楼上高谈阔论。他们纵谈天下大事，仰慕反清农民起义领袖洪秀全，提出"勿敬朝廷"的口号，因而被称作"四大寇"。尤列 (1865—1936)，字少纨，广东顺德人，1886年随亲友到广州博济医院访友时，与当时正在该院附设医校读书的孙中山结识，两人志趣相投，此后关系密切。尤列曾拜顺德名儒陆南朗为师，自幼受到民族思想熏陶，早在和孙中山认识前就曾游历过很多地方，痛恨清政府的昏庸腐败统治。入广州算学馆读书毕业后，尤列担任香港华民政务司署书记，此后，与在香港读书的孙中山交游甚密，二人因共同的反清思想始引为同志。陈少白 (1869—1934)，广东新会人，1888年广州格致书院 (1917年改为岭南大学) 开办时，他是第一批入学的学生。因家境日渐困难，陈少白打算到香港半工半读。1890年，由基督教会牧师区凤墀介绍，和孙中山在香港认识，二人一见如故，关系亲近。经孙中山引荐，陈少白亦入香港西医书院读书，他是孙中山在大学时期结交的重要革命知己。

尽管"四大寇"出身不同，经历各异，但相近的地缘，以及不同程度上接受新式学校教育，同在香港学习或谋生的背景经历，使他们无论在情感还是思想上，都更易于接近并产生共鸣。由于较少受到封建传统思想束缚，对比资本主义的进步文明，他们心生出反清救国思想，"所谈者莫不为革命之言论，所怀者莫不为革命之思想，所研究者莫不为革命之问题"，数年如一日。虽然此时他们仅仅是高谈反清言论，并未开始真正的革命事业，但是，这种朋友间的相互影响和相互砥砺，某些程度上增强了孙中山的革命信念和勇气，对其日后革命思想的形成，以及早期的革命活动产生了重要影响。

03

断发易服　革命到底
孙中山1896年赴美时留影及西装

■ 刘 丹

青年时代的孙中山，由于在檀香山经商的哥哥孙眉的关系，很早就接触了海外的世界，感受到西方先进文化的冲击，对中国黑暗的政治社会现实感到不满。求学香港期间，相对宽松、开放的环境，为他的新思想提供了发展的空间。孙中山回忆在香港的求学生涯时说，"每于学课余暇，皆致力于革命之鼓吹，常往来于香港、澳门之间，大放厥词，无所忌讳。时闻而附和者，在香港只有陈少白、尤列、杨鹤龄三人"，"四人相依甚密，非谈革命则无以为欢，数年如一日。故港澳之戚友交游，皆呼予等为'四大寇'"。

从西医书院毕业后，他满怀热情悬壶济世，但路途多阻。葡萄牙当局规定在澳门行医必须有葡萄牙文凭，而且外国医生开的药方药局不给配药。他也尝试过传统的进身之术，上书当时执掌全国洋务之牛耳的重臣李鸿章，希望能自上而下实行改革。然而上书如石沉大海，杳无音信。目睹清廷官场种种腐败之后，孙中山清楚地意识到，自己的理想和抱负，难以通过常规途径在既有社会条件中实现。于是，他便只有非常规的途径可走，那就是暴力革命。"知和平之法无可复施，然望治之心愈坚，要求之念愈切。积渐而知

1896年6月孙中山乘船由夏威夷赴美时摄影

和平之手段不得不稍易以强迫。"

1894年11月，孙中山在檀香山联合当地华侨成立兴中会，提出振兴中华，挽救危局，以"驱除鞑虏，恢复中国，创立合众政府"为宗旨。1895年10月26日，兴中会在广州发动起义，但因沟通不畅、计划泄露而失败。清政府大肆捕杀革命党人，陆皓东、朱贵全、丘四等被杀，程奎光入狱，孙中山、杨衢云等均被悬赏通缉，"举国舆论莫不目予辈为乱臣贼子、大逆不道"。孙中山逃往香港，见到了在香港西医书院的老师康德黎，康德黎将好友邓尼思律师介绍给孙中山，建议他就目前

的境况咨询一下律师，邓尼思建议孙中山立刻离开香港前往日本，孙中山依言而行。

在日本，孙中山遇到了旧识陈清和均昌洋服商店的主人谭发，经他们介绍，他与文经印刷所的主人冯镜如相识。冯镜如即为冯自由的父亲，他与孙中山进行密谈之后，留孙中山住在自己家中，并热情款待。经过孙中山的宣传策划，不久兴中会横滨分会便在文经商店二楼成立，冯镜如被推举为会长。

广州起义的失败并没有动摇孙中山的革命信心，1895年12月，孙中山毅然决定剪掉清朝统治的象征——辫子，穿上谭发制作的西装，并开始留起了胡须，表达了他与过去决裂、革命到底的决心。此后，孙中山就离开日本，乘轮船至夏威夷，暂居于兄长孙眉在檀香山的家中。断发易服后的孙中山形象与以往大不相同，1896年4月，孙中山在檀香山偶遇途经美国返英的康德黎夫妇，"渠等见予不复相识，而其同行之日本乳媪方以予为日本人而改易欧装者，遂以日本语与予相问答。此为予易服后数遇不鲜之事。盖日本人多以予为同乡，待启口而后始悟其非是也"。连康德黎都无法辨认，可见孙中山改变之大。

半年之后，孙中山由檀香山乘船前往美国继续进行革命活动。中国国家博物馆藏有一张孙中山1896年6月所摄照片，即为在其赴美之船上所摄。照片中孙中山已断发易服，身着白衬衫及三件套西装，领口系有领结，孙中山面容平静，目光坚毅，显示出良好的身体状态和饱满的精神状态。在美国，孙中山在纽约百老汇的乔治·本杰明（George G.Benjamin）服装店定做西装三件套一套，为日后穿着使用，这套西装如今收藏在国家博物馆。

广州起义后，孙中山成为清政府通缉的"逆党要犯"，清政府致电驻各国使馆，要他们严密监视孙中山行踪，伺机抓捕。

然而孙中山到达旧金山后，犯了一个错误：他在美国照相馆拍摄了一张自己的照片。当时的照片不是现在这样立等可取，冲洗翻印都需要时间。这就给了跟踪孙中山的密探以可乘之机，孙中山在拿到照片的时候，密探也拿到了翻印的照片，并将其新的形象特征通报给世界各地的清使馆。驻旧金山总领事杨儒密电总理衙门："孙文……年约三十左右，身材短小，面黑微须，剪发洋装，由檀香山行抵旧金山。" 9月25日，英国清使馆收到杨儒密电："现据纽约领事施肇曾探悉，孙文于九月二十三号，礼拜三，搭白星公司轮船，至英国梨花埠（利物浦）登岸。"英使馆立刻派密探到利物浦守候，并报告："这个中国人合于所说的形状的，已于昨日中午十二时在利物浦上岸。"于是英使馆立刻派人密尾，也正是由于清政府已经掌握了孙中山断发易服之后的新形象，所以当孙中山到英国后，密探能迅速发现，并上演了惊心动魄的伦敦被难事件。

孙中山穿过的西装

04

伦敦被难　虎口脱险

上海民鸣社话剧《孙中山先生伦敦被难记》戏单

■ 刘　丹

1896年9月30日，孙中山自美国纽约抵达英国利物浦，随即坐火车至伦敦，住在斯屈朗路的赫胥旅馆。第二天他到康德黎在波德兰区覃文省街46号的家中拜访，受到康德黎夫妇的热情接待。在康德黎夫妇的帮助下，孙中山移居到葛兰旅店街8号霍尔庞小旅馆。在伦敦，他的大部分时间都在游览名胜古迹、博物馆，并且每天都到康德黎家拜访。

10月11日上午十点半，孙中山正向康德黎家走去，一个中国人悄悄接近他，用"洋泾浜英语"跟他搭话，在得知孙中山是广东人后，改用广东话攀谈起来。之后，又来了几个中国人半怂恿地引着孙中山上了人行道，然后被人一边一个夹着推进一间房子。孙中山立刻意识到这就是中国公使馆。

孙中山被带到公使馆底层的房间问话，并被告知他已经被逮捕。其后，孙中山就被软禁在此，门外有两到三个看守，时时从锁眼处监视他的一举一动。孙中山请为他送食物和换煤的仆人替他传信，但是这些信都上交给了公使馆。后来孙中山只有将被囚消息写在纸条上揉成纸团，向窗外掷出，希望路过的行人捡到后将自己被囚禁的消息散布出去，但这些纸团也都被使馆派人寻回。

10月14日，孙中山被囚禁的第四天，得知再过几天，使馆打算将孙中山用货船秘密运出英国，送回广州处决。10月16日，孙中山再次央求给他送煤的英国仆人柯尔（George Cole）帮助他送信给康德黎先生，逃避中国公使的政治迫害。柯尔将此事告知使馆女管家霍维夫人（Mrs. Howe），在霍维夫人的鼓励下，柯尔答应替孙中山传递消息。

接到柯尔传信的当天（10月17日），康德黎随即去伦敦警察厅报案，但被告知警察厅不可能积极地去办理此事。第二天康德黎和孟生开始了一系列营救措施：报告外交部，向《泰晤士报》提供消息，并雇了一个私人侦探晚上守在公使馆门外，以防孙中山被秘密押走。一直到深夜两点才休息。但不幸的是这天正好是星期天，只有等到周一官方才能有答复，而星期二，就是孙中山预定被送走的日子。

10月19日，星期一，康德黎再到外交部呈上案情书，外交部查明公使馆的确已经雇用了轮船，终于掌握了案情的直接证据。政府派了六名侦探在公使馆外执勤。

10月22日，《环球报》刊登了康德黎

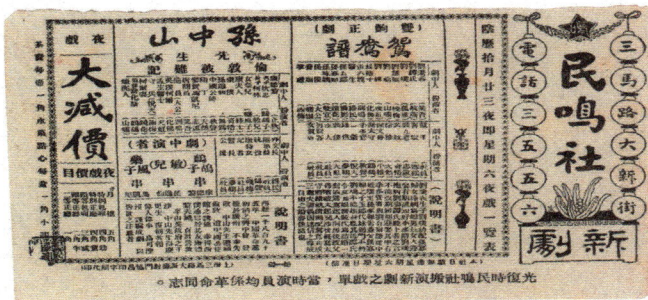

上海民鸣社话剧《孙中山先生伦敦被难记》戏单

的采访稿，案情得以公开披露，在英国舆论界掀起轩然大波。随后，中央新闻社和《每日邮报》也采访了康德黎，并采访了清使馆的英国顾问马凯尼。在各方压力下，10月23日下午，清使馆被迫释放了孙中山。

孙中山获释后，写了一封公开信登载在报纸上，以感谢英国政府和新闻界为营救他所做的一切。他脱险的消息占据了1896年10月23日和24日英国境内及世界各地报纸的重要版面，博得了各方面的极大支持和同情。孙中山从一个默默无闻的通缉犯变成一个反抗专制统治的"革命英雄"。英国著名汉学家翟理斯(H.A.Giles)约请他写小传，把他收入正在编纂的《中国名人辞典》。孙中山将这惊心动魄的经历写成英文《伦敦被难记》，1897年初在英国布里斯托尔出版。1912年，上海商务印书馆印行了译本，在国内发行。

有趣的是，伦敦被难事件的政治主题和戏剧性使得其成为一个合适的戏剧主题，民国成立后在中国被改编为戏剧，成为舞台上颇受欢迎的剧目。中国国家博物馆收藏有一张上海民鸣社1916年11月18日《孙中山先生伦敦被难记》的戏单。戏单上附有演员表及说明书："西历一千八百九十五年，中国革命党初创之兴中会，发难于广州，不幸失败。中山先生避祸伦敦，遭中国公使馆之诱捕，幸得西仆通信于其友康德黎夫妇，百计营救，卒由英政府之干涉，中山先生得庆更生，复创共和，伟人伟事，焉可湮没，谨编成剧，以告世之注意者。"

上海民鸣社是演出民国初期兴起的文明戏的代表性剧团，其表演内容则以迎合老百姓口味的家庭戏、小说戏、弹词戏、帝王戏、外国戏等为主，时事戏也是文明戏颇为重视的一方面，尤其是《西太后》，场场爆满，反复上演的频率高得惊人，成为民鸣社的看家戏。此外，《皇帝梦》《呜呼，五月九日》《孙中山先生伦敦被难记》等时事剧也大受欢迎。

演员表一栏上写着孙中山的扮演者是顾无为，康德黎的扮演者是郑正秋，他们都是当时上海最具号召力的文明戏演员。1916年3月，民鸣社台柱顾无为因编演讽刺袁世凯的《皇帝梦》一剧被捕入狱，民鸣社演出陷于停顿，演职人员都奔赴他地或者别的剧社。8月，顾无为出狱，继续组织民鸣社旧部恢复演出。《孙中山先生伦敦被难记》一剧就是在这一背景下上演的。

05

"孙中山"之名的由来

章士钊译著《孙逸仙》

■ 李 琮

　　伦敦被难获救后，1897 年 7 月，孙中山由英国经加拿大赴日本，拟在这里策划反清武装起义。在日本，孙中山结识了犬养毅、宫崎寅藏、平山周、尾崎行雄、大隈重信等日本朝野人士，其中宫崎寅藏与孙中山的关系最为密切。

　　宫崎寅藏倾心于泛亚洲革命运动，他早在孙中山赴日之前就对孙中山之名有所耳闻，并通过孙中山在日本的好友陈少白阅读到孙所著的《伦敦被难记》。孙中山到达日本之后，宫崎寅藏与他多次会面，两人共同探讨中国革命与泛亚洲主义的相关问题。宫崎寅藏被孙中山身上的种种品质所深深吸引与折服，对这位中国革命的先行者产生了油然而生的敬佩之情，此后他成为孙中山革命事业的坚定支持者。1900 年，宫崎寅藏参加了孙中山领导的惠州起义，负责从日本调运原菲律宾革命党人所留下的军火至前线。起义失败后，宫崎寅藏回到了日本。1902 年，当时"烦恼而懊丧"的宫崎寅藏发表了自传《三十三年落花梦》，记叙了自己三十三年的人生经历。书中讲述了作者进入中国，辗转于中、日、暹罗、新加坡几国，参加

惠州革命以及革命失败后返日的经历，还详细描述了作者与孙中山讨论革命、孙中山论述革命思想并发动革命的种种内容，并且描述了百日维新后作者协助康有为逃亡日本的经过。作者在书中高度评价了孙中山，并判断其必定会成为中国革命的杰出领袖。作为革命战友与伙伴，孙中山

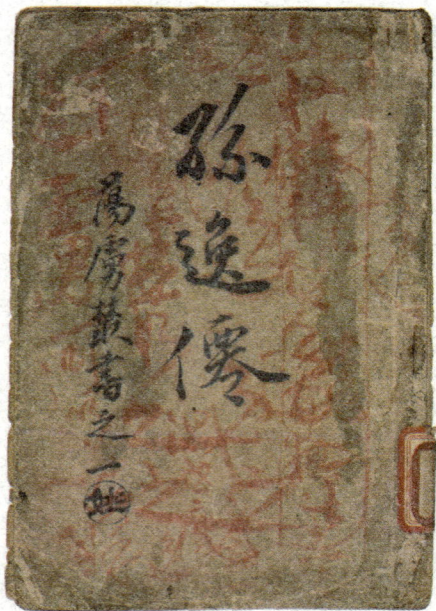

章士钊译著《孙逸仙》

特为本书作了序，他在序中称宫崎寅藏为"今之侠客"，并夸赞其为"识见高远、抱负不凡……欲建不世之奇勋"。

1903年，身居上海的章士钊率先将此书中有关孙中山革命的内容译成中文，并以《孙逸仙》为书名正式出版。

章士钊1881年出生于湖南善化，他幼读私塾，接受了传统文化的教育，20岁时又就读于武昌两湖书院，结识了黄兴等思想进步人士。1902年，他与黄兴等人组织成立了华兴会，积极反清。1903年，章士钊任上海的《苏报》主笔，在他的主持下，《苏报》发表了由章太炎、邹容等人写的许多抨击清政府、宣传革命的政论文章，引起清政府恐慌。清政府勾结上海租界当局，查封了《苏报》，制造了轰动一时的"苏报案"。章士钊逃脱后，与张继、陈独秀等人创办了《国民日日报》，还创办了东大陆图书译印局，继续从事革命活动。

章士钊从革命同志王慕陶处看到孙中山写给王的信，发现其"字迹雄伟，意态横绝"，其作者绝不像清政府所宣传的"海贼""江洋大盗"的形象，于是请王慕陶介绍孙中山的事迹，王还送给他一本宫崎寅藏写的日文《三十三年落花梦》。读完后，章士钊对孙中山的革命理想与革命实践十分钦佩，为了让更多的华夏志士都能够了解到孙中山这样一位革命者，章士钊特将《三十三年之梦》中有关孙中山革命活动的内容节译成中文，以自己的笔名"黄中黄"发表，书名则为《孙逸仙》。章士钊在序言中称孙中山为"近今谈革命者之初祖，实行革命者之北辰"，称"谈兴中国不可脱离孙逸仙三字"。此书出版后，

马上就风行全国，人们争相传阅，产生了很大影响，孙中山不再是清政府宣传中的"海贼"，而成为反清革命先驱和斗士了，这对于此后的中国革命有深远的影响。

值得一提的是，"孙中山"这一名字的由来即与《孙逸仙》一书有关。孙中山本名孙文，号日新、逸仙（即"日新"的粤语音译）。来到日本东京后，孙中山为了隐藏真实姓名，便在住宿登记时用了化名。因在去旅店的路上经过了"中山"侯爵府邸，故当时陪同孙中山的平山周便在旅客登记簿上写下"中山"二字，但"中山"只是姓，于是孙中山便自己又添了个"樵"字，并解释其为"中国之山樵"。孙中山将自己比作中国山中一砍柴人，体现了其谦逊与爱国的情怀。而"中山樵"这个名字也就成了孙中山的化名。在《孙逸仙》一书中，日文水平有限的章士钊误将孙中山先生的真名（孙文）与化名（中山樵）的两个姓连缀成文，译成"孙中山"，于是在该书出版后，"孙中山"这个名字也就广为流传，孙中山本人也予以默认了。

06

筹建革命军
孙中山在檀香山发行的拾元军需债券

■ 安跃华

1895 年广州起义失败后，广州、香港两地的兴中会组织遭受到沉重打击，致使组织骨干流落各地，彼此联系不便，原有的领导核心已经不复存在。而戊戌政变后，康有为和梁启超便在世界各地大力发展保皇势力，筹得了大量捐款，成为阻碍孙中山革命活动的绊脚石。各地兴中会组织纷纷倒向保皇派，被分化瓦解者也不在少数。特别是在夏威夷，保皇势力十分猖獗，整个组织甚至为保皇派所把持，革命派在那里的势力几乎荡然无存。

1903 年 10 月，孙中山第 5 次来到夏威夷。此时的兴中会组织已经陷入瘫痪状态，不仅失去了原有的号召力，而且难以适应革命斗争形势发展的需要。面对这种情况，孙中山下决心要改组兴中会。11 月，他应邀从檀香山前往希炉。在那里，他深入到耕寮，对当地的华侨商人、农牧场主和工人进行思想发动，建立起希炉第一个革命团体——"中华革命军"，入会誓词定为："驱除鞑虏，恢复中华，创立民国，平均地权"，参加者共 20 余人。随后他又不顾保皇分子的阻挠和捣乱，在日本戏院、耶稣教堂及洪门组织的联兴会馆进行公开演讲，宣传革命，受到当地华侨的热烈欢迎。

希炉中华革命军的成立，对檀香山华侨也产生了积极影响。12 月，孙中山返回檀香山，连续 3 天在中国城荷梯厘街戏院和利利霞街戏院发表演说，听众每次都超过 1000 人，反响十分强烈。他还利用报纸与保皇派展开思想论战，亲自撰文指出"革命、保皇二事决分两途，如黑白之不能混淆，如东西之不能易位"，号召同乡要倡导革命，不要为保皇派所蛊惑。在孙中山等人的极力鼓吹和劝导下，广大华侨转变了对革命的冷淡态度，许多以前误入保皇会的兴中会会员也醒悟过来，保皇派势力因此大受影响。1904 年 1 月，孙中山在檀香山温逸街三楼招人入会，正式创立"中华革命军"，入会誓词与在希炉所用相同。之所以称为"革命军"，孙中山自称主要是为了记《革命军》作者邹容的功劳，他认为这本书的功效不可胜量。到当年的 12 月底，檀香山、希炉两地新参加中华革命军者已各达数十人。

为筹集经费，孙中山于 1904 年 1 月以"中华革命军"的名义，亲自签署发行

孙中山在檀香山发行的拾元军需债券

军需债券。这张债券面值为10元，横式，纵 9.8cm，横 18.4cm，单面铜版铅印，印色为红黄绿三色。券纸加有英文字母防伪水印。券面以红色双钩字母"T"连缀成边框，底纹有黄色小格，并印有"壹拾圆"双钩空心字体。上端印有红色"军需债券"四字，中间直印"此券实收到美金壹圆正，本军成功之日，见券即还本息拾圆"字样，下端为孙逸仙的英文签名。左上角和右下角各印数字面值，右上角和左下角各印4位编号。右侧直印"西廿纪四年　月　日发"，左侧骑缝处有骑缝号，上方压盖骑缝方章。券背面盖有"中国国民党驻檀总支部"和"廿五年六月十八日已登记"条戳。

军需债券是在檀香山印刷的，但销售情况并不理想，因当地的兴中会盘已被保皇派蚕食过半，购者寥寥。4月，孙中山前往美国旧金山，将未售出的债券也一并带去。在爱国华侨邝华泰、伍盘照等的协助下，他在旧金山士作顿街长老布道会所召开兴中会救国筹饷大会，并在会上发表演说，宣传非推翻清政府无以救中国的道理和认购军需债券对促进中国革命的作用。演讲完毕后，他便提议在座的教友购买军需债券，说明每券规定"实收美金十元，俟革命成功之日凭券即还本息一百元，凡购券者即为兴中会会员，成功后可享受国家各项优先利权"。许多教友担心留在国内的亲属因此会受到牵连，所以一开始均表示助款购券可以，入会则不必。为打消大家顾虑，孙中山不得不宣布此举志在筹饷，入会与否，一律自愿。债券票面不写姓名，不必过虑。于是，大家纷纷慷慨解囊，积极认购。冯自由曾详细记述了当时华侨购券的情形：其中"以华生隆号司理雷清学所捐二百元为最多，福和号厨子刘伯所捐十元为最少。各债券均假中西日报内室填写号数，并由总理签署英文'孙逸仙'三字于下，右侧加盖'孙文之章'四字方印"。此后邝华泰又在伯克利继续推销债券，两地共募得美金4000余元。

07

孙中山与留欧学生

1905年初孙中山在布鲁塞尔与中国留欧学生合影

■ 周彩玲

20世纪初，庚子之乱后，随着清末新政中鼓励留学政策的推出，大规模的留学潮在中国兴起，涌现出大批到日本及欧美国家留学的学生。这些接受新式教育的知识分子，面对国内外巨大反差的冲击，普遍产生了变革中国社会的思想意识，开始倾向革命。而一向宣称反清革命的孙中山，便逐渐成为他们推崇和敬仰的革命领袖。

此时的孙中山经过两次反清武装起义失败之后，1904年初在檀香山加入洪门致公堂，欲联络会党势力，增强革命力量。1904年底，孙中山在美国各地游说华侨参加反清革命后，由纽约赴伦敦，开启了他第二次欧洲之旅。此时正在英国留学的丁文江从报纸中得知孙中山在伦敦活动的消息，便慕名前去拜访，聆听孙中山的革命主张。中国国家博物馆珍藏有丁文江为拜会孙中山之事而致其好友庄文亚的信函。他提及当时的感想："彼面目甚黑，较之照相较异，略会说几句官话，然彼意全重两广，且云兴中会会员皆广东人，则彼之政策可以知矣……"可见丁文江对孙中山专重两广地区的革命策略并不以为然。

当时留欧学生主要集中在欧洲大陆，像丁文江这样的留英学生比较少，而且这些留欧学生以湖北籍的居多，如留学比利时的贺之才、史青、胡秉柯、魏宸组、王鸿猷、孔庆叡、黄大伟、陈宽沆、喻毓西、李藩昌、潘宗瑞等，留学德国的朱和中、周泽春等。他们在国内时就有一定革命倾向，也一直在努力寻求与孙中山的接触。当他们得知孙中山已到达伦敦的消息之后，便写信极力邀请并资助孙中山到比利时。1905年初，孙中山抵达比利时首都布鲁塞尔，在史青家中，他与贺之才、史青、朱和中、魏宸组等人反复讨论如何组织革命等事。经过三天三夜的激烈辩论，孙中山不仅为这些年轻留学生的革命热情所感动，其思想认识也发生重大转变。他意识到过去单纯依靠会党之不足，表示将在留学生等知识阶层中发展革命势力。他还摒弃了以往专重两广，甚至谋求两广独立的狭隘地域偏见，争取将革命范围扩大到全国。

在孙中山的指导下，1905年春，比利时布鲁塞尔、德国柏林、法国巴黎的中国留学生先后成立了革命团体，其宗旨为"驱除鞑房，恢复中华，建立民国，

1905年初孙中山在布鲁塞尔与中国留欧学生合影

上讲，留欧学生革命组织的成立，实为中国同盟会在欧洲成立的序曲，也是中国同盟会在东京正式成立的先声和雏形。孙中山在《建国方略》中也曾说，经过开第一次会议于比利时布鲁塞尔、第二次会议于德国柏林、第三次会议于法国巴黎、第四次会议于日本东京，中国同盟会始成立。

平均地权"。革命团体名称未确定，通称革命党，这是孙中山最早在留学生群体中建立的革命组织。当时留比学生李藩昌拍摄了一张孙中山在布鲁塞尔与部分留欧学生成立革命组织时的合影，这一珍贵的影像记录和证明了留欧学生与孙中山革命事业的历史渊源。1960年3月，李藩昌将这一珍贵照片捐赠给了中国革命博物馆（中国国家博物馆前身）。照片中前排左一李藩昌、左二史青、左三潘宗瑞；中排左二魏宸组、左三孙中山；后排左二陈宽沆、左三黄大伟。

以留学生为主体的先进知识分子的加入，使孙中山领导的革命运动进入一个崭新的阶段。之后，在留欧学生的联络与资助下，孙中山到达日本东京。1905年8月，他以革命情绪高涨的留日学生为主体，成立了中国同盟会，这是中国历史上第一个统一的全国性的反清民主革命政党。中国同盟会成立后，东京本部正式确认在欧洲成立的留学生组织为中国同盟会欧洲支部。从这个意义

1909年5月，孙中山为革命筹款之事，再赴欧洲，受到留欧中国学生的热烈欢迎。1911年，当武昌起义的消息传来，孙中山没有立即回国，而是再赴欧洲，寻求英法等国对中国革命的外交承认和财政支持。他在欧洲的外交活动，也得到了留欧学生的大力支持。在即将回国之时，孙中山曾力邀留欧各科专门毕业生，归国参加组织共和政府。在1912年初成立的南京临时政府中，新政府各部次长及总统府参军以留欧学生为多，如外交次长魏宸组、财政次长王鸿猷、实业次长马君武、海军次长汤芗铭，以及总统府参军黄大伟、孔庆叡、喻毓西、陈宽沆等。此外，当年留比的史青出任了南京临时政府内务部土木局局长，胡秉柯任总统府秘书，贺之才任职参谋部等。留欧学生为孙中山领导的辛亥革命提供了大批优秀干部，为革命做出了很大贡献。

08

中国同盟会的喉舌

《民报》第一号

■ 李 琮

1905 年 8 月 20 日，在东京赤坂区一处民宅内，由兴中会、华兴会、光复会合并而成的中国同盟会正式成立，它是一个统一的全国性资产阶级革命政党。孙中山被推举为中国同盟会总理，黄兴则为庶务。同盟会制定了《军政府宣言》《中国同盟会总章》和《革命方略》等文件，并确定其纲领为"驱除鞑虏，恢复中华，创立民国，平均地权"。

中国同盟会还在原来宋教仁、黄兴等人创办的《二十世纪之支那》基础上创办《民报》作为机关刊物。1905 年 11 月 26 日，《民报》在东京正式创刊。孙中山在其撰写的《发刊词》中，首次将中国同盟会的革命纲领概括为民族、民权、民生"三大主义"，即后来所称的三民主义。他还指出，《民报》的任务是由具有先进思想的"先知先觉者"发表鼓吹革命的文章，使"其理想灌输于人心而化为常识"，再进一步促使人们去实行。该创刊号一经出版，便受到了支持革命的知识分子的热烈欢迎，很快便发售一空。仅仅过了 12 天，创刊号的第二版便出版，但仍旧十分抢手，以至于创刊号最后竟再版了 7 次。

作为中国同盟会的机关报，《民报》共有六大宗旨：颠覆现今之恶劣政府、建立共和政体、土地国有、维持世界真正之和平、主张中日两国之国民的联合和要求世界列国赞成中国之革新事业。其中前三条与中国同盟会的宗旨相同，而后三条则是中国同盟会的对外主张，其革命色彩十分鲜明。

《民报》为月刊，但在第一号出版后，因同盟会内部出现意见分歧而使得第二号拖延至 1906 年 1 月才出版，第三号则延至 1906 年 4 月，后逐渐恢复正常，每月按时发行。《民报》设有论说、时评、谈丛、选录等栏目，每期字数大约 6 万至 8 万。其编辑部与发行部分别设置，编辑部设在同盟会的总部，发行处则设在宫崎寅藏家中。其撰稿人主要有陈天华、汪精卫、廖仲恺、朱执信、胡汉民、章炳麟、马君武、汪东等，而其发行工作则先后由宋教仁、曹亚伯、程家柽、黄复生负责。

1906 年 12 月，在《民报》创刊一周年之际，民报社还特别出版了增刊《天讨》，由后在黄花岗起义中牺牲的林文题写封面书名。这本增刊汇集了各省革命同志所作的战斗檄文，是一本革命党人对清政府的宣战书。与此同时，民报社还在东京举行"纪元节庆祝大会",近万人涌入会场,气氛十分热烈,据说晚到的宋教仁竟然无法挤入。与会者每人获赠一份《天讨》,许多人都纷纷为《民报》捐款,为其发展助一臂之力。这次大会是清末华人在日本规模最大的一次聚会,其盛况说明《民报》一年的革命宣传非常有效,革命思想已逐渐深入人心。

《民报》创刊不久,即加入与保皇党报刊《新民丛报》关于实行革命还是立宪的大论战。《民报》第三号曾特别刊发号外《民报与新民丛报辩驳之纲领》,将辩论的主要问题归纳总结为12项:《民报》主共和,《新民丛报》主专制;《民报》希望国民以民权立宪,《新民丛报》则希望政府能够开明专制;《民报》认为政府恶劣,故希望国民发动革命,《新民丛报》则认为国民恶劣,希望政府以专制等。《民

中国同盟会机关报《民报》第一号

报》还连续发表《驳新民丛报最近之革命论》《排外与国际法》《驳革命可以召瓜分说》《驳革命可以生内乱说》等,二者的论战一直持续到1907年。由于《民报》的革命派思想适应当时广大人民要推翻腐朽清政府的时代要求,而清政府借"立宪"之名行"专权"之实又摧毁了广大人民对"开明专制"的幻想,因此保皇党最后不得不败下阵来。《新民丛报》也于1907年8月停刊。

《民报》共发行了26期,其中1—5期由胡汉民任主编,6—18、23—24期为章太炎主编,19—22期为陶成章主编,25—26期则为汪精卫主编。在1908年10月《民报》第24期刊出后,其曾因清政府勾结日本政府而被下令停刊,后在孙中山等人的努力下,于1910年复刊。但复刊仅两期后,最终还是于1910年2月正式宣布停刊。

作为中国同盟会的代言人,众多革命领袖曾通过《民报》阐述革命纲领、吸引革命人士走上革命道路。《民报》的社址本身也正是中国同盟会东京总部所在地,是同盟会反清革命活动的组织者与参与者。《民报》始终贯彻其创刊时所刊登的孙中山提出的三民主义,不仅指导着中国同盟会的方向,同时也指导着广大革命群众的方向。在这之后,以三民主义为纲领的中国同盟会,担负起领导辛亥革命的重任。而中国的革命,也逐渐走进了新的时代。

09

闹革命就不怕艰险

四川绥定府为逮捕孙中山事致巴县札

■ 许钰函

中国革命博物馆（中国国家博物馆前身）收藏有一件光绪三十二年（1906）12月5日四川绥定府（今达州）为逮捕孙中山一事向巴县所发公文，其中记录了清廷为逮捕孙中山下达的圣旨："闻逆匪孙文蓄谋不轨，在南洋各埠及内地各省并沿江一带勾结会匪，私运军火，希图起事，并有煽惑官场及营伍学生等情。著各该抚严密查拿，随时认真防范，不得视为寻常文件，仅以通行了事，致有疏虞。"此时已是中国同盟会成立之后，孙中山被推举为中国同盟会总理。清政府向日本政府要求将孙中山驱逐出境，日本政府为自身利益下达了驱逐令。孙中山不得不离开日本，赴南洋一带，成立同盟会分会，从事革命宣传，筹集革命经费，策划武装起义。这些革命活动引起清政府极大恐慌，急欲捉拿革命领袖孙中山，除下令驻沿途各国使馆密切注意孙中山行踪，破坏其革命活动外，还严密防范孙中山潜回国内发动起义，为此传旨各地，要求"严密查拿""随时认真防范"，并特别强调"不得视为寻常文件，仅以通行了事，致有疏虞"。

1895 年乙未广州之役是孙中山及其革命党人领导的第一次武装起义。1895年3月，孙中山偕陆皓东、郑士良等在广州建立兴中会分会。中日马关条约成议前一个月，兴中会决定于重阳节（1895 年 10 月 26 日）在广州发动起义，占领广东省城，并期待由此引发全国反对朝廷的连锁反应。然而起义计划遭到破坏。当清朝政府大肆捕杀革命党人的消息传来，孙中山知无可为，不得不暂避，他带上几件必用物件便离家。当晚，在参加王毓初牧师女儿的婚宴时，孙中山发现有人跟踪自己，但他毫无畏惧。婚宴期间孙中山与王毓初从容交谈，告诉他广州起义已经失败了，随后借口因事失陪，辞别而去。就在孙中山离开后的十几分钟，搜捕他的官兵匆匆赶来。他们不知道孙中山早有准备，已乘常备的小轮，转至澳门。

广州起义失败后，孙中山和陈少白、郑士良等人被迫流亡日本。1896 年 9 月，孙中山从美国纽约乘船到达英国。在伦敦的时候，他每天都拜访他在香港西医书院学医时的老师康德黎医生。10 月 11 日，孙中山在去康德黎家的途中，遭到了清使馆官员的诱骗劫持，被囚禁在清使馆。他们打算把他秘密押解回国处决，

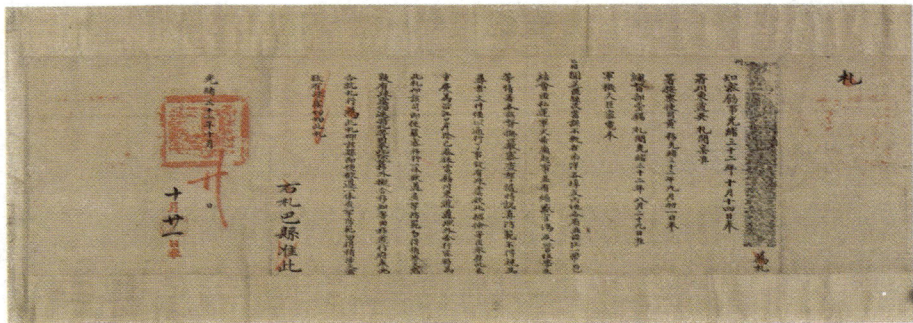

四川绥定府为逮捕孙中山事致巴县札

并雇好了押送他回国的船只。他数次请求看管他的雇员帮助递送消息，都遭到拒绝。他写纸条投掷到窗外，希望路人能捡到，却都被使馆人员捡到上交。就在他即将被送上船押解回国之际，他的遭遇终于打动了有正义感的使馆雇员柯尔和霍维夫人，帮助他送信至康德黎。经过康德黎等人紧急奔走营救，及迫于英国政府及舆论压力，清使馆于10月23日释放了孙中山。

1922年6月，反对北伐的陈炯明与孙中山之间的矛盾逐渐激化，终致酿成叛乱。6月15日晚，陈炯明部下叶举部署军队，即将发动叛乱。海军将领陈策、广州卫戍司令魏邦平等都向孙中山报告陈炯明即将叛乱。孙中山说："无论如何，我不离开，我只知为国家为民族，从来不为个人谋利禄，是人所共知的，陈炯明何至要谋反？""竞存（陈炯明）纵然恶劣，料不至如此。"深夜一时，越秀楼总统府上已听到远处有集合号音。不久，连部队的嘈杂声都能听到了。众人力劝孙中山离开越秀楼。孙中山说："竞存胆敢作乱，我便要负平乱之责。如力不足，惟有一死，以谢我四万万同胞。"林直勉等见事

态危急，又知他决不肯躲避，遂由几个人用力挽着孙中山离开越秀楼。当走到惠爱路时，被陈军哨兵拦阻。林直勉谎称母亲患重病，所以深夜请医生到家里诊治。哨兵看见孙中山穿了一件白夏布长衫，戴一副墨晶眼镜，十足像个医生，就让他们通过了。及至靖海路，又遇陈部叛军，孙中山态度非常从容镇定，叛军没有怀疑，便又安然通过了。从此一直沿长堤走到海珠海军总司令部，再乘小电船到了黄埔军舰上。卫士姚观顺、马湘、黄惠龙等护卫宋庆龄，冒着枪林弹雨冲出重围，安全抵达岭南大学。宋庆龄此时已怀孕，经此大难，不幸小产，以后终身未育。

在孙中山的革命事业中，数次蒙难，但他总是置死生于度外，愈挫愈奋，百折不挠，这缘于他天下为公的高尚情怀和无比坚定的革命信念。他曾对卫士说过："闹革命就不怕艰险，我一生光明磊落，不是为名位，不是为己。当日袁世凯要做总统，我就让给他做。但袁想做皇帝，我就反对他、讨伐他，更要号召全国都来反对、讨伐。我对事对人就是大公无私的，什么危险也不怕。"

10

亲手发炮轰击敌人
孙中山在镇南关起义时戴的帽子

■ 李 良

同盟会成立后，领导发动了一系列武装起义。1907 年 12 月，孙中山在广西镇南关（今友谊关）发动起义。镇南关是位于广西与越南交界处的边防要塞，地理位置险要，中法战争中法军曾以重兵进攻镇南关要塞，结果被冯子材率领的清军打得大败，因此被欧洲人称之为"东方第二旅顺口"。12 月 1 日，孙中山派黄明堂、关仁甫率领 80 余人从越南潜袭镇南关。在事先联系好的部分守军接应下，不久即攻克镇南、镇中、镇北三个炮台，红白蓝三色革命旗（即青天白日满地红旗）高高飘扬于雄关之上。

接到攻克镇南关的捷报后，在越南河内甘必达街 61 号秘密住所策划起义的孙中山极为兴奋，决定亲赴战场。3 日，孙中山率领黄兴、胡汉民、日本友人池亨吉、法国退役炮兵军官狄氏等一行 10 多人，从河内乘火车到边境城市同登，再骑马走小路潜入国境，当晚抵达镇南关前线阵地。4 日晨，清军援军到达，随即发起攻击。起义军以炮台巨炮予以还击，第一炮即命中敌营，毙伤 60 余人。孙中山在前线慰劳战士，鼓舞士气，为起义军伤员包扎伤口。他还登上炮台，

在法国退役炮兵军官狄氏的协助下亲自发炮，竟打得很准。自 1895 年广州起义后，孙中山被逐出国已 10 多年，这时能在祖国的土地上战斗，十分兴奋，感慨地说："反对清政府二十余年，此日始得亲发炮轰击清军耳！"

受到革命领袖亲临前线并肩作战的鼓舞，又有炮兵军官的指导，起义军的炮击准确而猛烈，炮台上所有大炮一齐轰击，地动山摇，清军为之战栗，军心动摇。不久，清军将领陆荣廷遣一村妇送书信来，信中称："荣廷委身异族实迫不得已，君等起事，闻知有如孙逸仙者之大豪杰策划一切，听到猛烈的炮声，知是孙统领亲自临至，极操纵炮火之妙。现机会已到，我愿率 600 名部属投之麾下，如得'确据'，即来投降。"其实陆荣廷并非真心倾向革命，只是根据形势在各方势力间周旋，为自身谋取最大利益。无论如何，为争取清军投降或继续战斗都需要更多粮饷弹药，众人商议，决定孙中山等人速回越南河内筹款购械，黄明堂、关仁甫等率士兵坚守炮台。此后，因清兵援军赶到，加之孙中山筹款购械未果，起义失败。

孙中山在镇南关起义时戴的帽子

镇南关起义时，孙中山随行的革命同志中有一人为日本友人池亨吉。池亨吉为日本作家，通过报纸了解到孙中山的革命志向，便心向往之。1905年他与孙中山首次晤面后，便追随其左右。孙中山对池亨吉非常信任，并希望他能像撰写《太平天国革命亲历记》的英国人呤唎一样，通过参加中国革命战争，以外国观战者的身份如实公正记述其所见所闻，使革命志士及其事业为天下人所知。因此，孙中山邀池亨吉同行，参加了镇南关起义。池亨吉后来将镇南关起义的亲历记述成文，刊载在大阪《朝日新闻》上，后又汇集在《支那革命实见记》一书中，孙中山亲为该书作序。

镇南关起义失败后，池亨吉从越南回日本，孙中山颁给池亨吉证明书，授予全权"执行为中国革命事业筹款事宜，并为同一目的募集粮秣和军需品"，孙中山还特别说明："一九〇七年十二月四日当我率领党人炮击镇南关炮垒时，他曾与我并肩作战。"临行前，孙中山将其在起义时所戴的帽子相赠，以作留念。帽中用毛笔书"镇南关占领纪念 高野"等字。"高野"是孙中山曾使用过的日本名字"高野长雄"的简称。孙中山流亡日本时，曾取名"中山樵"，后来由于"中山"之名已为世人所知，为避人耳目，便于通信，又曾用"高野长雄"等日本名字。取名"高野长雄"是因孙中山仰慕日本幕府时代一位维新志士"高野长英"之故。

池亨吉一直珍藏着孙中山赠送的这顶帽子。日本发动侵华战争后，池亨吉站在日本帝国主义的立场，在1940年南京汪伪政府派陈伯蕃为特使赴日参加"皇纪2600年"庆典之际，将此帽托陈转赠背叛了孙中山先生革命事业的汪精卫。汪伪政权覆灭后，这顶见证孙中山先生亲历战斗前线的帽子回到人民手中。

11

革命星火　留存南洋

孙中山与潮州黄冈起义失败后流亡至新加坡的部分同志在晚晴园合影

■ 刘　丹

1908年孙中山与潮州黄冈起义失败后流亡至新加坡的部分同志在晚晴园合影

在新加坡北区马里是他路有一座兼有巴拉甸风格、中国风格和马来风格的别墅，它就是晚晴园，曾为新加坡华侨张永福所有。在同盟会新加坡分会成立的最初日子里，张永福把原本供母亲养老的晚晴园贡献出来供同盟会使用，此后它成为同盟会在新加坡的革命活动中心，孙中山也在那里度过一段革命时光。

新加坡在当时尚为英国的殖民地，由于其特殊的地理位置，从明末清初起，陆续有许多天地会等反清复明会党人员从广东、广西、福建、海南等地逃往新加坡，并成为影响当地华人社会的一股重要力量。由于这些组织的"反清""反满"情绪早已根深蒂固，成为革命党人宣传革命思想的一个有利条件。

1900年，孙中山到达新加坡，为营救因从事革命活动被新加坡政府逮捕的友人宫崎寅藏而奔走。经过孙中山在新加坡的友人林文庆、吴杰模等人的帮助，殖民政府释放了宫崎寅藏，但是永远禁止宫崎氏入境，孙中山也被勒令五年内不准进入新加坡。

1901年，和孙中山、杨鹤龄、陈少白一起被称为"四大寇"的尤列抵达新加坡，私下创立中和堂新加坡支部，还把活动扩大到吉隆坡、槟城、霹雳、柔佛与芙蓉等地。尤列积极在新加坡下层社会活动，宣传革命思想，并通过办报等方式，结识有先进思想的知识分子，如黄伯耀、黄世仲等人。经过《天南新报》主编黄伯耀介绍，尤列与张永福、陈楚楠相识，合资创办《图南日报》，为革命进行宣传。

1905年，《图南日报》印制的日历牌上有"忍气上国衣冠沦为涂炭，相率中原豪杰还我河山"之语，配以"自由钟"及独立旗的图案。孙中山在檀香山看到后十分赞赏南洋华侨的革命精神，特地致函尤列探询该报详情。经尤列引荐，张永福和陈楚楠首次在游轮上与孙中山见面。在共同的革命理想感召下，张永福等人表示追随孙中山的革命步伐，接受其领导。会谈后，孙中山来到晚晴园与张永福等人合影留念。

1905年8月20日，中国同盟会在东京成立。在孙中山的领导下，新加坡的陈楚楠等人联络了一批爱国侨胞，成立了中国同盟会新加坡分会，这一组织从最初的20多人发展到400多人，陈楚楠为会长，张永福为副会长，林义顺为交际，成员有著名爱国侨领林文庆、陈嘉庚、陈武烈、郑聘廷等人。孙中山多次指导新加坡分会的反清斗争，并联络马来半岛上的其他城市的爱国侨胞组织当地的同盟会分会，不久吉隆坡、怡保、芙蓉等地也建立了分会。其后几年间，越南河内、缅甸仰光、暹罗曼谷都有了同盟会分会。至此，革命组织已经遍及整个南洋地区。为了统一领导南洋同盟会会务，1908年孙中山在新加坡设立同盟会南洋支部，会址即在晚晴园。

随着革命形势发展，同盟会的指挥中心也从日本转移到了新加坡，在武昌起义之前，孙中山和胡汉民等人在这里策划了八次反清起义，即1907年的潮州黄冈起义、惠州七女潮起义、钦廉防城起义、镇南关起义；1908年的钦廉上思起义、云南的河口起义；1910年的广州新军起义和1911年的黄花岗起义。这些起义因为种种原因以失败告终，却也一步步动摇着清朝的统治，为其后的辛亥革命打下基础。

孙中山领导的这些革命所耗经费，多数来源于各地华侨捐赠，而这些革命失败后，每次都有大批革命志士逃亡到南洋的新加坡，躲避清政府的追捕和迫害，这些革命者也都是由张永福等南洋华侨帮忙接应、安顿。中国国家博物馆收藏了一张1908年黄冈起义失败后部分同志流亡到新加坡后在晚晴园的合影。照片装衬于灰色硬纸板上，由新加坡华人李秩伦兄弟开设的冠新照相馆拍摄，李氏兄弟的后人李镜仁、李普仁也是新加坡同盟会成员。张永福日记记载了参与照相者名单：自左至右，前排：1.张华丹，2.许子麟，3.吴应培，4.黄耀庭，5.张永福，6.吴逸亭，7.魏謵同；二排：1.余既成，2.邓子瑜，3.张朝聘，4.5.文岛网加同志，6.孙中山，7.8.文岛网加同志，9.陈梦桃，10.11.文岛网加同志；三排：1.陈汝河，2.邵南棠，7.张仁南，8.陈子麦，9.黄甘松，12.余通，13.林时？，15.汪精卫，16.陆秋露，17.肖子璇，19.陈楚楠；四排：1.余御言，3.刘七辉，4.陈贞祥，5.邓毅，6.丘继显，7.吴悟叟，8.何心田。

这张珍贵的照片不仅为我们展示了100年前新加坡同盟会的情况，也为我们保留了海外华人华侨心系祖国、为祖国革命无私奉献的记忆。

12

心系《中兴日报》

孙中山为新加坡《中兴日报》招股事致曾壬龙函

■ 安跃华

孙中山历来十分重视革命思想的传播，视报刊为"党的喉舌"。为鼓吹革命，他不仅亲自投身宣传实践，而且鼓励、引导其他革命成员办报，并为他们办报提供各种支持。

陈楚楠是新加坡华侨，1904年，他与张永福等创办了南洋第一份鼓吹反清革命思想的侨报《图南日报》，得到孙中山的高度赞赏。1905年，孙中山、胡汉民来到新加坡，筹划成立同盟会新加坡分会。期间，孙中山多次与陈楚楠、张永福等讨论重组报刊的事情，"觉得无宣传机关不能说话"，鼓励他们重整旗鼓，与他们一起策划办报事宜，并答应回到香港后积极筹措。

1906年4月6日，同盟会新加坡分会在晚晴园成立，陈楚楠被推举为会长，张永福为副会长。在孙中山指导下，二人紧锣密鼓地筹办新报。从1907年春开始，陈楚楠、张永福、林义顺等人便分赴南洋各埠，向革命党人筹款办报。孙中山也委托冯自由为他们在香港代购铅字，并延揽主持笔政之人。8月20日，《中兴日报》在新加坡吉宁街13号正式创刊，张永福任主席，陈楚楠任监督，林

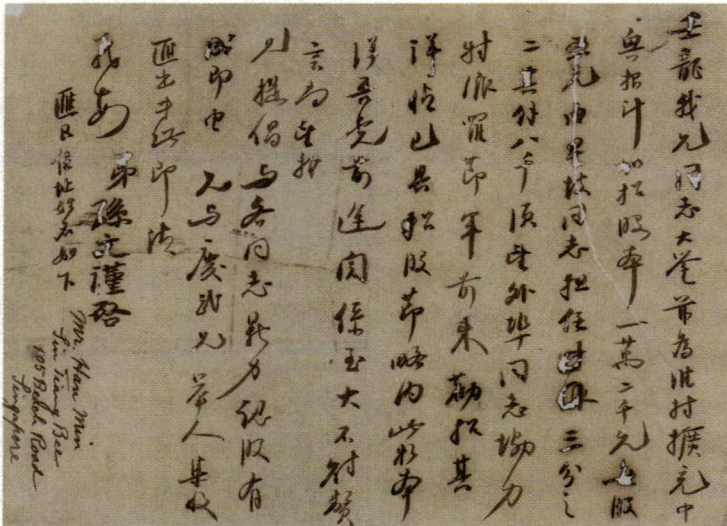

孙中山为新加坡《中兴日报》招股事致曾壬龙函

义顺任司理。"中兴"二字取自"兴中会的名上下倒转及汉业中兴"之意。胡汉民执笔撰写了发刊词:"吾人之宗旨,在开发民智,而使数百万华侨生其爱种爱国之思想也。"《中兴日报》便成为同盟会新加坡分会机关刊物。随着新加坡革命形势越来越好,孙中山率同盟会主要骨干移居新加坡,于1908年秋在此建立同盟会南洋支部,《中兴日报》又成为支部机关报。该报每日出版4张共8版,在伦敦、巴黎、香港、上海、东京、檀香山和东南亚各埠都设有代销处,发行世界各地。胡汉民、汪精卫、居正、田桐等都先后担任过该报主笔。

《中兴日报》一创刊,便旗帜鲜明地反对君主立宪,公开揭露保皇思想的实质,同时宣称以反对强权、推翻清朝专制政府为目标,因而深受华侨欢迎,曾有大批华侨排队在报社大门口等候购买报纸,以便先睹为快。在孙中山的积极支持下,《中兴日报》很快成为南洋宣传革命和改良派论战的新阵地。特别是该报创办后不久,即与保皇派的机关刊物《南洋总汇报》围绕革命与立宪两大主题展开了一场激烈笔战。这场论战长达一年之久,孙中山不仅亲自坐镇指挥,而且以"南洋小学生"的笔名在报上连续发表文章,以充足的论据批驳保皇党人的谬论,有力地促进了革命思想在东南亚的传播。

尽管《中兴日报》影响深远,而且颇受欢迎,但由于报纸初创时股本很少,于是随着发行量越来越大,资金周转开始渐渐吃紧。起初,因为办报的目的在于革命宣传,没有更多地顾及经营,等到报纸影响大了,流通广了,财政问题便愈发显现,变得步履维艰起来。为了维持运转,孙中山多次写信给相关人员,筹措资金。1909年,《中兴日报》因财务困难面临终刊之忧,孙中山接受建议,放弃以往"旧股拨归新东"的打算,决定以有限公司的名义重组,要求各股友"量力再添股本",承诺新旧股东及权利一律平等无异,并派胡汉民、汪精卫、林义顺等人到各地招股募款,同时沿途宣传革命。为动员南洋同志认购《中兴日报》的股份,孙中山专门写信给曾壬龙:"兹为维持扩充《中兴报》计,加报股本一万二千元,每股五元。由星加坡同志担任三分之一;其余八千,须望外埠同志协力。特派罗节单前来劝股,其详情已具招股节略内。"他认为招股办报一事关乎南洋革命党的前途,希望曾壬龙与各同志共同合力担当此任。5月,孙中山离开新加坡前往欧洲,就在临行前一天,还在念念不忘《中兴日报》的改组事宜。9月20日,《中兴日报》改称《中兴报》。孙中山最初将改组的责任交给张永福和陈楚楠,希望他们尽快注册成立有限公司,重新改良一切。后又请林义顺出面办妥注册手续,司理一切事务。不过,虽经各种努力,《中兴日报》最终还是因为资金短缺于1910年2月停刊。

在极其困难的条件下,《中兴日报》得以维持两年多,孙中山从报纸的组织、筹划到创刊和运作,可谓倾尽了心血,在其中起到了非常关键的作用。他多次表示《中兴日报》的文章议论"颇惬人心","于大局甚为有关",维持《中兴日报》是"吾党在南洋之极急务",要求南洋各地同志积极予以支持,可见他对该报的重视程度。

13

1909 年欧美之行
孙中山致王鸿猷和比利时中国同盟会会员亲笔信

■ 安跃华

孙中山领导的武装斗争屡遭失败后，港英当局及与中国邻近的日本、越南，都先后应清政府的要求，下令驱逐他离境。鉴于在中国的活动地盘已经完全丧失，孙中山便将国内的一切计划委托给黄兴、胡汉民二人，而自己则再做漫游，专任筹款，以接济革命的进行。在这段时间里，孙中山主要的活动就是在留居法国、比利时、英国、美国各埠的中国同盟会会员，以及侨商学界中，宣传革命思想，为国内举行武装起义筹集资金和发展革命力量。

1909 年 5 月 19 日，孙中山由新加坡

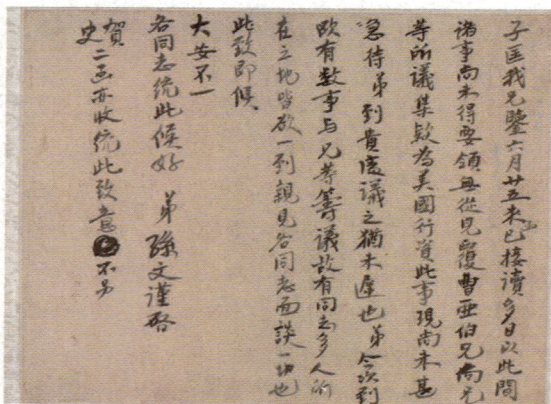

孙中山为赴欧美行程事致王鸿猷函

启程经地中海赴欧洲，财政和外交是此行的主要目的。孙中山此行中与在法国的中国留学生、同盟会会员王鸿猷保持着较为密切的通讯联系，中国国家博物馆收藏有孙中山在行程中写给王鸿猷的几封信，它们揭示了孙中山此次赴欧洲与美国从事革命活动的情况。

6 月 20 日，孙中山抵达法国马赛港，旋即前往巴黎。在巴黎时，他写信给王鸿猷，告诉他自己的行程安排，并表达希望前往同志聚集之地，亲自与各位同志相见和面谈的意愿。王鸿猷（1878—1916），亦名朝鼎，字子匡，湖北咸宁人。幼年时在家读书，后到武汉求学。1904 年，作为普通中学堂学生举人，他被清政府选派为公费生，赴比利时布鲁塞尔大学学习，专攻政治、经济。1905 年春，孙中山由美国到达欧洲，在比利时会见留学生。王鸿猷等在革命思想的感召下，遂在布鲁塞尔宣誓加入革命团体，这就是同盟会布鲁塞尔支部的前身。同盟会正式成

立后，他转为同盟会会员，并负责设于巴黎的同盟会法国通讯处的工作。此外，他还襄助组织公民党，以联络和训练有志革命的留欧学生。孙中山在欧美期间，他常奔走于英、法、比各国，积极追随孙中山，时受重托，二人之间书信往来甚密。因王鸿猷热心革命，又才华出众，南京临时政府成立后，孙中山便举荐他为财政次长，并兼任江南造币总厂正长。

孙中山此行赴欧美筹款的对象一开始就很明确，即欧美的政界，尤其是财界人士。他到巴黎的目的据说就是要竭力劝说一位法国的资本家借款千万。孙中山本来打算7月19日由巴黎前往布鲁塞尔，但为约谈借款之事而不得不延期，所以就写信给在布鲁塞尔等待他到来的王鸿猷，通知他将改期抵达。不过，贷款之事虽经努力取得了一些进展，但却恰逢法国政府更迭，最终因新任克里孟梭内阁反对而未成。

在法国的借款计划失败后，孙中山便乘火车到达布鲁塞尔，受到当地留学生们的热烈欢迎。他此前在给王鸿猷的信中说"改期二十一号乃来"，但实际上他抵达布鲁塞尔的时间已经是7月31日了。8月初，孙中山又前往英国伦敦。留英学生见他旅途状况窘迫就凑了些钱，让他改善生活，可他却用这些钱全都买了书。

孙中山在欧洲前后活动了4个月左右的时间，但在筹款和与英法政府接触方面，都没有取得多大成效。10月30日，孙中山离开伦敦，按既定行程前往美洲宣传革命和筹款。他赴美的行资也是大家为他筹措的。动身前一天孙中山写信给布鲁塞尔中国同盟会会员，告诉他们此次前往美国要多方联系"有势之人"，也望他们竭力"联络同志，推广势力"。

经过海上10多天的航行，孙中山于11月8日抵达美国纽约。在美期间，孙中山继续保持与欧洲和南洋各地革命同志的通信联络，沟通在美国的活动情况。12月16日，孙中山由纽约前往波士顿，在此逗留几天后又于21日离开，并在圣诞节前一天返抵纽约。次日他便回信给王鸿猷，详细讲述了此次联络美国商界、学界，发展革命组织的情形，指出"商界已算得手，惟学界未有眉目"。当时各省在美的留学生，大多数支持革命，只有广东学生赞成和反对者皆有，导致学界的联络无从下手；不过孙中山认为在商界还是有路可入的，所以目的应该可以达到。当晚孙中山就召集热心革命的侨商，讨论成立同盟会纽约分会之事。数天后，同盟会纽约分会即在勿街49号的二楼成立，入会者有10余人。此后，孙中山又辗转芝加哥、旧金山、洛杉矶、檀香山多地，建立同盟会组织和继续募款，得到各地爱国华侨的拥护和支持。

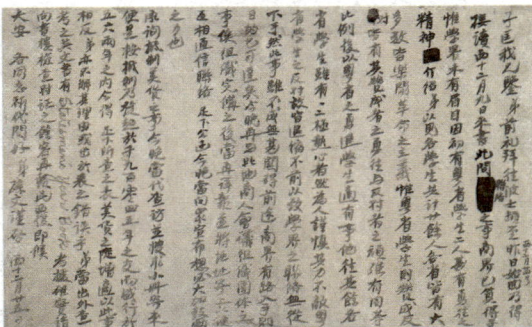

孙中山为在美国商界、学界发展组织等事致王鸿猷函

14

同盟会的裂痕
孙中山为同盟会内部分裂等事致王鸿猷函

■ 安跃华

1909 年 10 月 22 日，正在伦敦的孙中山写信给王鸿猷，信中谈到同一时期在南洋筹款的陶成章致书同盟会各地支部，对他"大加诋毁""不留余地"。孙中山由此深感同盟会已成内乱，不禁发出了"人心如此，真革命前途之大不幸也"的慨叹。

同盟会从成立之初就是一个松散的政党组织，组成同盟会的兴中会、华兴会和光复会只是在一定程度上联合起来了，虽然有共同的奋斗目标，可是在政治观点、活动地域以及会员成分等很多方面仍然保留着各自的特点。因此在同盟会上层之间，派系纷争和思想歧义始终不断。

早在 1907 年初，孙中山与黄兴就因国旗图样问题发生过激烈的争执——孙主张用青天白日旗，而黄则提出用井字旗。为了这件小事双方竟然都动了肝火。虽然此事最后由黄兴顾全大局而顺从了孙意，两人关系和好如初，但也因此在高层领导间投下了阴影。这一年的二三月间，日本政府应清政府要求，驱逐流亡日本的孙中山出境。但又从本国利益出发，不想得罪中国革命党人，便劝孙中山自动离境，并附赠旅费 5000 元，日本商人铃木久五郎也资助了 1 万元。孙中山对于全部资助情况，没有向同盟会做出说明，只拿出 2000 元作为章太炎等人主办同盟会机关报《民报》的经费，其余留作革命他

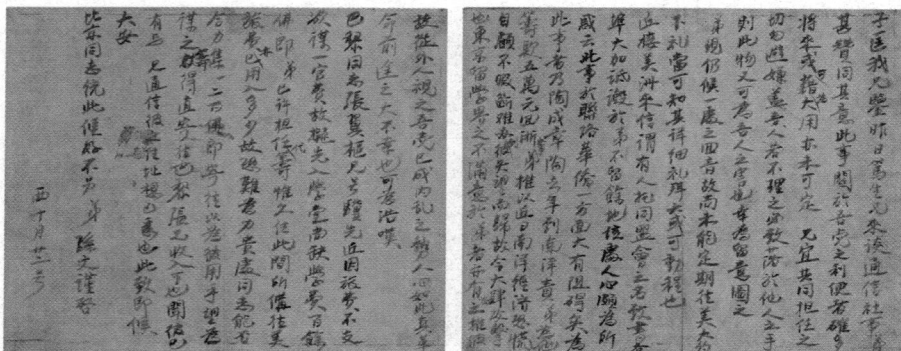

孙中山为掌握通信社阵地及同盟会内部分裂等事致王鸿猷函

用。章太炎嫌留下的费用太少，后又得知孙中山接受了日本政府的赠款，因而表现出强烈不满，与张继、刘师培、谭人凤等人认为孙中山"受贿""被收买了""有损于同盟会的威信"，于是便在东京掀起了第一次"倒孙风潮"，一时间闹得沸沸扬扬。

此次风潮后来虽因黄兴拒绝出任同盟会总理而暂时平息下去，但同盟会上层之间的鸿沟却在日益扩大。到了孙中山赴欧美筹款之时，同盟会内部的矛盾已经愈演愈烈，陷于分崩离析之态。孙中山因章太炎等人在东京掀起的风潮伤害了自己的感情，便将全部的心血和热情都转移到了南洋方面。相反，东京同盟会总部却越来越涣散，特别是《民报》归章太炎编辑后，逐渐倾向于谈国粹、说佛理，引起读者不满。报纸的销量锐减，日子很不好过。

为了维持《民报》的出版经营，陶成章前往南洋招股，同时为筹备中的五省革命协会募集经费。陶到南洋后，向孙中山提出拨款 3000 元作为《民报》印刷费，以及增加股款和维持费的要求。孙中山四处张罗，无法筹措，便拿出手表等物，让陶成章变现以解燃眉之急。可此举在陶成章看来简直就是戏弄。他又提出要孙中山为他筹款 5 万元，以便返回浙江办事。处境本就艰难的孙中山则以"南洋经济恐慌，自顾不暇，断难办到"相推脱。两人因此争执不休。

由于得不到孙中山的经费支持，陶成章决计独自经营，他制定了章程，以江、浙、皖、赣、闽五省革命军决行团名义开展筹饷活动。稍后，他还积极联络在南洋的李燮和等人，印制会章、盟书，雕刻图印等，计划发展会员，另立组织。但他在南洋的募捐活动一直进行得很不顺利，便怀疑一切都是孙中山从中作梗，就开始公然与孙中山对立，在印尼荷属文岛等地散布流言，声称孙中山将各处同志的筹捐之款攫为己有，河口起义所用不过千余元，等等。1909 年 9 月，他又到槟港，与李燮和、柳聘农、陈方度、胡国梁等人，以东京南渡分驻英、荷各属办事的江浙湘鄂闽粤蜀 7 省同志之名，起草了一份《七省同盟会员意见书》，列举出孙中山"残贼同志""蒙蔽同志"和"败坏全体名誉"三条罪状，表示要开除孙文总理之名，并且要发表罪状，遍告海内外。在公布《罪状》的要求遭到黄兴等人拒绝后，陶成章便决定自行发表，将《罪状》油印了百余份后寄发各地。他的行动迅速影响了章太炎，章也刊发出《伪〈民报〉检举状》，对孙中山大肆攻击，再次掀起"倒孙风潮"。面对陶成章、章太炎等人对自己的指责，孙中山没有沉默，马上致信给各报馆揭露陶成章的"忌功、争名、争利"，还数次写信给吴稚晖、张继、王鸿猷等，说明缘由，为自己申辩。

经历过这次风波，双方的关系发展为互相敌视和势不两立，同盟会的分裂已不可避免。1910 年 2 月，章太炎、陶成章在东京重建光复会，分任正副会长，公开与同盟会分庭抗礼。1911 年武昌起义爆发后，孙中山与章太炎不计前嫌，因革命重新走到一起。孙中山曾聘任章太炎为总统府枢密顾问。此后，双方虽然在政治思想上仍旧分歧不断，但最终均表示愿意在大是大非面前放弃细节上的争论。正所谓君子之交，和而不同。

15

革命与保皇
孙中山为反对保皇党事致比利时同盟会
会员函

■ 仲叙莹

以孙中山为代表的革命派所走的是以武力推翻清政府的道路，康有为、梁启超所走的是维护清朝光绪皇帝的地位，保存清政府并对其进行改革的道路，两者非同路人，但是历史是复杂的，同为当时清政府打击的对象，孙中山与康梁也曾经尝试合作过，但终因矛盾无法调和而分道扬镳。

孙中山与康有为都是广东人，1894年春，孙中山托人欲结交当时名声在外的康有为，康有为提出一个条件：须具门生帖拜师，孙中山没有接受。后来孙中山在广州倡设农学会时，尝请康有为及其门徒陈千秋等加入，康有为也没有同意。1897年，日本横滨华侨邝汝磐、冯镜如等欲办学校，想从国内聘请新学之士，孙中山为其推荐梁启超，并写信给康有为。因梁启超正任《时务报》主笔，康有为改派徐勤等人前往，并亲书"大同学校"门额。

戊戌变法失败后，康有为、梁启超流亡日本。此时，广州起义失败后的孙中山也在日本。为扩大革命势力，孙中山欲联合康、梁，托日本友人宫崎寅藏为中介，但康有为自称奉光绪皇帝"衣带诏"，不便与革命党来往，托故不见。康有为赴加拿大后，比康有为更加激进的梁启超与孙中山曾有短暂的合作。在一段时间内，孙中山与梁启超交往密切，甚至有两派合作组党，以孙为会长，梁为副会长的计划。康有为听说后勃然大怒，命梁启超离开日本。

不久，梁启超奉康有为命赴檀香山扩

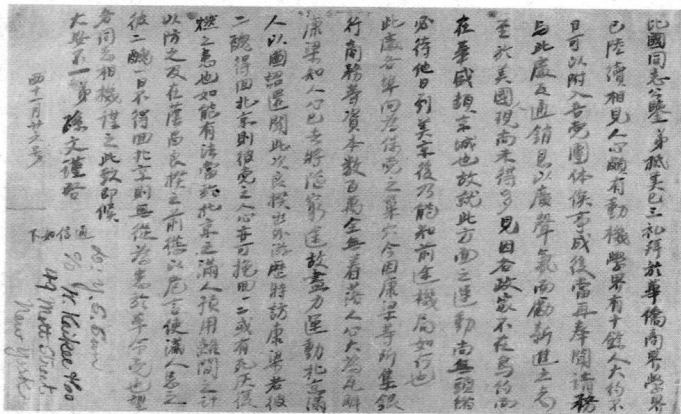

孙中山为反对保皇党事致比利时同盟会会员函

张势力。梁启超带着孙中山的介绍信，以"保皇为名，革命为实"为幌子，大肆散布保皇言论，与革命对垒。梁氏的言论迷惑了许多华侨，使很多支持孙中山革命的同志倒戈相向，转入保皇会，保皇党借此骗夺了孙中山苦心经营的革命阵地。孙中山对此大为不满，与梁启超断交。

为了夺回被保皇党占领的阵地，孙中山亲自撰写《敬告同乡书》和《驳保皇报书》，并多次发表反清革命演说，对保皇党徒的主张进行了尖锐的揭露和批判，他旗帜鲜明地指出："革命、保皇二事决分二途，如黑白之不能混淆，如东西之不能易位。革命者志在扑满而兴汉，保皇者志在扶满而臣清，事理相反，背道而驰，互相冲突，互相水火"，保皇党"高唱爱国，实际上是保护大清帝国，维护君主专制制度，奴役中国人民，是真正的害国；只有大举革命，推翻清政府，中国才有希望。"随着民主革命思潮的涌动，越来越多的知识分子和华侨倾向于革命，章炳麟和邹容便是革命派的杰出代表，他们所著的《驳康有为论革命书》和《革命军》，有力地驳斥了康有为的保皇主张，宣扬了革命事业的必然和伟大，成为抨击保皇党的坚实舆论武器。

在与保皇党进行斗争的过程中，孙中山的思想更加成熟，革命理念进一步形成，他为反清革命提出了社会内容更为明确、广泛的主张，这就是"驱除鞑虏，恢复中华，创立民国，平均地权"。1905年8月20日，中国同盟会在日本东京成立，即以此为誓词和宗旨。

同盟会成立后，其机关报《民报》与保皇派的《新民丛报》展开了关于实行革命还是立宪的大论战。《民报》第三号特出号外《民报与新民丛报辩驳之纲领》，把辩论的中心问题归结为12项，并列明了双方论点，如：《民报》主共和，《新民丛报》主专制；《民报》望国民以民权立宪，《新民丛报》望政府以开明专制；《民报》以政府恶劣，故望国民之革命，《新民丛报》以国民恶劣，故望政府以专制；《民报》以为政治革命必须实力，《新民丛报》以为政治革命只需要求；《民报》以为革命所以求共和，《新民丛报》以为革命反以得专制等。以此为纲领，《民报》连续发表《驳新民丛报最近之非革命论》《排外与国际法》《驳革命可以召瓜分说》《驳革命可以生内乱说》等一系列论战文章。《民报》与《新民丛报》的论战一直持续到1907年。由于《民报》的革命派论点适应了当时广大人民要推翻实行民族压迫与卖国政策的腐朽的清政府的时代要求，而清政府在"预备立宪"闹剧中借"立宪"之名行"集权"之实的无情事实摧毁了人们对"开明专制"的幻想，纵有"舆论界之骄子"之誉的梁启超在论战中也无力回天，承认失败，《新民丛报》也于1907年8月停刊。

中国国家博物馆收藏有一封孙中山于1909年11月26日为反对保皇党事致比利时同盟会会员函，此时孙中山正在美国从事革命宣传，听闻康有为、梁启超企图随访美的清朝官员荫昌、铁良回国，孙中山指示革命党人相机在北京施以离间计，让康、梁不得回国为害革命。这封信是孙中山领导同盟会与保皇党进行斗争的一个缩影。

16

孙文银纸
孙中山为革命筹款在美国发行的金币券

■ 安跃华

"孙文银纸"是海外华侨对中华民国金币券的通俗叫法。金币券由孙中山亲手设计绘样，采用美钞式的狭长票型，图案融贯东西文化，十分精美。金币券面值分 1000 元、100 元、10 元三种，颜色、版式基本相同。1000 元金币券存世量极少。100 元金币券为横式，纵 9.5cm，横 21.4cm，铜版铅印。券纸带有"DALTON MASS"字样的防伪水印，正面绿色，阔边花框，上端横印"中华民国金币"空心隶书字体，中间为"青天白日满地红"旗帜图案，右侧竖印"中华革命党本部总理孙文"，左侧竖印"中华革命军筹饷局会计李公侠发"，下端长方形框内印"中华民国成立之日，此票作为国宝通用，交纳税课，并随时如数向国库交换实银"。左上角和右上角印有"壹百员"，左下角和右下角印数字"100"。

背面为橙红色，版式基本同正面，除券名和左右两侧的面值为中文外，其余均为英文，券面正中印"青天白日"旗。左边骑缝处书有券号，上压盖"总理"小圆章和"中华革命军筹饷局"条戳。此外，券面上还盖有"埃拿大域多利致公总堂"（即加拿大域多利致公总堂）英文圆形防

伪钢印和一长一方两枚红色印章。

中华民国金币券是孙中山于 1911 年在美洲发起成立洪门筹饷局时发行的筹款债券，所募之款主要用于当年的广州黄花岗起义和武昌起义。洪门是当时民间的一个反清秘密组织，在海外影响颇大。为团结革命力量，方便在美国本土从事革命活动，孙中山于 1904 年 1 月经人介绍加入洪门，被封为"洪棍"，也就是元帅。随后，他着手对美洲洪门进行整顿、改造，使旧金山致公堂成为美洲洪门的统一组织。同时规定"本堂以驱除鞑虏、恢复中华、创立民国、平均地权为宗旨。务以协力助成祖国同志，施行本堂宗旨为目的"。

为募集起义经费，1911 年 2 月 6 日，孙中山由旧金山到达加拿大温哥华，进行宣传并筹款。在冯自由的提议下，温哥华致公堂组建了"洪门筹饷局"，开始筹款活动。5 月，孙中山回到旧金山后，力促美洲各埠所属同盟会与致公堂实现组织联合，共同开展筹饷救国活动。他仿效加拿大的办法，在旧金山设立洪门筹饷局，又称中华革命军筹饷局，对外称国民救济局。他亲自制定了《洪门筹饷局缘起》和

孙中山为革命筹款在美国发行的金币券

《革命军筹饷约章》，号召各埠华侨，竭力向前，踊跃捐资，以助革命大业。章程规定："凡认任军饷至美金五元以上者，发回中华民国金币券双倍之数收执。民国成立之日，作为国宝通用，交粮税课、兑换实银。"出资者根据认购军饷数额记功一次，于民国成立之日，与军士一体论功行赏，并可向民国政府请领一切实业优先利权。筹饷局的主要工作就是在海外华侨中发行中华民国金币券以筹集军需款项。按照规定，筹饷局在旧金山致公总堂的协助下，向各地致公堂寄发"捐册"，用于各地华侨捐款的登记。各地捐款皆由旧金山洪门筹饷总局统一管理。筹饷局在接受华侨捐助军费银时，还会根据所发捐册，按名给发执照为凭。

为了推行金币券的认购，孙中山和筹饷局人员于9月初从旧金山出发，辗转美国南北各埠劝募捐款，他们在沿途发表演说，受到广大华侨的热烈拥护和响应，华侨认购踊跃。金币券是在既没有取得政权，又无银行和任何抵押基金的情况下发行的，所承诺的权利也要在革命成功和建立新政权后才得以兑现。但出人意料的是，这些毫无价值保障的债券的发行，却在华侨中引起了巨大反响。美洲华侨，特别是华侨社会中的中下层阶级，包括中小商人、种植园工人、农民和知识分子等，凭借着他们对革命的信心和对孙中山的信任，赞助革命最为热情，成为起义经费的主要承担者。不少华侨将认购债券当作捐款，甚至没有要求日后债券的偿还，根本没有保留债券，或仅将债券留作纪念，还有的不要债券而只收取捐款凭据，孙中山赞扬他们"不图丝粟之利，不慕尺寸之位"，"一团热诚，只为救国"。此次推销金币券共筹得美金14万余元，仅在夏威夷岛希炉埠一地就售出5000美金，其中部分捐款汇到香港后，直接用于支持武昌起义购买军火、弹药。这笔募款，"于辛亥各省义师之发动，……至有力焉"。

17

碧血黄花
孙中山为黄花岗七十二烈士作的祭文

■ 刘 桐

1911年4月27日（旧历三月二十九日），中国同盟会筹集巨款，尽遣精英，在广州发动起义。起义军在黄兴率领下攻入两广总督署，但终因寡不敌众，起义失败。此役牺牲的72位革命党人的遗体葬于广州黄花岗，故名黄花岗起义。这是孙中山领导的最具规模、最具影响力、最具代表性的一次起义，也称辛亥广州起义、"三·二九"广州起义。

1910年底，孙中山与黄兴、赵声、胡汉民、邓泽如以及华侨领袖在马来亚槟榔屿召开会议，决定在广州发动大规模的武装起义，并从全国各地召集500名"选锋"组成敢死队。1911年初，黄兴、赵声在香港建立基地，筹备起义。经过几个月紧张的筹备，初步定于4月13日发动起义。后由于筹集的饷械未到，及革命党人温生才刺杀广州将军孚琦，使得清政府对广州高度戒备，全城戒严，并派出密探抓捕革命党人，如此一来，黄兴只得把起义时间改为27日下午5时30分。

4月27日下午5时30分，黄兴率领敢死队120余人，左臂缠上白巾，持枪械炸弹，吹响海螺号，直扑两广总督署。督

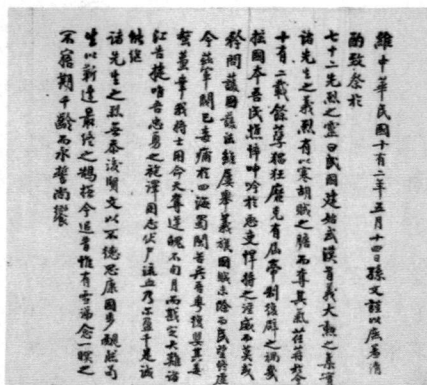

孙中山为黄花岗七十二烈士作的祭文

署卫兵进行顽抗，革命军枪弹齐发，击毙卫队管带，冲入督署。两广总督张鸣岐听到枪声，立即翻墙逃往水师提督衙门。黄兴等人没有找到张鸣岐，便放火焚烧督署衙门，并率敢死队冲出，碰上清军水师提督李准的亲兵大队。革命党人林文听说李准部下有自己人，便上来喊话，不料话音未落就中弹身亡。黄兴也受伤，不得不带领敢死队撤退。撤退途中遇巡防营，巡防营中有革命党人，但在身份不明的情况下双方发生激战，伤亡惨重。黄兴带领的队伍被冲散，黄兴在混战中躲进一家洋货店，后在店中伙计的帮助

下脱险逃出广州至香港。

素有"炸弹大王"之称的革命党人喻培伦也率领一路敢死队，炸破总督署后墙，攻入衙门。此时黄兴率领的大队人马已经撤出总督署，他们便直奔督练公所。至莲塘街口时，遇到李准派来增援的清军水师，双方展开激战。喻培伦身上背着一大捆炸弹，一人当先，抛掷炸弹，所向披靡，敌人为之丧胆。鏖战三个多小时后，喻培伦身负重伤，弹尽力竭，被敌人俘虏，后英勇就义。

革命党人与清军激战一昼夜后，终以失败告终，百余名革命党人壮烈牺牲。起义失败后，城内的大街小巷都留下同志们的遗体。广州清吏把遇害的革命烈士头颅挂在城门上示众，以此恐吓人民，直到第四天，才将遇害烈士的遗骸堆集到省谘议局门前空地。广州革命党人潘达微冒着生命危险收殓牺牲的革命党人遗骸72具，葬于广州郊外的红花岗。安葬烈士后，潘达微在《平民日报》上以"谘议局前新鬼录，黄花岗上党人碑"为题，披露了收殓七十二烈士的始末。潘达微认为"红花"不及"黄花"一词雄浑悲怆，把红花岗易名为黄花岗，从此沿用至今。

黄花岗烈士墓最初只是一小块墓地，1912年，广东军政府拨款10万元将原墓地扩建为烈士陵园，并于起义一周年时进行了公祭，孙中山致祭文，并在墓前亲手栽植4棵松柏。黄兴题写挽联"七十二健儿酣战春云湛碧血，四百兆国子愁看秋雨湿黄花。"1918年，七十二烈士之一方声洞之兄、滇军师长方声涛募款续修墓园。1921年，纪功坊、墓亭相

继落成，纪功坊上镌刻着孙中山亲笔题写的"浩气长存"四个大字。后查七十二烈士之外，尚有14名烈士牺牲于此役，共86人，姓名全部刻于烈士墓石碑的背面。

孙中山等革命党人曾对这次起义寄予厚望，因而对其失败十分悲痛，悲叹"吾党菁华，付之一炬！"此后在黄花岗起义祭日时，孙中山多次撰写祭文，表达对革命烈士的深切哀悼。中国国家博物馆收藏有一件《孙中山为黄花岗七十二烈士作的祭文》，纵65cm，横65cm，是孙中山先生在1923年5月14日所撰，由杨庶堪书写。孙中山在祭文中高度评价黄花岗起义，称"民国建始，武汉首义，大勋之集，实诸先生之义烈，有以寒胡贼之胆，而夺其气"。孙中山在《建国方略》中也写道："是役也，集各省革命党之精英，与彼虏为最后之一搏。事虽不成，而黄花岗七十二烈士轰轰烈烈之概已震动全球，而国内革命之时势实以之造成矣。"

虽然黄花岗起义最终以失败而告终，但它是对外强中干的清政府一次沉重的打击。经此重击，清政府的统治已摇摇欲坠，不到半年，武昌起义就敲响了它的丧钟。

18

海外归来

1911年孙中山归国途经香港时在船中摄影

■ 周彩玲

当1911年9月四川的保路运动正在如火如荼地进行时，身在美国的孙中山，正和洪门筹饷局人员辗转美国南北为革命劝募款项。9月14日，他在给檀香山地区希炉埠同盟会同志的信中，提到现在国内风云日急、局势未定，他回国之事也没有提上日程。但他密切关注着四川的局势，并希望"各同志努力前途，速合大群集大力以为进行之援助"。这封信珍藏在中国国家博物馆中，成为孙中山在海外为革命奔走呼号的有力见证。二十几天后，孙中山从美国报纸上得知武昌起义成功的消息，他备感振奋，但没有立即回国。他认为："时予本可由太平洋潜回，则二十余日可到上海，亲与革命之战以快平生，乃以此时吾当尽力于革命事业者，不在疆场之上，而在樽俎之间，所得效力为更大也。故决意先从外交方面致力，俟此问题解决而后回国。"于是，孙中山决定先在美国，再转赴欧洲，在欧美国家进行外交活动，力求争取它们对中国革命的外交承认和财政支持。孙中山在欧美进行了一个多月的外交斡旋，列强为了各自的利益，对中国的革命大都持中立立场。此时国内南北局势处于胶着状态，国内革命党人多

次致电孙中山催其归国，11月24日，孙中山决定由法国乘英国邮轮返国。

12月21日9时，孙中山乘坐的邮船抵达香港码头。据当时《申报》报道："有胡都督（胡汉民）、廖仲恺、谢良牧等乘小轮到邮船谒见，随即有同盟会会员李纪堂、陈少白、容星桥等也乘小轮至船，先后晤谈至十时余，……众人与孙君谈至十二时半，时因有日本人到英游船候见，

1911年12月21日孙中山归国途经香港时在船中摄影

皆与孙历年交好者……”前来会见的日本友人是宫崎寅藏、山田纯三郎、池亨吉等人。孙中山在船中与前来迎接的中日友人合影留念，并单独与日本友人山田纯三郎在船中合影。在这张与山田纯三郎的合影照片中，孙中山精神抖擞、容光焕发，他的目光深邃而坚定，展现了一位伟大革命先行者坚韧超凡的气质。孙中山对这张照片很是满意，特意将合影中的自身形象单独裁出、洗印，经常以此赠送友人。中国国家博物馆就珍藏有这样一张照片，是孙中山赠送给其日本好友梅屋庄吉的，上面有其亲笔签名和印章。

1911 年 12 月 25 日，孙中山乘坐的邮轮抵达上海十六铺码头，受到黄兴、陈其美等人的热烈欢迎。从 1895 年广州起义失败，经历了 16 年的海外漂泊和艰苦斗争之后，孙中山此次以胜利者的身份归来，欲筹建其梦寐以求之共和政府，可谓踌躇满志、意气风发。

当孙中山风尘仆仆地到达上海之时，南北双方的"和谈"正在关键时刻。同时，各省代表会议为推举临时政府首脑，也在黄兴和黎元洪之间举棋不定。众望所归的革命领袖孙中山的到来，给南方革命党人巨大的精神鼓舞，各省欢迎函电如雪片般纷纷飞来。他们认为："中山先生为首创革命之人，中外人民皆深信仰，组织临时政府，舍伊莫属……"革命党人"以组织政府之责相属"，孙中山也不负众望，抵达上海后，连日在寓所接见各省军政代表及中外人士、记者等，并时常召集同盟会最高干部会议，商讨组织临时政府的方案。孙中山毕竟是奔走海外多年、富有政治经验的革命家，对回国

筹组中央政府的重任是明确的，也是有充分思想准备的。所以，在回国的船中曾对胡汉民说："我若不至沪、宁，则此一切对内对外大计主持，绝非他人所能胜任……"

孙中山抵达上海的次日，就在哈同花园召开同盟会高级干部会议，会议决定推举孙中山为临时大总统的候选人。随后由各人分别向各省代表示意，争取他们在代表会上投票支持孙中山，并由马君武在《民立报》发表言论，唤起舆论。孙中山在上海短短几天内，除了使同盟会团结在他周围，在黄兴、陈其美等人的居间引见下，还广泛接触了伍廷芳、程德全、张謇、赵凤昌等江浙立宪派人士，孙中山获得了各方的广泛支持，临时大总统选举形势已十分明朗。

1911 年 12 月 29 日，也就是在孙中山回国后的第五天，各省代表会议在南京召开，筹组中央临时政府。独立的 17 省代表出席会议，孙中山在 17 张有效选票中，以 16 票的绝对优势当选为临时大总统。1912 年 1 月 1 日，孙中山由沪赴宁，在南京就任中华民国首任临时大总统，开始组建南京临时政府，开辟了中国历史的新纪元。

19

当选临时大总统
"中华民国临时大总统孙文"画像传单

■ 李 良

辛亥革命中，孙中山被推举为临时大总统，1912年元旦，孙中山在南京就任临时大总统。就任当天，孙中山从上海出发赴南京。由于受到沿途群众热情欢迎，孙中山不时停车接见群众，发表讲话，耽搁了一些时间，抵达南京就任地点原两江总督府时，已接近晚上11时，随即举行了庄严而简短的就任仪式。由于当时夜间摄影技术及拍摄地点条件所限，未能留下孙中山就任临时大总统这一历史时刻的照片。不过，当时的报刊纷纷发行印有临时大总统孙中山画像的传单，利用传单这一当时最迅速的大众传播媒介，向民众宣告中国历史新纪元的到来。中国国家博物馆收藏了一张"中华民国临时大总统孙文"画像传单，传单中的孙中山留着八字胡，目光慈祥而坚毅，右手靠在椅子扶手上，西装上衣随意地敞开着，显露出一个率真、朴素而亲民的民国大总统形象。

现在看来，孙中山当选临时大总统似乎是众望所归，但在当时，孙中山正在国外，国内政治形势错综复杂，孙中山并不是临时大总统的唯一人选。

1911年10月10日武昌起义至11月10日，独立省份已达14个，为统一行动，

争取国际承认，创建统一政府已势在必行。11月7日与9日，首义的湖北军政府都督黎元洪两次致电独立各省军政府，就建立中央政府征询意见，请各省速派代表赴鄂组织统一政府。

虽然湖北方面以首义资格率先通电筹建中央政府，但是行动更快的却是上海方面。11月11日，江苏都督程德全和浙江都督汤寿潜致电上海都督陈其美，提议在上海组织各省代表会议。13日，上海都督陈其美致电各都督府，请各派代表至上海，筹组临时政府。15日，江苏都督府代表雷奋，沪军都督府代表袁希洛、俞寰澄、朱葆康，福建都督府代表林长民、潘祖彝在江苏教育总会召开各省代表会正式会议，确定会议名称为各省都督府代表联合会。

在革命阵营领导权的角逐中，主要有三种政治势力。一是以同盟会为主体的革命党人。陈其美、宋教仁是同盟会在各省代表会中的主要组织者。当时孙中山在国外，而选举临时大总统又非常紧迫，因此同盟会推举黄兴作为他们的代表。二是具有首义殊荣的湖北革命者。湖北新军中的革命党人发动武昌起义，引起席卷全国

"中华民国临时大总统孙文"画像传单

的辛亥革命，其历史功绩得到各地革命者的公认。但是缺乏政治经验的湖北革命者推举旧军官黎元洪为领袖，不为各地革命者所认同，削弱了其影响力。三是加入革命阵营的立宪派，这一派的主要人物有张謇、程德全、汤寿潜、赵凤昌等。立宪派希望袁世凯成为未来中国的领袖，不过眼下时机还不成熟，他们希望把上海、南京作为政治中心，以保持他们的影响力。

由于湖北是首义之地，各省推举湖北军政府暂代中央政府职责。11月20日，各省都督府代表会通过决议，承认湖北军政府为中央政府，并决定会址移往武汉，但各省在上海也保留代表，"联络声气以为鄂会后援"。11月下旬，各省代表陆续奔赴武汉。

在武汉，湖北方面的政治势力在代表会占据优势，黎元洪有望被选为临时大总统。然而，此时战场上的形势发生变化。12月2日，江浙联军克复政治与军事重镇南京。而汉口、汉阳失陷，武昌随时暴露在北洋军的炮口下。这样，南京取代武汉成为革命阵营的政治中心。各省都督府代表会又决定迁往南京。

陈其美、宋教仁等决定抓住时机夺取革命领导权。12月4日，他们与部分立宪派策动留沪代表在上海选举黄兴为大元帅，而以黎元洪为副元帅。但是由于留沪代表会并非正式会议，因而最终选举结果还需等各省代表到南京举行正式会议。

上海、武汉两处代表会在南京合为一处后，同盟会与江浙立宪派的政治联盟相对于湖北方面占据优势，留沪代表会的选举结果得到承认。这遭到武汉方面和部分将领的反对，黄兴因而坚辞不就，于是代表会又选举黎元洪为大元帅、黄兴为副元帅。因黎元洪身在武汉不能赴任，由黄兴代行大元帅职。

这时，传来孙中山即将归国的消息。孙中山是辛亥革命的先驱，同盟会的最高领导人，他不但亲自领导了一系列反清起义，而且是同盟会在国际上的代言人，享有崇高的威望，他的归来打破了各派力量争持不下的僵局。

12月29日，各省都督府代表会在南京选举临时大总统。到会的17省代表，每省一票。结果，孙中山以16票当选。1912年1月1日，孙中山在南京就任临时大总统，改国号为中华民国，中国历史翻开了新的一页。

20

历史性一页

中华民国临时大总统孙中山发布的《告海陆军士文》

■ 刘 桐

1911 年 12 月 29 日，17 省代表在南京举行临时大总统选举，每省一票，孙中山以 16 票当选。

1912 年 1 月 1 日上午 10 点，孙中山从上海哈同花园住处出发，乘马车到上海北站，转乘火车前往南京。孙中山提前嘱咐陈其美安排好一切，并告诉他："我辈革命党，全不采仪式，只一车足矣。"陈预备了专车且亲自护送。随行人员有专程赴沪迎接的代表等数十人。

上海的欢送仪式很是隆重，1 万多人到车站送行，军队列队集结。专车到达车站，孙中山就平易近人地与前来欢送的人群合影、问候。由于欢送仪式热烈，导致专列出发时间推延，直至上午 11 点，载有孙中山的专列才由上海启程。

沿途各地的人们都想一睹临时大总统的风采，各车站均是人山人海。过苏州时，"共和万岁"的呼声响彻数里。常州、镇江的欢迎者都在万人以上。中途停车时，常有代表登车谒见。由于途中欢送人员众多，专列走走停停，抵达南京时已是下午 5 点，比原定计划晚了很多。抵达南京时，各炮台、兵舰均鸣炮 21 响，各省代表、文武官员、士兵、群众、学生等

四五万人迎接。

当晚 11 点左右，在被选定为总统府的原两江总督衙门的大礼堂内，举行庄严而朴素的大总统就职典礼。仪式由徐绍桢担任司仪，奏完军乐后，由各省代表会议公推景耀月报告选举情况，随后请孙中山宣誓。孙中山宣读临时大总统誓言："倾覆满洲专制政府，巩固中华民国，图谋民生幸福，此国民之公意，文实遵之，以忠于国，为众服务。至专制政府既倒，国内无变乱，民国卓立于世界，为列邦公认，斯时文当解临时大总统之职。谨以此誓于国民。"誓言一方面说明了大总统的职责，另一方面公布了孙中山卸任临时大总统的三个条件：1. 清帝退位；2. 国内实现和平；3. 世界各国承认民国。

孙中山宣读完誓言后，全场报以热烈掌声。即由景耀月双手捧着大总统印玺授予孙中山，孙中山接印后取出《大总统宣言书》，盖"中华民国临时大总统之印"，由胡汉民代读临时大总统宣言书。宣言表示中华民国临时政府的任务是"尽扫专制之流毒，确定共和以达革命之宗旨"。规定对内政务之方针为"民族之统一""领土之统一""军政之统一""内治

中华民国临时大总统孙中山发布的《告海陆军士文》

之统一""财政之统一"。对外则与友邦益增睦谊，持和平主义，将使中国见重于国际社会，且将使世界渐趋于大同。

读后，由各界公推徐绍桢代表陆、海军致辞。孙中山发布《告海陆军士文》并致答谢辞，称"当竭尽心力，勉副国民公意"。中国国家博物馆收藏有一件孙中山在就职时发布的《告海陆军士文》，他在文中高度赞扬了起义的海陆军将士对革命之贡献，称："乃者义师起于武汉，旬月之间，天下响应。虽北寇崛强，困兽有犹斗之念；遗孽负固，瘈犬存反啮之心。赖诸将士之灵，力征经营，卒复旧都，保据天堑，民国新基，于是始奠。此不独历风霜，冒弹雨，致命疆场之士，其毅魄为可矜，即凡以一成一旅脱离满清之羁绁，以趋光复之旗下者，其有造于汉族，皆吾国四万万人所不能忘也。""凡此攻城克敌之丰功，皆吾将士有勇知方之表证。内外觇国者，徒致叹于吾国成功之迅速，为从来所未有，文

独有以知，吾海陆军将士皆深明乎民族民种之大义，故能一致进行，知死不避，以成此烈也。"他殷切希望："吾海陆将士上下军人，共励初心，守之勿失。""弗婴心小忿而酿阋墙之讥，弗借口共和而昧服从之义，弗怠弛以遗远寇，弗骄矜以误事机，拥树民国，立于泰山磐石之安，则不独克尽军人之天职，而吾皇汉民族之精神，且发扬流衍于无极，文之望也。"

典礼最后，由参会代表和海陆军人高呼"中华共和万岁"。此刻，礼乐响起，宣告典礼结束。

次日，孙中山发布《改历改元通电》，改用阳历，以黄帝纪元四千六百零九年十一月十三日为中华民国元旦，并改国号为"中华民国"，以中华民国纪年。

1912年1月1日孙中山就任临时大总统，宣告中华民国的成立，也标志着中国历史翻开了新的篇章。

21

南京临时政府改元与确定国旗

中华民国改元纪念章

■ 周靖程

南京临时政府成立后，迅速颁布新的国旗和纪年方式，使"中国第一次具备了一个近代国家应有的外观"。

"天下为公大道行——纪念孙中山诞辰150周年大型馆藏文物展"中的这枚纪念章呈圆形，以五色旗和十八星旗作为背景图案置于内圆中央，并在旗帜交叉处铸孙中山半身像，下方书"孙逸仙君"，

中华民国改元纪念章

外圆左右两侧偏下的位置各铸一颗星，上方书"大中华民国万岁"，下方书"改元纪念"。

纪年是人们给年代起名的方法，中国历史上最常见的是"干支纪年"和"年号纪年"。自汉武帝开始，中国封建君主登基后会起一个可以表达自己统治思想和期许的年号用以纪年，如建元、贞观、康熙等，一直延续到清王朝覆灭。而新皇帝改变先帝的年号，把新年号开始的一年称为元年，即为"改元"。

清末民族危机不断加剧，以孙中山为首的革命党人掀起"排满"革命，他们认为满洲为"东胡遗丑"，汉族人应该有自己的纪年方式，否定清朝年号。但问题是，什么才是汉族人的纪年方式呢，历史并没有答案，而如果要发明创造一个新的纪年方式，就必须得到所有汉人的认同。汉民族被称作是"炎黄子孙"，只有"创造文明之第一人"的黄帝，才

可以视作所有汉人的鼻祖。所以，黄帝纪年就成为一个新的发明创造，并迅速发展为文化热潮，《江苏》《浙江潮》《民报》等刊物纷纷以黄帝纪年。但黄帝是哪一年降生的，文献并没有明确记载，很多报纸杂志都有自己"推算"的黄帝纪年，无法形成统一。1905 年，宋教仁根据《皇极经世》《通鉴前编》《通鉴辑览》等典籍推定该年为黄帝即位 4603 年，这一说法逐渐被革命党人所采纳。武昌起义后，湖北军政府率先采用黄帝纪年，所发布的公告落款日期为"黄帝纪元 4609 年"，其他光复各省也跟着使用。

在后来筹建民国政府的讨论中，黄帝纪年被认为是有违民主共和精神，它所包含的"排满"思想不利于民族团结，并且与世界通行纪年不一致，遭到反对。孙中山就任中华民国临时大总统后，发布《改历改元通电》："中华民国改用阳历，以黄帝纪元四千六百九年十一月十三日，为中华民国元年元旦"，畅行一时的黄帝纪年至此废止。

辛亥革命没有统一的旗帜，各地打出来的革命旗帜五花八门，这其中最为重要的当属青天白日旗、十八星旗、五色旗。青天白日旗，是"为共和革命而牺牲者之第一人"陆皓东 1895 年设计的，为蓝底，中间的白日向四周辐射 12 道光芒，象征着光明纯洁和自由平等。此旗革命历史悠久，深得孙中山喜爱，但由于它与日本太阳旗十分相近，曾遭到黄兴等人的强烈反对。孙中山后来被迫采取折中之法，在青天白日旗上增加红色，以成青天白日满地红"三色旗"，象征自由、平等、博爱，可还是无法调解众议。所以，辛亥革命时期，青天白日旗主要在孙中山多年来不断发动起义的两广地区使用，影响力相对较小。

1907 年，焦达峰、孙武等同盟会会员在日本筹组共进会，制定十八星旗，旗面为红底，由中心向外辐射 9 个黑色锐角，其内外两端各有一颗黄星，共 18 颗，代指内地 18 省，不包括东三省和内蒙古、西藏、新疆等广大地区。武昌起义胜利后，十八星旗高高飘扬在蛇山黄鹤楼上，后来光复的湖南、江西、四川等省也都竖起这面旗帜。

武昌首义后相继光复的各省中，还有不少地方使用五色旗，主要集中在江浙地区。五色旗由红、黄、蓝、白、黑五色横长方条组成，有汉、满、蒙、回、藏"五族共和"之意，也与中国传统五行学说相暗合。随着革命进程的深入，五色旗越来越得到众多人士的认同，因为它相较十八星旗，更能体现革命后迫切需要的民族团结与领土完整。

1912 年 1 月 10 日，南京临时参议院正式通过决议，以五色旗为国旗，十八星旗为陆军旗，青天白日旗则降为海军旗。此时的五色旗虽然被尊为国旗，但因为十八星旗代表了武昌首义和北拒清军之功，仍然常常被用作纪念辛亥革命的重要标志。所以，以十八星旗与五色旗交叉兼用作为主图案的纪念章，在辛亥革命纪念章中是最常见的。

22

筹组南京临时政府

孙中山为介绍曹锡圭陈述财政军政事致王鸿猷函

■ 安跃华

武昌起义胜利后，组建一个什么样的新政府成为成功的革命党人面临的首要问题。早在1911年12月3日，各省都督府代表联合会就在汉口通过了《中华民国临时政府组织大纲》（以下简称《大纲》），共4章21条，条文虽然简约，但对总统、议会、行政各部的产生和法定职权分别做出了明文规定。这是辛亥革命后颁布的关于中央政府成立的第一部宪法性文件，为新生共和国的政权体制搭建起最基本的架构。

12月25日，孙中山在结束16年的海外流亡生活后回到上海，接下来的两天他便与同盟会领导人黄兴、陈其美、宋教仁等在上海的宝昌路寓所和南洋路的赵凤

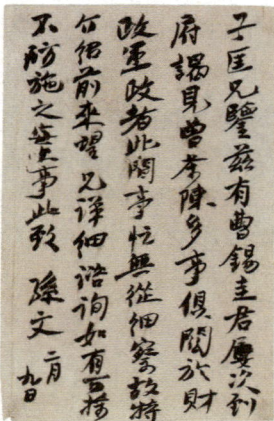

孙中山为介绍曹锡圭陈述财政军政事致王鸿猷函

昌住宅，密集召开会议，商讨政府组织方案。在讨论政府的组织形式时，同盟会最高领导层内部发生了激烈争论，最后因多数赞成通过了新政府实行总统制。

1912年1月1日，孙中山正式就任中华民国临时大总统，随后立即展开组织政府的工作。由于原来的《大纲》只规定设立大总统，没有副总统；行政部门也只设置了外交、内务、财政、军务、交通5部，已经不能适应客观形势发展的需求。因此2日便公布了经过修正的《大纲》，规定临时大总统以外加设临时副总统；行政各部设部长一人为国务员，辅佐临时大总统办理各部事务；对设立行政各部则不加限制等。根据修正的《大纲》，3日，黎元洪经临时参议院选举全票当选为临时副总统。同一天，《中华民国临时政府中央行政各部及其权限》通过并颁布，正式确定民国中央政府设置9个部，即陆军、海军、外交、司法、财政、内务、教育、实业、交通各部，同时改部长为总长。规定各部设总长一人、次长一人。次长辅佐总长，整理部务，监督各局职员。次长由大总统兼任，次长以下各员，由各总长按事之繁简，酌定人数。中华民国临时中央政

府在南京正式宣告成立。

关于临时政府各部干部的分配和任用，各派政治力量之间明争暗斗，经过几次角逐与磋商，调整与妥协，最终由孙中山、黄兴提出了一个包括革命派、立宪派和旧官僚在内的新的内阁成员名单。即：

陆军部总长兼参谋部总长：黄兴

次长：蒋作宾

海军部总长：黄钟瑛

次长兼北伐海军总司令：汤芗铭

司法部总长兼议和全权大使：伍廷芳

次长：吕志伊

外交部总长：王宠惠

次长：魏宸组

财政部总长：陈锦涛

次长：王鸿猷

内务部总长：程德全

次长：居正

教育部总长：蔡元培

次长：景耀月

实业部总长：张謇

次长：马君武

交通部总长：汤寿潜

次长：于右任

各部是南京临时政府的行政系统主干，负责军务、外交、内务、财政等各方面的行政管理工作。5日，孙中山举行了各部委任礼。随后，各部相继成立。21日，孙中山亲自主持召开了第一次内阁会议，并议定每周一、四下午例行召开各部总长及次长会议。

在这9名总长中，同盟会会员只有3人，即黄兴、王宠惠、蔡元培，人数上并不占优势；其他几名总长，或为清朝旧官僚，或为立宪派人士，但在国内却享有很高的名望和地位，他们既和革命党人有联系，又曾在清廷担任过要职。孙中山把他们拉入内阁，是想借助他们的声望，这在当时的政治现实下是稳定时局不得不采取的一种做法。

临时政府的人事安排虽然告竣，但机构的运转还障碍重重。不少总长仍在观望，虽然加入了政府，却并不想真正合作，如张謇、程德全、汤寿潜根本没到南京就任。除汤芗铭外，其余次长均为清一色的留日、留欧美的进步青年知识分子。这些同盟会骨干始终追随孙中山，办事能力一直深得孙中山的信任和赏识，在革命过程中均出力不少。因此，革命党人虽然只占了3个总长席位，但总长不在，大权自然由次长掌握，处理国务、出席国务会议均由次长们一手操办。这就是孙中山的"部长取名，次长取实"策略，临时政府的内阁也因此被称为"次长内阁"。

当时曾是旧官僚的财政总长陈锦涛以借款为由长期在租界中不出来，于是担任次长一职的王鸿猷便主持了财政部的总务工作。中国国家博物馆收藏有孙中山写给王鸿猷的一封信，孙中山在信中请王鸿猷代为接待曹锡圭，并处理相关事宜。信中的曹锡圭（1871—1913），字锡圭，上海高行南镇人，曾在湘西沅江以开发矿藏为业。1905年参加同盟会。作为一个矿业资本家，他热心革命，不仅积极为武装起义筹资，而且联络两湖、浙江等地革命势力。1911年为响应武昌起义，他率矿工从湘西沿江东下。11月，与黎天才、黄汉湘等攻克南京。南京临时政府成立后，曹曾多次拜谒孙中山，热心为新政府出谋划策。

23

竭力解决财政危机

孙中山为介绍杜次珊详商向上海潮商借款事致王鸿猷函

■ 安跃华

南京临时政府成立后，百废待举，军政支出浩繁，财政短绌成为新政府面临的最为迫切、最为严重，也是最为棘手的问题。孙中山对这一点早就有所考虑，他之所以在武昌起义成功两个多月后才回国，主要原因就是为了新政府的筹建在四处奔波筹款。遗憾的是没能带回一分钱。

临时政府建立之初，根据张謇的初步估算，中央行政及外交经费至少需要3000万两，加上其他支出，全年的财政支出最少也要有1.2亿两。照此推算，每月得有1000万两的收入方可应付。而所有支出中最繁重的部分就是军费，虽然新政府已经成立，但由于战事尚未结束，各地仍在不断征兵，扩大军队，并且统统向政府催要军饷，军队饷需竟然比革命之前增加了几十倍。此外，政务经费也很庞大，新政府除维持自己日常运作所需开支外，所统辖的十几个地方政府也在屡屡伸手向中央政府要钱，进一步加重了中央政府的负担。

繁重的支出需要巨额的收入来支撑。然而，临时政府白手起家，几乎没有从清政府那里继承任何的政治遗产，那些革命家也大多是"穷光蛋"，没有正常的收入

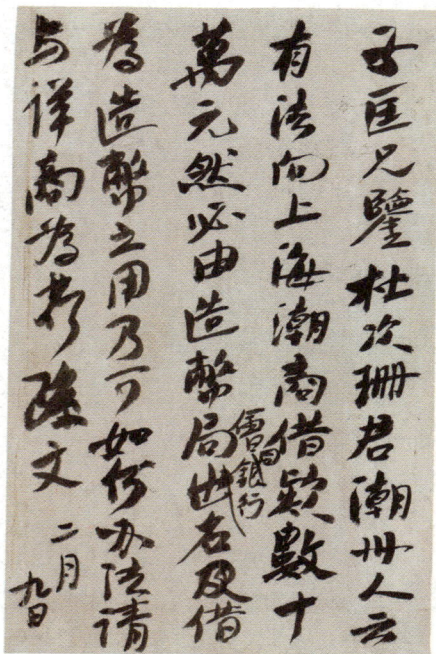

孙中山为介绍杜次珊详商向上海潮商借款事致王鸿猷函

来源，收支严重不平衡。当时，经费来源的主要渠道包括关税、盐税、厘金、田赋等，其中以英国为首的西方列强把持着中国的海关及部分常关、盐厘的税收，将中国所有各口的海关岁入完全置于海关总税务司的控制之下，供偿付外债和赔款之

用，拒不交给临时政府；两淮的盐税也控制在张謇手中，禁止挪作他用。光复后的各省地方政权林立，各自为政，并不完全听命于中央政府，对中央政府的财政支持自然也不积极。为了保证自己的开支，每个地区都紧握本地税源，拒绝向临时政府上交税款。另一方面，新政权废除了清政府原有的苛捐杂税，新的税收体系在短期内又难以建立起来。政府维持运行的重要财源都被切断，成了"无血之躯"而摇摇欲坠。有一次安徽都督孙毓筠要求拨给20万元，虽然孙中山批示拨给，但财库中却仅存十洋，根本无法兑现。财政部连连向总统府告急，可孙中山也无力解决，只能向参议院求援，称"收入款无多""中央财政匮乏已极"。由于缺饷，下级士兵还常常发生哗变骚乱，军心不稳，直接威胁着新生政权的稳固。

在这种情况下，孙中山不得不对外举债，寄希望于外国的财政贷款上。临时政府一成立，他便一再吁请列强各国予以承认，并提供财政援助，结果均遭冷遇。"借款于国际，有信用"的财政总长陈锦涛一上任，便被授以募款的重大任务，前往上海与西方各国接洽借款之事，谁料英、美、德、法四国银行团的态度竟出奇一致，以南京临时政府并不是一个为全国所接受、为列强所承认的正规政府为由，多次拒绝了临时政府的贷款请求，种种努力均告失败。临时政府向日本的抵押借贷也因社会各方的强烈反对而未能实现。

财用急于星火，筹款难于登天。内外交困迫使孙中山及临时政府尽力开源，想尽各种办法筹钱，如发行军需公债和军用钞票、设立银行、整顿金融秩序和没收敌产、发动侨民捐款等，还派人到上海向潮州会馆和广肇公所的商人借款40余万两。

潮商是当时上海一支颇有社会影响的经济实体。广东的潮汕地区东南濒临南海，为当地人出海谋生和赴沿海各地经商提供了便利的交通条件，因而素来有着悠久的商贸经济活动。明末清初时就有大批潮汕人来到上海，他们因经营潮糖、杂货、当铺、抽纱、烟草而发财，又将相当的资本转投于钱庄及工业、企业。到了清末至民国初期，潮商几乎操纵了上海金融界一半的势力。出于信任，上海潮商对孙中山早年在欧美从事的革命活动，以及后来在国内发动的武装起义，都曾给予过慷慨援助。中国国家博物馆收藏有孙中山任临时大总统时写给财政次长王鸿猷的一封信，孙中山在信中委托王鸿猷与杜次珊详商向潮商借款事宜。身为潮州人的杜次珊，也是孙中山的忠实追随者，为了帮助临时政府解决财政困难，他亲赴上海，宣传和发动那里的潮汕人，以及同盟会的成员与拥护者，捐资以助孙中山渡过难关。

在南京临时政府存在期间，尽管孙中山绞尽脑汁，心力交瘁，与临时政府采取了种种措施缓解财政压力，但筹集的经费毕竟杯水车薪，到手即尽，无法从根本上解除财政危机。

24

南京临时政府的外交

孙中山为美国参赞到总统府来访事致王鸿猷函

■ 安跃华

武昌起义后，独立的各省纷纷建立军政府，下设外交部，自办外交。不久，南京临时政府成立，在中央设立外交部，并设总长、次长各一人。外交部由临时大总统直接领导，总统府秘书处下设外交组，有秘书3人，协助总统处理外交事务。各省原设外交部改为外交司，各军分政府设立外交局。

孙中山力排众议，将至关重要的外交总长一职交给了30岁出头的王宠惠，挑

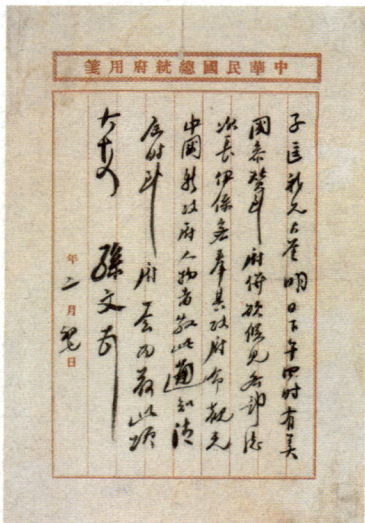

孙中山为美国参赞到总统府来访事致王鸿猷函

选年仅27岁的魏宸组担任外交次长。王宠惠毕业于天津北洋大学，先后留学于日本及欧美等国，致力于法政问题研究，获得了美国耶鲁大学法学博士学位，后又考取英国律师资格，并被选为德国柏林比较法会员。1904年他曾在纽约协助孙中山撰写《对外宣言》，游说各国放弃支持清政府的政策。魏宸组曾留学比利时，孙中山1905年1月在欧洲活动期间，他协助孙中山筹组同盟会欧洲支部，任巴黎通讯处编辑。王、魏两位青年才俊，不仅年轻有为，和孙中山关系密切，而且与他具有相同的外交理念，是他外交思想和政策的忠实拥护者。

1912年1月5日，王宠惠就任外交总长。11日，外交部正式成立，其主要职责为"管理外国交涉及关于外人事务，并在外侨民事，保护在外商业，监督外交官及领事"。南京临时政府在"强邻环列，虎视鹰瞵"的情形下宣告成立，因此孙中山把争取列强的承认作为外交的第一要务。为达到"民国卓立于世界，为列邦公认"的目的，临时政府提出"平和主义"的外交政策，并在《告友邦书》中宣布，对清政府在革命前与各国缔结的条约、所借的

外债、赎款和出让的权利，给予承认并负责偿还；希望中国能列入公法所认国家团体之内，与各国交相提挈。为取得各国承认，临时政府派出专人分赴各国活动。鉴于法国的重要性，11日孙中山任命旅法同盟会会员张翼枢为中华民国临时政府驻法国政府全权代表，这是中华民国首次任命驻外国的外交使节，可惜未获得法国政府认可。王宠惠上任后，即将具有世界影响的美英两国作为外交首选，于17日和19日分别致电美国国务卿与英国外交大臣，急迫地吁求各列强予以外交承认。

美国政府虽然在中国革命这一问题上始终保持中立，继续拒绝承认南京临时政府，但鉴于中国的部分地区实际上已经处于革命政权的控制之下，美国政府也改变了以往完全不与革命政府接触的做法。22日，美国国务院建议海军部派亚洲舰队司令默多克尽快前往南京，考察和报告那里的政治形势，特别是有关革命运动的凝聚力，以及南京临时政府多大程度代表了中国人民的意愿等情形。次日，国务院又致电驻华公使嘉乐恒，指示公使馆汉务参赞邓尼（又译为丁家立）及原海军上将、美国记者麦考密克一行，赴南京执行同样使命，并再次强调政府的进一步的行动必须等收到报告后再做决定。

美国对中华民国新政权的态度一直是孙中山十分关注的，他想尽一切办法希望能促成美国率先支持新政权。武昌首义后，孙中山就曾致函美国国务卿诺克斯，要求秘密会见，但未得到答复。对于此次邓尼一行的访问，孙中山自然十分重视，积极安排各部总长和次长参加会晤。中国国家博物馆收藏有孙中山在会见的前一天写给财政次长王鸿猷的信，请他届时到府出席会晤。2月8日，孙中山在总统府接见了邓尼和麦考密克。这次会面孙中山表达了希望美国承认中华民国政权的诚意，同时也谈及了南京政府的地位、袁世凯其人等问题。在将近一个小时的会见中，孙中山给美国人留下了较好的印象。邓尼在向美国公使的报告中，称赞孙中山具有坚强与决断的性格。

尽管如此，在两天后的10日，孙中山再次接见邓尼和麦考密克时，美国的外交代表以毋庸置疑的明确性与毋庸置疑的强调语气告诉孙中山，美国是绝不会承认南京政府的。这样，孙中山期待列强承认的最后希望也幻灭了。

南京临时政府在它存在的短短90天里，由于列强各国认为新生的中华民国并不具备保证列强在华权益的实力，在南北双方中，他们看好的是袁世凯，而不是孙中山；同时按照国际通例，临时政府也不具备"有效统治原则"，因此一直没能得到列强各国的外交承认。

25

人才荟萃的总统府秘书处

1912年3月31日孙中山与总统府秘书处同人合影

■ 周彩玲

从1912年1月1日，孙中山在南京就任中华民国临时大总统，到1912年4月1日，他正式辞去临时大总统职务，历史上的南京临时政府只存在短短3个月时间。然而作为取代中国两千多年封建专制统治的中国历史上第一个资产阶级民主政权，南京临时政府的历史意义无疑是巨大的。它所创立的民主共和政体为后世所继承和效仿，它发布了一系列革命性法律法规，为涤荡封建残余，使古老中国迈入现代社会奠定了基础。而南京临时政府取得这些成就，跟总统府的秘书们是分不开的。

根据《中华民国临时政府组织大纲》，南京临时政府实行总统制，不设总理，由临时大总统直接统领各部。总统与各部间的联系均通过总统府秘书处去安排，因此秘书处的工作任务相当繁重。总统府秘书处的职责主要包括：草拟各种文件、批答各方面来的公文函件，处理总统府日常事务，向秘书长并向总统提出一些有益于国计民生的建议等。中央政府各部、各地方行政机构和公民向中央政府递送的文件，都由总统府秘书处收受并做出初步处理。据当时在总统府秘书处工作的任鸿隽回忆："大约因为当时是民主政治开

1912年3月31日孙中山、唐绍仪与总统府秘书处同人在总统府合影

始时代，一般人的政治兴味很浓，因之上条陈提办法的信件实在不少。"

总统府秘书处设秘书长一人，秘书若干人。据任鸿隽回忆，当时秘书处人才荟萃，主要工作人员如下：

秘书长：胡汉民

总务组：李肇甫、熊成章、萧友梅、吴玉章、任鸿隽

军事组：李书城、耿伯钊、石瑛、张通典

外交组：马素、张季鸾、邓家彦

民事组：但焘、彭素民、廖炎

电务组：谭熙鸿、李骏、刘鞠可、黄芸苏

官报组：冯自由、易廷熹

收发组：杨杏佛

除以上人员，还有一些在秘书处有过短暂工作经历的，如王云五、彭丕昕、朱芾煌、雷铁崖、柳亚子、高鲁及归国华侨李晓生等人。由以上人员可见，这些秘书们几乎都是当时的青年才俊，而且绝大部分都是有留学经历的同盟会会员，经受过早期革命实践的锻炼。其中胡汉民、吴玉章、李肇甫、李书城、任鸿隽、彭丕昕、耿伯钊、熊成章、萧友梅、邓家彦、但焘、彭素民、雷铁崖、冯自由、朱芾煌等人都是留学日本时受当时革命思潮的影响加入同盟会的。石瑛在英国留学时加入同盟会欧洲支部，高鲁在法国留学时在巴黎加入了同盟会，李晓生在新加坡加入了星洲同盟会，旅美华侨黄芸苏、刘鞠可在美国加入了同盟会美洲支部，另外谭熙鸿、杨杏佛、马素、柳亚子等也是同盟会会员。他们学有专长，又熟悉欧美和日本的政治、学术，都是在中西文化相互激荡中造就的一代知识分子。事实证明，他们在后来的时局中，也发挥了重要的作用。

袁世凯被选为临时大总统后，1912年3月底，唐绍仪以第一任国务总理的资格，率领一班秘书来到南京接收临时政府的机关。他们还在大总统府秘书处门前由上海同生照相馆拍摄了合影。中国国家博物馆珍藏有这张合影的原版照片，透过这张老照片我们可以辨认出其中部分人员。前排左起：萧友梅、唐绍仪、孙中山、胡汉民、冯自由；第二排左一李晓生，右一谭熙鸿；第三排左二黄复生，左三耿伯钊；第四排右一张通典；第五排右二杨杏佛；第六排右一任鸿隽；第七排右三马素，右五吴玉章，右六彭素民。

1912年4月1日，孙中山辞去临时大总统职务后，秘书处诸多追随孙中山的革命党人，不愿北上依附袁世凯，纷纷辞职。其中任鸿隽等人发出倡议，请求政府资送出国留学。孙中山也认为建国必先有人才，遂亲自批准一部分有培养前途的青年出国留学，并责成总统府稽勋局负责办理。这便是民初"稽勋留学生"的由来。秘书处的杨杏佛、吴玉章、萧友梅、任鸿隽、谭熙鸿、彭丕昕、李骏、刘鞠可、黄芸苏等作为稽勋留学生出国深造。据说，孙中山对稽勋局派出的留学生曾有过指示，年轻的以学习自然科学为主，年龄稍大的以学习社会科学为主。19岁的杨杏佛和26岁的任鸿隽一同进入美国康奈尔大学分别学习机械学和化学，后来一同创办了《科学》杂志和中国科学社，成为中国近代科学事业的奠基者。萧友梅留学德国莱比锡音乐学院，后来成为我国近代专业音乐教育的奠基人。谭熙鸿留学法国学习农业科学与生物学，后来成为北京大学生物学系的创建者。吴玉章留学法国，后来成为著名的无产阶级革命家和教育家。当年秘书处中没有人再出国深造，留在国内的也有不少人后来都在各自领域有出色的表现。张季鸾成了"民国第一报人"，王云五成了杰出的出版家，高鲁成为中国现代天文学的奠基者，等等。

总之，这批当年集中在临时大总统身边的青年才俊，为南京临时政府所开创的革命性事业做出了很大贡献，他们以后活跃在科学、教育、文化等各条战线上，又为中国各项事业的发展做出了重大的贡献。

26

选贤与能
中华民国临时大总统孙中山为《文官考试令》等咨送参议院公文

■ 陈　冬

中国古代的科举制度从隋唐时代开始，直到1905年最后一届科举考试结束，一直延续了1000多年，长期以来，科举制度维护和巩固了封建统治阶级的地位，以其形式上的公平为统治阶级选拔了众多人才。但是，在封建社会制度下，科举以八股文作答，只局限于儒家思想，形式死板，思想束缚，成为统治阶级封建独裁的工具，不利于国家公开公正地选拔人才，甚至导致官场腐败和社会动乱。随着辛亥革命的爆发，中国民主革命的先行者孙中山先生，对民国初期的选官用官制度进行了一系列改革，推行了一些具体措施，使国家在用人上有了新的制度可循，并进行了许多有益的尝试和探索。

1912年1月1日，南京临时政府成立后，中华民国临时大总统孙中山在积极建立民主共和国家体制的同时，对通过考选创建现代文官制度提出了具体的构想和措施。他指出："任官授职，必赖贤能，尚公去私，厥惟考试。"文官考试制度为什么要急于制定和颁布呢？实际上，文官考试制度按现在通俗的理解，就是国家公务员考试制度，国家对人才的选拔是一项重大战略，何况一个新的政府刚刚建立，

百废待兴，政府运转和社会建设都对人才有着大量需求。所以，此时的孙中山不得不抓紧考虑要尽快建立文官考试制度，而当务之急就是颁发《文官考试令》。

1912年2月13日，内务部呈文称："民国初立，人才缺乏，庸俗思进，势不能免。推原其故，良由无法律以甄别之……从根本上解决此弊，莫如速行文官试验，将所得人才，分发各省，俾得改革之真际，而地方赖以巩固，即国本亦赖以不摇。"2月14日，孙中山在批复中说："该部所请，诚为当今急务，应俟令行法制局，将文官试验编纂草案，咨文参议院议决后，即日颁布施行。"2月25日，孙中山在为《文官考试令》咨送参议院的公文中说："法制局拟订文官考试章程，今据该局将所拟《文官考试委员官职令》与《文官考试令》暨《外交官及领事官考试委员会官职令》与《外交官及领事官考试令》各草案缮具前来合行提出。贵院议决，昨据内务部函称，各处待用之士荟萃金陵，而各省办事人才反觉缺乏，则文官考试实难再缓，按之现在情形，诚如该部所云，今拟请贵院将《文官考试委员官职令》与《文官考试令》草案提前议决，

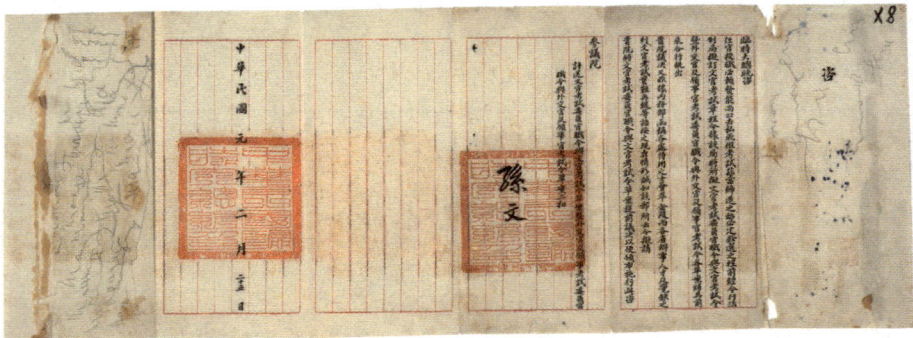

中华民国临时大总统孙中山为《文官考试令》等咨送参议院公文

以便颁布施行。"这篇公文言辞凿凿、有理有据，表现出了新政府人才匮乏这一事态的紧急程度，恳切说明颁布这些制度的重要性及请速议决的迫切心情。最终，由于种种原因，参议院没有完成对这些法规制度的议决程序，使得选拔人才的制度只能束之高阁了，但是这些前期工作为民国初期的文官制度建立打下了良好的基础。

其实，早在辛亥革命之前，孙中山就考察了资本主义政治制度，借鉴西方的"三权分立"学说，提出了包括考试权在内的"五权分立"，将考试权与司法、立法、行政、监察放到了同等重要的位置。三权分立来自西方，考试、监察来源于中国的古代，这种古今结合、中西结合的模式，在孙中山看来更为科学和完善，这种最大限度的分权方式，可以有效防止封建专制主义。"五权宪法"是孙中山对宪法的创见，是孙中山的主要政治思想之一，曾于1923年同孙中山的"三民主义"同时被列入中国国民党党纲。五权宪法最核心的思想是政权、治权分立，政权归属国民大会，而治权乃指行政权、立法权、司法权、监察权、考试权，各自独立运作

并互相合作。孙中山说："实现了五权宪法以后，国家用人行政都要照宪法去做"，官厅为治事机关，职员（包括总统）乃是人民的公仆，本非特殊阶级，"在职一天，就是国民公仆，是为全国人民服务的"。孙中山对封建吏治的腐败痛恨已久，他希望新的政权有一个光明的前景，最终使人民能够安居，国家走向富强，彻底根除贪污行贿、任用私人的现象。

文官考试制度还充分体现了孙中山"主权在民"的民权主义核心思想，这种任人唯贤、任人唯才、考试选拔的方式，具有明显的现代色彩，展现了孙中山作为中国民主革命先行者的远见卓识。孙中山五权宪法的构想充分体现了分权主义，然而，这种分权方式不仅没有彻底消除"三权鼎立"的弊病，却把立法、司法、行政、考试、监察五权放在大总统的统一领导之下，实际上又否定了他自己设想的分权制衡原则。后来，蒋介石正是利用这个漏洞实行个人独裁。

27

邮票上的临时大总统
中华民国光复纪念邮票

■ 周彩玲

孙中山非常重视交通及邮政事业，就任南京临时政府大总统后，他任命其至交好友、革命党人于右任担任交通部次长，主管路政及邮政等事务。他还任命拥有新思想和具有强烈民族意识的一批中国最早的邮电专业留学生执掌邮政司，如任命曾留学奥匈帝国的陈廷骥为邮政司司长，任命同样留学奥匈帝国学习邮电的唐文启为邮政司科长。在孙中山的支持下，于右任上任伊始就开始整顿当时由外国人把持的邮政业，其中重要的一项就是要自主发行一套纪念中华民国诞生的纪念邮票。

1912年2月5日，孙中山主持内阁会议，召集负责官员，研究邮票设计问题。据当时《民立报》及《申报》记载，南京临时政府决议发行一套以孙中山肖像为中心图案的光复纪念邮票，并同时发行一套采用飞机图案的普通邮票。方案确定之后，交通部便派遣邮政司司长陈廷骥到上海，与商务印书馆协商邮票印制事宜。当时，这套邮票的票型、票幅、纸张、版面都已经确定，甚至已经试制印刷出一部分，但由于种种原因，如邮票本身印制的某种误差及当时的邮政总办法国

人帛黎的不合作态度等，使这套邮票在南京临时政府时期没有发行。此后政局变化，孙中山让位于袁世凯，交通部人员更替，邮票发行工作也随之移交。

在南京临时政府赶印纪念邮票的同时，北京政府邮政当局也在筹印"地图共和纪念"邮票。该邮票的中心图案为中国地图，上面书有"大中华民国"等字样。经过几次反复修改，邮票已经印刷完毕，正待打孔发行之时，交通部官员发现了票面上"中华民国"英文译名的错误，从而也没有发行。

1912年7月，时任交通总长的朱启钤向袁世凯汇报了关于南京临时政府交通部与北京邮传部所筹印纪念邮票与普通邮票的经过。随后，经过交通部邮政司与财政部印刷局的多次协商，8月底，邮政总局正式出台了同时发行"光复及共和两项纪念邮票"的折中计划。"光复"纪念邮票印孙中山像，"共和"纪念邮票印袁世凯像。

据《申报》报道，邮政总局为发行"光复""共和"两套纪念邮票，曾发出如下通告："光复功成，共和建立，鹰此非常之盛际，允宜垂纪以胪欢。爰由政府

中华民国光复纪念邮票

特发两项邮票，以昭纪念。其一为光复纪念邮票，前临时大总统孙公肖像在焉。一为共和纪念邮票，临时大总统袁公肖像在焉。凡此两版，其数目种类俱同。其种类区为：一分、二分、三分、五分、八分、一角、一角六分、二角、五角、一元、二元、五元，计十二类。两版同时分由各邮政局暨分局颁给各等邮政处所发售……"

1912年12月15日，"中华民国光复纪念"和"中华民国共和纪念"两套邮票同时在全国正式发行，各为12枚。面值、刷色、枚数、齿度、票幅、全张枚数均相同。两套邮票都由北京财政部印刷局印制，设计、镌刻者均为海趣、格兰。

光复纪念邮票采用雕刻凹版印制，图案中间为孙中山先生像，周围书有中英文"中华民国光复纪念"的字样，两旁衬以正在成长中的稻穗。邮票图幅30×23（mm），齿孔14度，全套12枚的颜色分别为：1分（橙黄色）、2分（黄绿色）、3分（蓝绿色）、5分（玫紫色）、8分（深棕色）、1角（蓝色）、1角6分（橄榄绿色）、2角（深红色）、5角（深绿色）、1元（红色）、

2元（浅棕色）、5元（灰黑色）。从印制数量来看，1分、2分、5分及1角票各30万枚，3分票最多为200万枚，8分票25万枚，1角6分票10万枚，2角票15万枚，5角、1元、2元及5元票各5万枚，共计390万枚。

当时，邮政总局对光复纪念邮票的销售日期也有明确规定："截至中华民国二年四月三十日，未经售尽之票，缴交该管邮局，再售至二年七月三十一日为期，届时未售之票一律收回销毁。无论有何情形，概不增印。是以一逾七月三十一号，纪念邮票即无从购取，票出无多，仍与现用加印之寻常邮票相辅而行……"根据这一要求，1913年底以前，各地邮政管理局将未发售的光复纪念邮票陆续送交邮政总局库房。后来，这些邮票大部分被销毁，只有小部分流入市场，加之当时邮票收藏热还未兴起，这些邮票又过了使用期，一些大面值的邮票又陆续被兑换掉，导致后来中华民国光复纪念邮票，尤其是12枚全套的邮票，存世量非常稀少，其中尤以2元面额的邮票最为罕见。

28

中国第一部宪法

刊载于《临时政府公报》第35号的《中华民国临时约法》

■ 李 琮

建立南京临时政府后，孙中山领导的革命党人为了实现全国的和平统一，向袁世凯允诺一旦他使清帝退位，将推举他为大总统。为了保护辛亥革命得来不易的果实，1912年3月11日，临时大总统孙中山颁布《中华民国临时约法》。《临时约法》是中国第一部资产阶级宪法性文件，规定了中华民国的国体和政体，体现了三权分立的近代西方民主政治原则。《临时约法》规定，中华民国采用责任内阁制而非总统制，这一做法无疑是参议院为抑制袁世凯之野心而设。

《临时约法》包括总纲、人民、参议院、临时大总统副总统、国务员、法院、附则七部分。《总纲》中宣布：中华民国由中华人民组织之；中华民国之主权属于国民全体；中华民国以参议院、临时大总统、国务员、法院行使其统治权。《人民》中明确表示：中华民国人民一律平等，无种族、阶级、宗教之区别；人民得享有各项之自由权。《参议院》中规定：中华民国之立法权以参议院行之。《总统》中规定：临时大总统、副总统由参议院选举之。以总员四分之三以上出席得票满投票总数三分之二以上者为当选；临时

大总统代表临时政府，总揽政务，公布法律；临时大总统得制定官制官规，但须提交参议院议决；临时大总统受参议院弹劾后，由最高法院全院审判官互选九人组织法庭审判之。《国务员》中规定：国务总理及各部总长均称为国务员；国务员辅佐临时大总统负其责任；国务员于临时大总统提出法律案公布法律及发布命令时须副署之；国务员受参议院弹劾后，临时大总统应免其职，但得交参议院覆议一次。《法院》中规定：法院以临时大总统及司法总长分别任命之法官组织之。法院之编制及法官之资格以法律定之。法院之审判须公开之。但有认为妨害安宁秩序者得秘密之。《附则》中规定：本约法施行后限十个月内，由临时大总统召集国会。其国会之组织及选举法由参议院定之。中华民国之宪法由国会制定。宪法未施行以前，本约法之效力与宪法等。

《中华民国临时约法》具有非常重要的历史意义。它以根本法的形式废除了封建君主专制制度，确立起资产阶级民主共和国的政治体制；它树立了帝制非法、民主共和合法的观念；它确认了资本主义

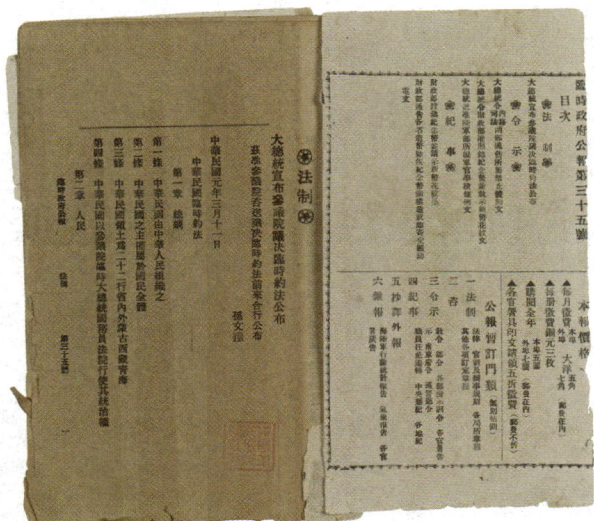

刊载于《临时政府公报》第35号的《中华民国临时约法》

关系，有利于民族资本主义的发展，对社会生产力的提高也有较大帮助；它使知识分子获得集会、结社、言论等权利；它对外强调了中国的领土完整、主权独立，激发了广大人民的爱国主义之情；它在整个20世纪初的亚洲，是最有影响的一部资产阶级民权宪章。但与此同时，《中华民国临时约法》也具有其局限性。它并未对人民的权利及实现权利的保障做出具体的规定，尤其是对占人口多数的广大农民的价值观念，《临时约法》顾及的并不太多。此外，它在"男女平等"方面贯彻的不够好，并未履行妇女参政的承诺。但即使如此，它依旧是辛亥革命取得的最富有深远意义的结果。

1912年3月10日，袁世凯在北京宣誓就职中华民国第二任临时大总统，所依据的依然是这部《临时约法》。然而袁世凯并非真心信奉民主共和制度。1913年2月，根据《临时约法》规定，中华民国进行了首次国会选举，由宋教仁牵头成立的中国国民党得票最多，宋教仁预备出任内阁总理。然而仅一个月后，宋教仁便被暗杀。宋案是袁世凯践踏民主共和制度，走向专制独裁的开始。镇压了二次革命后，袁世凯于1913年10月6日正式当选中华民国总统。1914年5月1日，《临时约法》被袁世凯的御用《中华民国约法》所取代。此后袁世凯更公然复辟帝制，彻底抛开了宪法的束缚。然而经过辛亥革命的洗礼，《临时约法》所代表的民主共和制度已深入人心，在轰轰烈烈的护国运动打击下，袁世凯不得不取消帝制，在人民的唾骂中死去。1916年，继任大总统黎元洪宣布恢复《临时约法》，但1917年又被张勋所破坏。此后段祺瑞驱逐张勋，但却拒绝恢复《临时约法》。为此，孙中山举起护法旗帜，南下广东建立护法军政府，形成南北相争的政治格局。1922年，直系军阀曹锟、吴佩孚上台后，又一次恢复了《临时约法》，但一年后却被"贿选总统"曹锟操纵国会通过的《中华民国宪法》所取代。

围绕《中华民国临时约法》的争斗，几乎贯穿了整个北洋时期，足以串起一部早期民国史。这表明近代以来，民主共和制度成为中国人民的不懈追求，他们甘愿为此抛头颅、洒热血，与各种反动势力做坚决的斗争，为最终实现人民当家做主的民主共和制度奋斗。

29

实践诺言　辞去临时大总统

孙中山在临时大总统解职饯别会上的演说词

■ 陈　冬

武昌起义两个月后，在革命党人的多次催促下，1911年12月21日，孙中山乘船抵达香港，并于12月25日回到上海，结束了16年的海外流亡生活。12月29日，17省代表开会，选举孙中山为中华民国临时大总统。

其实，在孙中山当选临时大总统之前，负责组建中央政府的各省都督府代表会就在汉口举行了一次会议，并通过了一项决议，如果袁世凯能帮助推翻清王朝，就推举他担任大总统。会议决定虚位以待袁世凯，暂缓选举临时大总统，只选举"大元帅"，并于《临时政府组织大纲》中追加一条："临时大总统未举定以前，其职权由大元帅暂任之。"孙中山回国后，各省代表欲选举他为"大元帅"。孙中山说，要选举，就选举大总统，因为大元帅之称号在国际上并非国家元首。他表示，只要袁世凯真能拥护共和，就让位给他。孙中山的主张是有远见的，因为此时重要的是建立一个革命的中央政府，以取代清政府。以后袁世凯从革命党人手中取得大总统职位，与从清政府那里获得其意义是不一样的，因为那样就证明了南方革命政府的合法性，而且袁世

凯要遵守革命政府的宪法法律。基于这样的认识，各省代表会接受了孙中山的建议，决定选举临时大总统。

当选临时大总统的当天，孙中山致电袁世凯，称："文既沈艰虞，义不容辞，只得暂时担任。公方以旋转乾坤自任，即知亿兆属望，而目前之地位尚不能不引嫌自避，故文虽暂时承乏，而虚位以待之心，终可大白于将来。望早定大计，以慰四万万人之渴望。"

1912年1月1日，孙中山在南京就任临时大总统。随后，孙中山组建南京临时政府，建立了一个由革命派为主的资产阶级民主共和政府。在短短3个月里，孙中山领导南京临时政府建立起民主共和政府的基本架构，发布了许多除旧布新的革命性文件，颁布了具有重大意义的《中华民国临时约法》。

1912年2月12日，清朝皇帝宣布退位，延续两千多年的封建王朝覆灭了。临时参议院于2月15日选举袁世凯继任临时大总统。3月10日，袁世凯在北京宣誓就任临时大总统，4月1日，孙中山正式辞去临时大总统职务。

就在4月1日当天，孙中山在南京同

孙中山在临时大总统解职饯别会上的演说词

盟会为其举行的饯别会上，发表卸任后的第一篇演说："今日满清退位，中华民国成立，民族、民权两主义俱达到。唯有民生主义尚未着手，今后吾人所当致力的即在此事。"这次饯别演说，是孙中山准备结束革命而全力以赴从事民生事业的开始，这也是他从事革命的最终夙愿。因此，当他以平民身份来倡议的时候，对自己今后的目标有了一个新的规划："解职不是不理事，解职以后，尚有比政治紧要的事待着手"，他认为，"中国文明未进步，工商未发达，故社会革命易"，中国的民生虽然起步晚，但是障碍少，下手比较容易。孙中山接着说，"吾人当此民族、民权革命成功之时，若不思患预防，后来资本家出现，其压制手段恐怕比专制君主还要甚些，那时杀人流血去争，岂不重罹其祸么"！

孙中山主张平均地权，"若能将平均地权做到，那么社会革命已成七八分了"。他提出两个办法，一是完地价税法，如地价 100 元时完一元之税者，至 1000 万元则当完 10 万元；另一个则是，为防止私人哄抬或打压地价，国家应该在地契之中，写明国家需要土地时，随时可以按照地契之价购买，方可无弊。

孙中山还谈到对外国资本的利用、引进问题。他认为，国家要办实业，苦无资本，则不能不借外债，兴办实业，这是全体国民都赞成的好事，借外债以营生产之事则有利，借外债以营不生产之事则有害。美洲之发达，南美、阿根廷、日本等国之兴起，皆得外债之力。

孙中山对铁路建设也谈了自己的看法，其卸任后也是先从建设铁路入手的。他说，"唯德国后起，全国铁道皆为国有。中国当取法于德，能令铁道延长至二十万里，则岁当可收入十万万。只此一款，已足为全国之公用而有余。"

孙中山辞去临时大总统职位，固然有一定的妥协性，但这并非是他所能左右，而是当时政治形势的必然结果。此后，孙中山满怀憧憬地从事民生建设，孙中山在饯别会上的演说，是他对民生主义的阐释，进一步完善了其"三民主义"理论。孙中山是一位真正的民主主义者，一生倾其所有致力于革命事业，为的是民族解放和人民幸福，这篇演说词便是最好的证明。

30

回乡省亲

1912年5月28日孙中山在孙氏祠堂前与宗亲合影

■ 周彩玲

　　广东省香山县（今中山市）翠亨村是孙中山出生和早年生活的地方。13岁之前，孙中山一直生活在这里。后来，孙中山到檀香山、广州及香港求学时，也时常回乡小住。翠亨村三面环山，一面临江，与香港、澳门接近，特殊的地理环境，使这个小山村虽然落后却并不闭塞。香港与香山的人民虽然相隔不远，但生活状况却如天壤之别，这使孙中山萌生了改良乡政进而改革国家的思想。青年时期的孙中山，其求学、行医和革命活动，很多是在家乡香山及其附近地区进行的。可以说，家乡是孙中山革命思想与实践最初形成的地方。他早年的《致郑藻如书》《农功》《上李鸿章书》也都是在家乡起草的。在孙中山领导的革命活动及民国建设中，曾得到很多乡人的热心支持与积极参与，如陆皓东、杨鹤龄、程天斗、杨仙逸、李仙根、朱卓文、吴铁城、王云吾、张惠长、孙庆云、陈友仁、萧友梅等。

　　1895年，孙中山与同村的革命挚友陆皓东等人一起发动了旨在推翻满清王朝的广州起义。起义失败，陆皓东遇害，孙中山受到清政府的通缉，被迫流亡海外。此后，他长期在日本、南洋、欧美等地组织和筹划革命活动，无法回到他魂牵梦绕的故乡，但他一直保持着与同乡人的联络，时刻关心着自己的家乡。

　　1911年武昌起义成功后，孙中山于年底从海外归国，并于

1912年5月28日孙中山在香山县左埗头村孙氏祠堂前与宗亲合影

1912年元旦在南京就任中华民国第一任临时大总统。消息传来，全国人民为之振奋，翠亨村的父老乡亲更为之深深自豪。4月1日，孙中山正式辞去临时大总统职务，之后他便前往各地考察庶政。5月27日，孙中山由香港经澳门返回翠亨故里，这是他自1895年广州起义始在外为革命奔波17年后，首次也是最后一次重返故乡。

与普通人一样，孙中山对自己的故乡也有着挥之不去的记忆与乡愁，因为这里有他熟识的宗亲、好友和诸多年少时的印记。当5月27日孙中山回到故乡时，受到父老乡亲的隆重迎接。他先是参加家乡群众的欢迎大会，拜会当地乡绅、亲属，然后到翠亨村故居，并同夫人卢慕贞、兄长孙眉夫妇及其他亲友在故居门前合影留念。孙中山还特地去看望了被其称为"为共和革命牺牲之第一人"的陆皓东的母亲。

此次回乡省亲，孙中山在家乡只停留了两天多的时间，这期间的一项重要活动就是去左埗头村祭祖。据翠亨《孙氏家谱》记载，翠亨村的孙氏一族与左埗头村（今中山市左步村）孙氏一族历史上为同源宗亲关系。孙中山和兄长孙眉在家乡时，每到逢年过节也常到左埗头村的孙氏宗祠拜祖、会亲。孙眉离开家乡到檀香山谋生、孙中山因广州起义失败而流亡海外后，还时常得到左埗头村孙氏宗亲的支持和帮助。5月28日，孙中山与兄长孙眉偕眷属专程赴左埗头村孙氏祠堂拜伯祖、会宗亲。

当天，孙中山先行出发，孙眉携夫人及卢慕贞等人随后而至。孙中山行至半路时，见到欢迎的人群，就停轿步行，边走边向乡亲们挥手致意。在欢迎人群的簇拥下，孙中山来到左埗头村孙氏大宗祠——乐兴堂前。此时的乐兴堂，最引人注目的是堂前石廊柱上所贴的一副崭新的欢迎对联，上联为：自别离以迄壮岁品学兼优萍寄外邦国人早盼除帝制；下联为：驱鞑虏而进文明功名卓著锦旋故址我辈焉得不欢迎。这副对联可谓是对孙中山生平与功名的极好概述，字里行间也流溢着乡人的自豪和兴奋之情。乐兴堂前挂满喜庆的彩纸和灯笼，气氛热烈。前来欢迎接待的宗亲每人胸前还佩戴有"欢迎员"的标条，甚是隆重。在宗亲的陪同下，孙中山步入祠堂，在左埗头始祖牌位和画像之前，鞠躬行礼。之后，他便与早年相熟的宗亲坐在石凳上叙旧。等孙眉携带眷属到达，举行隆重的拜伯祖之礼后，摄影师在堂前为他们摄影留念。拍摄分成三批：第一批是孙中山与左埗头男女宗亲合影；第二批是孙眉与左埗头男宗亲合影；第三批是孙眉夫人谭氏、孙中山夫人卢慕贞与左埗头女宗亲合影。

中国国家博物馆珍藏有孙中山当年在左埗头村孙氏祠堂前与宗亲合影的原版照片。照片中，孙中山坐前排正中，其左依次为孙婉（孙中山女儿）、孙文庄（左埗头族长）、孙姚芳、孙潮芳、孙钰芳；其右依次为宋蔼龄（孙中山秘书）、孙锦芳（唐山铁路南厂总经理）、孙文端、孙明芳、孙文发、孙俊端等，共计60多人。

拜完宗亲之后，孙眉与孙中山一行回到翠亨村。5月29日一早，孙中山就告别亲友，出发前往广州，又开始他辛劳奔波的革命生涯。此后直到去世，他再也没有回过故乡。

31

孙中山1912年北京之行
孙中山赠载沣单人像

■ 周彩玲

1912年9月10日孙中山和随员、接待员在北京迎宾馆合影

孙中山一生曾有三次到过北京。第一次是1894年，孙中山由广州北上天津上书李鸿章，未获接见之后来到北京。然而，清政府呈现的腐败没落之象，使他下定决心走武力革命的道路。第三次是1924年底，他抱病北上，结果1925年3月12日病逝在北京。而1912年孙中山的第二次北京之行，与其他两次不同，他是以民国缔造者、主动让位的前临时大总统身份，受现任临时大总统的盛邀，前来"共商国是"的。当此之时，孙中山经过十几年的艰苦斗争，虽然推翻了清

政府，初建了民国，然而他对新任临时大总统袁世凯并不放心。为敦促袁世凯维持"共和"，疏通南北分歧，巩固民国基础，1912年8月24日至9月17日，孙中山接受袁世凯之邀，第二次访问北京。

袁世凯为获得更多政治资本，对孙中山的到来给予了极高的礼遇。他特派教育总长范源濂、工商总长刘揆一为代表，专程赴天津迎接孙中山。8月24日，当孙中山乘坐的火车驶入前门火车站时，只见现场彩棚高搭、礼炮喧天、军乐齐鸣，袁世凯特派的总统府秘书长梁士诒及各部总长、各界代表及各国驻华使节数千人前来迎接。孙中山走出车厢，发表简短宣言后，便乘坐袁世凯特备的金漆朱轮双马轿车，由正阳门驶入东单北面的石大人胡同迎宾馆，沿途有民众万人相迎。孙中山的这次北京之行，与袁世凯长谈达13次之

多，所谈内容大都是"国家大政、中外情形"。会谈中，袁世凯曲意迎合孙中山的政治主张，使孙中山对其多有信任，认为今后他便可以安心于实业救国、铁路建设事业了。袁世凯则顺水推舟，授予其"全国铁路总办"之职。

孙中山在北京的 25 天，日程安排非常紧张，除了与袁世凯会谈，还相继出席了北京同盟会以及北京广东公会、铁路协会、邮政协会、参议院、军警界、报界、共和党本部、基督教会等 20 个团体分别为他举行的欢迎会，进行了 26 场讲演活动。此外，他还在自己下榻的迎宾馆接见络绎不绝的拜谒者，宣传其治国理政的思想理念。孙中山在北京的活动，当时受到中外各界人士及媒体的高度关注，许多活动都留下了珍贵的照片资料。中国国家博物馆珍藏有孙中山此次在北京期间的多张原版照片，如孙中山出席北京广东公会欢迎会合影、孙中山在北京万牲园亲临送葬四烈士合影、孙中山在北京万牲园出席军警界欢迎会合影、孙中山考察京张铁路的留影、孙中山与随员在石大人胡同迎宾馆门前合影，等等。这些照片基本都是由北京同生照相馆拍摄的，弥足珍贵。

值得一提的是，孙中山在北京期间还出席五族共和合进会、西北协进会及北京满人的欢迎会等活动，宣传其五族共和的思想。不仅如此，他还亲自团结满族上层，消除满汉隔阂。9 月 11 日，孙中山到北京后海北河沿醇亲王府登门拜访逊清摄政王载沣，对其能在辛亥革命期间代表清政府逊位和平交出政权加以慰勉。据载沣的儿子溥任回忆，孙中山与载沣的会晤气氛融洽，约有一个小时。孙中山告别时，还特意将自己在上海同生照相馆拍摄的一幅单人照片赠送给载沣，以示友好。照片上有孙中山的亲笔题字："醇亲王惠存，孙文赠。"这张照片一直保存在载沣家中，直到 1951 年载沣去世，由其儿子溥任保管，1952 年溥任（时名金友之）将其捐赠给了中国革命博物馆（中国国家博物馆前身）。

孙中山 1912 年在北京活动期间，极力宣传民主共和、力图维护民国统一，他大力宣扬实业救国、铁路建设等民生主义思想，力求从经济领域入手，挽救中国社会。他的真知灼见和朴素、纯朴的共和国领袖的风范与气度，给北京乃至全国人民留下了永恒的印记。

1912年9月11日孙中山赠载沣的单人像

32

"交通为实业之母，铁道又为交通之母"
《孙中山先生铁路计划图》

■ 隋立新

"民欲兴其国，必先修其路"。资产阶级民主革命的伟大先驱，中国近代化事业的伟大开拓者孙中山，一生对铁路建设情有独钟，他是中国近代史上最坚定、最积极地倡导铁路建设，并为之倾注满腔热忱和毕生心血的领袖人物。1911年，孙中山领导的辛亥革命摧毁了统治中国几千年的封建帝制，迎来民主共和的曙光，也带来中国铁路建设的新创想，其卓越的铁路建设思想在中国铁路发展史上留下了光彩篇章。

1825年，世界第一条运营性铁路在英国建成通车，标志着人类社会进入交通运输史上的铁路时代。作为一种先进的近代交通工具，铁路一出现就对西方资本主义国家的社会政治、工业文明、习俗风尚等产生重大影响。在工业革命的推动下，西方各国纷纷加大对铁路的投资修建，他们通过不断扩大筑路规模调整生产布局，拓展国内外市场，快速走向富强。19世纪70至90年代，兴建铁路成为一股汹涌澎湃的世界潮流。

世界性的现代化浪潮强烈地撞击着年轻的孙中山。长期接受欧美文化熏陶的背景经历，使孙中山对西方资本主义

国家"贸易繁兴"与交通运输发达之间的密切关系有着深刻的思考和认识。1894年，中日甲午战争爆发，民族危机日益加深，28岁的孙中山毅然弃医，转而从事政治活动之际，就在《上李鸿章书》中力陈"凡有铁路之邦，则全国四通八达，流行无滞；无铁路之国，动辄掣肘，比之瘫痪不仁。地球各邦今已视铁路为命脉矣"的认识，企望通过大力发展铁路交通以促进商业繁盛，富强中华。上书遭到失败，毅然走上民主革命道路的孙中山仍对铁路建设念念不忘，遍游欧美期间，他"留心比较世界之铁道，实偏有所嗜"。

1912年4月，辞去临时大总统后，孙中山决意"卸却政治上之事业"，全身心投入民生建设，他将铁路视为民生建设之首要，"愿倾全力创造伊始之铁路事业"。卸任后的一年多内，孙中山日夜筹思，奔走呼号，利用各种机会大张旗鼓地宣传"交通为实业之母，铁道又为交通之母。国家之贫富，可以铁道之多寡定之，地方之苦乐，可以铁道之远近计之"。力争10年内修筑沟通全国，总长达20万里的南、中、北三大铁路干线，成为孙中

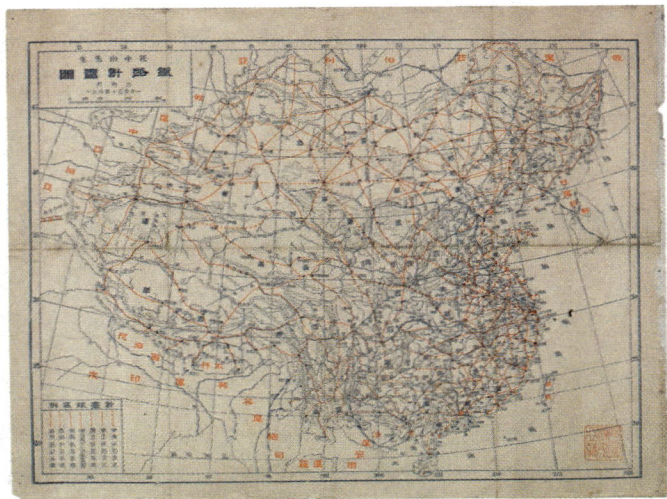

《孙中山先生铁路计划图》

山全力奋斗的新目标。9月，孙中山被委任为全国铁路督办，被授予"筹划全国铁路全权"，并在上海设立了铁路督办办事处。为实现铁路修建计划，孙中山邀请了詹天佑担任其助手，并日夜兼程地巡视考察铁路，足迹遍及中国华北、华东及日本长崎、东京等地。

在1919年完成的《实业计划》中，孙中山从建设大交通构想出发，进一步发展完善了原有南、中、北三大铁路干线的修建计划，描绘出覆盖全境的中国铁路发展蓝图。《孙中山先生铁路计划图》详尽地体现了其建设现代中国铁路网的宏伟规划。该幅铁路计划图尺寸为纵38.2cm，横49cm，比例尺1050万分之一，7条形状不同的红色线路分别代表着中央铁路系统、东北铁路系统、西北铁路系统、扩张西北铁路系统、东南铁路系统、西南铁路系统、高原铁路系统。孙中山拟定的七大铁路系统总里程达12万余公里，并且和其规划的3个大港口、4个二等港口、9个三等港口贯通相连，每个

铁路系统既自成一体又彼此纵横连接，由此形成从沿海到内地、边疆，乃至国际，四通八达、浑然一体的庞大交通网。建成后，将使"伊犁与山东恍如毗郊，沈阳与广州语言相通，云南视太原将亲如兄弟"，不仅有利于增加国家财富、促进经济发展，还有利于保障长治久安、巩固多民族国家的统一。

孙中山的铁路计划是1881年中国自办铁路以来，中国铁路建筑史上第一个最完整、系统的铁路发展方案，体现着一代伟人的宏伟气魄和希冀国强民富的强烈愿望。然而，在政治动荡的军阀混战时代，孙中山的庞大铁路计划根本没有变成现实的条件，最终沦为纸上铁路。

《孙中山先生铁路计划图》系当年孙中山在上海印制，担任孙中山机要秘书的梁烈亚（1892—1982）得到一张，并悉心保存数十年。1964年，梁烈亚将珍藏的一批文物捐赠给中国革命博物馆（中国国家博物馆前身），其中就包括这幅珍贵的《孙中山先生铁路计划图》。

33

"造路救国"
孙中山题赠南洋路矿学校的"造路救国"横幅

■ 隋立新

辛亥革命推翻了中国绵延两千多年的封建君主专制制度，掀开民主共和的新纪元。政治变革的成功，也极大地促进了教育思想的革新步伐。1912年，民国肇建，百废待举，尽管教育和政治、经济、军事、外交等问题相比，似乎显得并非紧迫和至关重要，但是，孙中山对教育建设格外重视，他亲自提名著名教育家蔡元培担任教育部长，指示制定、颁布了一系列教育法规、条例等，强调"现值政体改更，过渡时代，须国民群策群力，以图振兴。振兴之基础，全在于国民知识之发达"。辞去临时大总统后，孙中山将更多的时间和精力"专从事扩张教育，振兴实业"。结合中国实际国情，以及民主主义革命和建设需要，孙中山规划出以全民普及教育为基础，包括师范教育、普通教

育、职业教育、女子教育、儿童教育、社会教育和少数民族教育在内的民国教育新体系，这对中国近代教育事业的发展起到重大推动作用。

"振兴中国的唯一方法，止赖实业"。孙中山认为，实业建设是关系国家存亡、民族兴衰的根本大业，因此，兴办各级专门学校，培养各行各业所需的建设人才，就成为发展实业，实现强国富民目标的关键。19世纪70年代起，随着中国民族资本主义的发展，一些新式企业逐步开办，然而，科技、管理、教育等专业技术人才的缺乏，使软弱的中国民族资产阶级不但不能与外国资本主义竞争，也无法和洋务派相比。专业人才的缺乏，恰恰是民族资本主义发展陷于困境的瓶颈之一。有鉴于此，孙中山指出，"共和国家

孙中山题赠南洋路矿学校的"造路救国"横幅

之建设，端赖人才"，而"力图实业教育之发展"无疑是培育国家栋梁之材的重要途径。他热忱地提倡开办各类专科学校，委任专门人才任教，与此同时，还积极倡导增加实业教学内容，号召学界努力谋求"建设之学问"，担当起为实现民族独立和国家富强而造就大批具有真才实学人才的崇高历史使命。孙中山对青年学生同样寄予厚望，勉励他们要刻苦钻研学问："中国的将来，中国的命运，这些重大的责任，完全落在你们这一代青年身上。你们要学科学，要爱国。否则的话，你们爱国之心虽有，但是力量不够，作用亦就不大了。有了学问，才能发挥重大的力量去爱国。"他期望青年学生"则当用其学问，为平民谋幸福，为国家图富强"，树立为国献身的"公共之志"，"立志做大事，不可做大官"，把国家和民族的利益放在第一位。

1922 年 10 月 28 日，适逢上海南洋路矿学校举办建校十周年纪念会，为表彰鼓励该校办学成效卓著，孙中山特派代表张继前往参加，并题赠"造路救国"横幅。该横幅为纸质，纵 40.6cm，横 147cm，"造路救国"四个大字遒劲有力，饱含了一代伟人寄希莘莘学子做有学识、有理想的新青年，"改造旧中国"，"建造新的中华民国"，为国家、为民众谋利益的殷殷之情。南洋路矿学校由华侨林兆禧于 1912 年在上海徐家汇创办，是一所培养土木建筑和铁路矿业人才的高等专科学校。次年 2 月，受林兆禧委任，朱文鑫担任该校校长。朱文鑫 (1883—1939)，字贡三，别号盘亭，江苏昆山人，是近现代著名天文学家、教育家。1907 年，作为江苏高等学堂保送生，朱文鑫赴美国威斯康星大学攻读天文、数理学科，成绩优异，并留校任教，曾任留美中国学生会会长。辛亥革命胜利的消息使朱文鑫深受鼓舞。1912 年初，朱文鑫回国，后经国民党元老叶楚伧介绍加入同盟会。归国后，朱文鑫积极投身教育事业，先后执教于长沙高等工业学校、上海南洋路矿学校、上海开明女学、南洋公学（今上海交通大学）、复旦大学等。担任南洋路矿学校校长以来，朱文鑫不遗余力，严格管理，所聘请的专科教员皆系留学欧美的硕士或学士毕业生。因办学成绩卓著，报名投考该校的新生十分踊跃，为我国培养了一批早期的土木工程和采矿技术人才，其中，在工程领域中担任要职者不乏其人。1924 年 7 月，南洋路矿学校更名为东华大学并设附属中学，1927 年，因经费困难停办。

此后，"造路救国"横幅辗转流传到朱文鑫的同乡朱文骥手上。约 20 世纪 30 年代，朱文骥因其妻侄沈克昌喜欢书法，遂将该横幅赠予他。沈克昌先生爱惜有加，悉心珍藏，数十年来保存完好。因担心收藏不善，沈克昌先生把横幅赠予友人吕福田保管。吕福田后将横幅送交到全国政协纪念辛亥革命 70 周年筹备处，1981 年 11 月，全国政协转交中国革命博物馆（中国国家博物馆前身）永久收藏。

34

孙中山与宫崎寅藏
1913年3月19日孙中山在宫崎寅藏家合影

■ 刘 丹

在孙中山的革命历程中，得到过许多日本人的帮助，其中很多都怀有不可告人的目的，并非真心支持孙中山的革命事业，而是为日本侵华政策服务的。但是也有真诚支持孙中山，为中国及亚洲的民主、解放与富强而奋斗的，宫崎寅藏就是其中的一位。

宫崎寅藏，又名虎藏，号滔天、白浪滔天，习称宫崎滔天。1871年出生于日本熊本县玉明郡荒尾村一个下级武士家庭。父亲宫崎政贤思想比较开明，他希望孩子们不要追求华美的住宅和财富，而是各立其志，自由发展，成为豪杰。在这种"家风"熏陶之下，宫崎家的八男三女中出现了合称"宫崎兄弟"的四位革命志士。二男宫崎真乡（别号八郎）是熊本地区自由民权组织的领导人，曾组织"熊本协同队"，后在西南战争中战死。六男民藏，是孙中山和中国同盟会的支持者，是土地平权思想的拥护者，1902年组织了"土地复权同志会"。由于受到政府镇压，宫崎民藏不得不流亡海外。七男宫崎弥藏，十分同情中国革命，却英年早逝。这几位兄长的思想深刻地影响了宫崎家幼子寅藏。

1897年，宫崎寅藏在横滨与孙中山相识，孙中山的"人民自治"思想、伟大的人格让宫崎寅藏十分景仰。他认为孙中山"思想何其高尚，识见何其卓越，抱负何其远大，感情何其诚挚！我国人士中如彼者果有几人？是诚东亚之珍宝也"！初次见面后两个月，宫崎寅藏就邀请孙中山来他荒尾村的家，孙中山惊喜地发现宫崎家存有许多宫崎民藏收藏的有关土地问题的外文书籍，在这个田间小舍度过的两周间，孙中山埋首读书，并与宫崎寅藏通过笔谈交流革命思想。

1899年，宫崎寅藏将孙中山用英文所写《伦敦被难记》译成日文，取名《清国革命领袖孙逸仙幽囚录》，在《九州日报》发表。1902年，他发表自传《三十三年之梦》，详述孙中山革命历程，后来由章士钊节选翻译成《孙逸仙》一书在中国出版。1905年，宫崎寅藏介绍孙中山与黄兴在东京会面，促进了兴中会和华兴会的联合，随后中国同盟会成立，宫崎寅藏成为该会唯一日本籍会员。1912年元旦，宫崎寅藏受邀出席了孙中山就任临时大总统的典礼。

中国国家博物馆收藏有一幅1913年3月19日孙中山在宫崎寅藏家的合影，见证了孙中山与宫崎寅藏的亲密关系。辛亥革命后，孙中山转而从事铁路事业，携戴

1913年3月19日孙中山在宫崎寅藏家的合影

季陶、马君武等人赴日本考察。3月20日下午，孙中山再访荒尾村宫崎家，该村村长前来欢迎，并备有酒宴。当地的《福冈日日新闻》对此事做了详细报道。孙中山在宴会上说："距今十七年前，曾与同志们到贵地游览过，今天旧地重游，得与各位相见，实在感到高兴。宫崎弟兄是我之契友。对他们弟兄为我国革命事业奔走，尽心竭力，极为铭感。希望中日两国间亲密关系，犹如我与宫崎弟兄之关系，日益加深。宫崎弟兄为中国不辞辛劳，不但为中国人所感激，亦为全世界所赞扬。以人道而论，更使我感到欣快。对一贯志同道合、同心戮力的两兄弟表示谢意。最后祝愿宫崎家和荒尾村人民幸福。"会毕，大家一同在庭前老梅树前摄影留念。

中国国家博物馆所藏的这张照片即为"庭前老树合影"中的一帧，照片背面写有"民国二年于熊本县荒尾村宫崎民藏宅"。照片部分人物标写有数字，在照片背后则写有数字对应的人名，笔者结合此说明与现存于日本的诸多资料对比、考证得知：站立的第一排右起第一人为日本政治家森格，第三人为宫崎寅藏大姐宫崎留茂，第四人为宫崎寅藏，第五人为孙中山，第六人男孩为宫崎民藏之子宫崎世民，孙中山右手边女性为宫崎寅藏二姐富，富旁边怀抱婴儿的女性为宫崎民藏夫人宫崎美以，婴儿为宫崎民藏之女真英。坐于孙中山与宫崎寅藏身前的男青年为宫崎寅藏的长子宫崎龙介，在其身前的两位男孩从左至右依次是宫崎世龙、宫崎真道。最后排左起第一人为中岛照宽，第二人（戴礼帽者）为戴季陶。最左侧第三位穿和服者为筑地贞俊，是宫崎寅藏二姐富的丈夫。现存日本的一些资料表明此照片还有一份曾存于宫崎真英之手，那张照片在左下角有手书日文，笔者译为"大正二年孙文革命成功，为表示感谢，到荒尾市上小路宫崎民藏家中拜访"。

这张照片见证了孙中山与宫崎寅藏的友谊，也是中日关系的见证：照片里有后来日本"大陆政策"的积极推进者森格，也有支持中国革命、致力中日友好的日本人士：宫崎寅藏一直致力于支持中国革命，其长子宫崎龙介继承父亲的志愿，曾参加中国的护法运动，二战后与夫人三次访问中国，与周恩来等人会见。宫崎民藏之子宫崎世民则一直致力于中日友好，曾担任日中友好协会会长。

35

逃亡仍显威力在
袁世凯政府关于缉拿孙中山、黄兴等的密令

■ 王 南

二次革命失败后，袁世凯政权继续通缉革命党人。中国国家博物馆馆藏一份《江宁镇守使饬簿》，内有袁世凯政府缉拿孙中山、黄兴等革命党人的密令。此密令为第九号，除孙中山、黄兴外，密令中指名缉拿的还有陈其美、李烈钧和柏文蔚。密令中说这些革命党人或逃亡海外煽动华侨，或潜回内地伺机破坏。由于侦缉人员不认识他们，所以将他们的相片分发到各地，以便依像缉拿。"镇守使"职权与前清总兵类似，相当于今天的省军分区司令，其官署则称为镇守使署。江宁即今南京，江宁当时的镇守使为王廷桢。

讨袁战争失利之际，一些重要的革命党人先后逃亡日本。

1913年7月底，北洋军将领张勋率部猛攻南京，南京面临失守，黄兴在江苏讨袁军参谋长黄恺元的力促和陪伴下，离开南京赴上海。在日本友人的帮助下，自上海乘船经香港、下关、神户、横滨辗转到达东京。在流亡途中，为了躲避搜查，

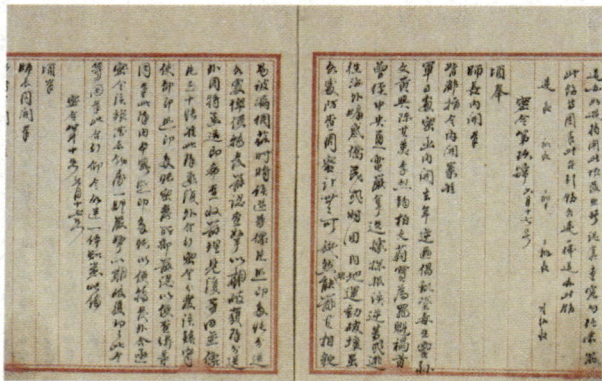

袁世凯政府关于缉拿孙中山、黄兴等的密令

黄兴还曾身穿大衣裹上毛毯躲进船上的冰箱，与外界隔绝。为排遣悲愤的心情，黄兴写下了抒发其回天无力的愧疚和悲愤的七律二首：

东南半壁锁吴中，顿失咽喉罪在躬。
不道兵粮资敌国，直将斧钺假奸雄。
党人此后无完卵，民贼从兹益恣凶。
正义未申输一死，江流石转恨无穷。

诛奸未竟耻为俘，卷土重来共守孤。
岂意天心非战罪，奈何兵败见城屠。
妖氛煽焰怜焦土，小丑跳梁拥独夫。
自古金陵多浩劫，雨花台上好头颅。

面对急转直下的战局，孙中山也于

1913年8月2日偕胡汉民乘船离开上海。原计划赴广东重整旗鼓，但到达福建马尾时，听取了日本人多贺宗之的建议，改道前往被认为是最安全的地方台湾，于是化名汪国权乘船转赴基隆。到达基隆后听说黄兴留话在日本神户等他，于是决定赴神户和黄兴会合。到达神户时，由于袁世凯要求日本政府逮捕孙中山，因而神户水上警察署派人突查孙中山所乘船只，幸赖船长机智应对，方才化险为夷。在神户没有见到黄兴，遂由日本友人陪护暂居神户。在神户地方官员的催逼下，孙中山无奈离开，转赴横滨后再到东京，犬养毅、头山满等日本友人亲到东京火车站迎接。之后，黄兴来访晤谈，但未能弥补两人间的裂痕。

1913年7月12日，此前已被免去江西都督的李烈钧在江西湖口起兵，揭开了二次革命的战幕。战事前期，讨袁军初战告捷，但由于各种不利因素致使讨袁军很快转入被动，继而节节失利，7月25日湖口被攻陷，李烈钧只得退守南昌。8月18日，北洋军将领张敬尧攻陷南昌，李烈钧被迫转赴长沙，得到谭延闿和程潜的接待与宽慰。后在日本人的安排下于9月初乘船赴上海，途中为避免暴露身份，曾藏身于船长的衣柜中，一路由唐才常之子唐蟒伴随，最终抵达日本。此后因不理解孙中山创建中华革命党的做法，乃赴欧洲游历。

陈其美是孙中山的得力助手，二次革命前任中华民国沪军都督，因反对袁世凯专权被免职。二次革命中任上海讨袁军总司令，因实力悬殊，未能顶住袁军的进攻，1913年8月13日，吴淞炮台失守，

上海讨袁军失败，陈其美被迫逃往公共租界躲避。在租界的日子里，陈其美继续谋划新的革命活动。此期间，多次接孙中山电召，要其赴日商讨重组革命党事宜，乃告别家人，离沪赴日，化名高野。此后，他积极参与中华革命党的组建工作，成为该党一柱石，地位仅次于孙中山。

柏文蔚是二次革命中的又一位重要人物，此前任安徽都督，坚决反对袁世凯，因而也被袁世凯免职。在二次革命中，柏文蔚任安徽讨袁军总司令，因受南京战局失利及黄兴出走的影响，加上陆军第一师师长胡万泰等人的叛变，致使讨袁军失败，柏文蔚被迫离皖。1913年8月，柏文蔚率卫队到达南京，参与何海鸣等人的第三次江苏独立讨袁战事，但由于讨袁军内部矛盾重重，争权夺利泛滥，导致再次失败。无奈之下，柏文蔚也由日本人安排，经上海转赴日本避难，在东京谒见了孙中山，后来加入中华革命党。

二次革命是辛亥革命的延续。革命党人在辛亥革命中没有依靠人民的力量将革命进行到底，而是与以袁世凯为首的北洋军事政治集团妥协，最终导致丧失革命领导权的严重后果。袁世凯攫取革命胜利果实后，破坏民主政治，刺杀宋教仁，暴露出真独裁、假共和的本来面目。而革命党人此时组织涣散，内部分歧严重，在二次革命中一败涂地，革命领导人孙中山、黄兴、陈其美、李烈钧和柏文蔚等先后流亡日本。但是他们并没有就此消沉，孙中山在日本组建中华革命党，再次举起革命的旗帜。

36

总结教训　创建新党

孙中山为总结讨袁二次革命的失败原因
及筹组中华革命党事致黄芸苏函

■ 王　南

中国国家博物馆收藏有孙中山总结二次革命失败原因及筹组中华革命党事致黄芸苏（魂苏）的信。这封信写于1913年10月23日，距二次革命失败仅一月有余。二次革命即"讨袁之役"，也称"癸丑之役""赣宁之役"。1913年3月20日，国会召开前夕，国民党代理理事长宋教仁在上海被暗杀，导致政治局势突变。4月，袁世凯又力推善后大借款的实现，准备发动内战，消灭南方革命力量，加剧了和革命党人的矛盾。于是，孙中山从日本回国，力主武装讨袁，而黄兴等人则倾向使用和平方式解决，在不破坏临时约法的情况下以法律手段抗争。6月，袁世凯借口江西都督李烈钧、安徽都督柏文蔚、广东都督胡汉民曾通电反对善后大借款，是不服从中央，下令免职，并派兵南下，进驻江西，发动内战。至此，国民党人只能被迫起兵讨袁。7月12日，在孙中山指示下，李烈钧从上海回到江西，在湖口召集旧部成立讨袁军总司令部，正式宣布江西独立，并发布讨袁檄文。江西讨袁军虽曾在战事前期取得胜利，但未能持久，很快就被占优势的袁军击败。15日，黄兴在南京促使江苏都督程德全宣布

讨袁，推举其为南军司令，但程德全畏惧弃职，逃遁上海。黄兴指挥的讨袁军虽经苦战，也没能抵挡住袁军的强大进攻。18日，陈炯明在广东宣布独立，但由于袁世凯的政治破坏和用金钱收买广东将领，最终将陈炯明逼走。其他地区如：上海讨袁军在陈其美的指挥下多次进攻军事要地制造局也都归于失败；安徽柏文蔚虽然坚决讨袁，但军队被假独立分子掌控，在袁军的大举进攻面前，无奈退走南京；福建许崇智遭到都督孙道仁的百般阻挠，未能尽早支援江西，不久福建也取消独立；湖南都督谭延闿本就是见风使舵的高手，在江西和南京的讨袁军失败后，很快也取消了独立；四川熊克武宣布独立最晚，在勉强支撑了一个多月后，也取消了独立。仅仅两个月，各地的国民党军队被袁军陆续击溃，二次革命失败，孙中山、黄兴等人再度流亡日本。

二次革命的领导者没有发动广大的人民群众参加，而只是仓促上阵进行抗争，讨袁军不仅缺乏明确的纲领，也缺乏战略计划和统一指挥，缺乏战略协同，他们势单力薄，孤军奋战，加之国民党内部涣散，甚至连多数国民党议员都还在北京留

孙中山为总结讨袁二次革命的失败原因及筹组中华革命党事致黄芸苏函

恋议席，而且军事实力也远逊于袁军。在这种情况下，袁世凯依靠帝国主义的支持，以优势的武力，很快击败讨袁军。

二次革命失败后，寓居东京的孙中山总结了国民党失败的主要原因：成分复杂、涣散、缺乏战斗力，而且党员权力心太重，互相利用、互相倾轧。孙中山决定组织纯洁的新政党，在致黄芸苏的信中，孙中山阐述了组建中华革命党的想法。他认为这次失败，也是国民党自身的一大淘汰，实在是不幸中之幸运，此后混杂分子和卑劣分子尽去，所剩下的是少数纯净分子，一个顶一万个。现在重新集合这些纯净分子组织纯粹政党，以此再次举事，务必要达到本党的纯粹革命目的，即民权民生主义。并说以后选择人不求量多，只求能矢志不渝、能牺牲生命自由权利而为国家生民造幸福的人，如此才能入选本党。并希望黄芸苏在美国寻找这类志同道合的同志，如有这样的同志就给黄芸苏邮寄党的"规约"，还希望黄芸苏能带头加入。孙中山在信中还认为，虽然二次革命失败了，但是好的一面是令袁世凯不敢迅速地公开称帝，抵制袁世凯复辟帝制的目的已达到，以此表达了对革命前景的乐观态度。

此后，经过一段时间的谋划，1914年7月8日，孙中山在日本东京和廖仲恺、居正、胡汉民、陈其美及许崇智等共同组织了中华革命党，宣布该党"以扫除专制政治，建设完全民国为目的"，"以实行民权、民生两主义为宗旨"。中华革命党继续进行反袁斗争，但因提不出明确的反帝反封建的政治纲领，未能广泛团结反袁力量，徒然采取单纯军事冒险方式，在一些地区组织武装起义，均遭失败。后领导护法运动，继续同北洋军阀斗争，也表现得软弱无力。1919年10月改组为中国国民党。

37

肝胆相照两伟人
二次革命后孙中山和黄兴四函

■ 王 南

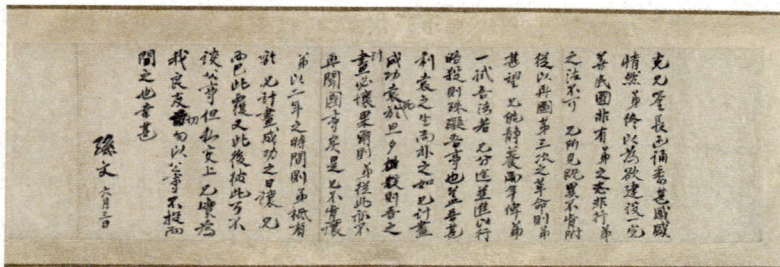

孙中山为在护国运动中不要"分途并进"事致黄兴函

中国国家博物馆收藏孙中山给黄兴的三封信，及黄兴给孙中山的一封复信，是在二次革命及护国运动时期反对袁世凯、挽救民主共和国的斗争过程中写的，信中揭示了两人间的思想交流和情怀表露。

1913年3月，倡导民主宪政的国民党代理理事长宋教仁遇害，国民党人指责是袁世凯所为。不久，袁世凯派兵进攻国民党人，加剧了和国民党人的矛盾，7月，国民党人被迫起兵反击，二次革命爆发，然而，二次革命迅速失败，孙中山、黄兴等人再次逃亡日本，避居东京。

在日本，孙中山总结了二次革命失败的原因，认为在于国民党成分的复杂、涣散、缺乏战斗力等，决定组织纯洁的新政党——中华革命党，但在组党原则上和黄兴产生了难以调和的分歧。孙中山坚

持要全体党员服从党魁命令，履行誓约，发誓愿意牺牲生命、自由、权利，服从命令、尽忠职守、共同生死。《中华革命党总章》第七条就明确规定："凡进本党者必须以牺牲一己之身命、自由、权利而图革命之成功为条件，立约宣誓、永久遵守。"在孙中山亲订的入党誓约中有"永守此约，至死不渝。如有二心，甘受极刑"。除此之外，还要党员在誓约上加按右手中指指模。孙中山认为只有这样才有利于革命的顺利进行。对此，黄兴坚决反对，认为这么做违背了孙中山自己倡导的自由平等主义，而加按指模则有侮辱性质，因而拒绝加入中华革命党。

1914年5月底至6月初，孙中山和黄兴互致三信，在5月29日孙中山给黄兴的信中，孙中山主要表示了希望黄兴同意他按照自己的方式进行第三次革命，期

孙中山为谋划共同反袁等事致黄兴函

限为两年，如果失败，则由黄兴领导再进行新的革命。假如成功，则会邀请黄兴参与政事。此外，孙中山还认为二次革命的失败，完全是由于不听他的号令的结果，表达了要当真党魁，不做假党魁的想法。黄兴在6月初给孙中山的信中，表示要"露肝胆，披心腹，为先生最后一言之"。他认为二次革命的失败是由于正义暂时被金钱和权力所摧毁，并非真正的失败，表达了纵观中外历史，没有正义得不到伸张的，而最后胜利必定归于革命党人的信念。同时他不同意政党实行人治的方式，认为那是模仿袁世凯的做法，不可取。此外，他认为革命不是办公司，是不能仿效转让方式来进行的。而他自己如果有机会，定当尽责为之，可以断言对孙中山绝没有妨碍。孙中山则在同年6月3日的复信中对黄兴的直抒胸臆表示感谢，并再次表达了第三次革命只有依靠像自己这样的意志，按照自己的方法进行才能成功。信的最后孙中山表示以后两人绝不再谈公事，但私交上黄兴确是自己的良友，两人之间千万不要因为公事上的矛盾而产生隔阂。

孙、黄二人坚持各自的主张和立场，对组织新政党是坚持人治还是坚持自由平等主义等问题进行了敞开心扉的交流。这三封信虽然各执己见，但体现了孙中山和黄兴之间推心置腹、披肝沥胆的心灵沟通。反映了在革命的道路上尽管存在不同意见和看法，但是坦诚相见才有利于革命的正常发展。也体现了不同寻常的革命友谊。这期间谁也没能说服谁，最终黄兴于1914年6月底离日赴美，两人间的争执告一段落，两位伟人暂时分手了。

1915年12月，袁世凯宣布称帝，改1916年为洪宪元年，狼子野心彻底暴露。袁世凯的倒行逆施，激起了包括孙中山、黄兴等革命党人在内的广大爱国人士的强烈愤慨。同月，蔡锷等人首先在云南发难，宣布讨袁，护国战争开始，孙中山、黄兴也分别积极进行倒袁活动，迫使袁世凯于1916年3月下旬宣布取消帝制，护国战争取得了重大胜利。但是，垂死挣扎的袁世凯仍想继续保住中华民国大总统的地位，竟丧心病狂地于5月18日派人暗杀了孙中山的得力助手陈其美，这一事件震惊中外，也使孙中山更加迫切地意识到联合黄兴共同倒袁的重要性。5月20日，已回到上海的孙中山再次致信已返回日本的黄兴，一方面分析了倒袁形势下的各派情况，阐述了想尽一切办法谋求最大团结各派局面的愿望，另一方面恳请黄兴也全力以赴共同努力推翻袁世凯的独裁统治，并希望黄兴能到上海共商大事。为了共同的大业，两位伟人终于又走到一起来了。6月6日，袁世凯病忧交加而死，中国历史进入了一个新的发展时期。

38

伟大的友谊

孙中山题赠黄兴"安危他日终须仗，甘苦来时要共尝"对联

■ 傅 琳

孙中山与黄兴是一对生死与共的战友，两人功勋卓著，一时并称"孙黄"。在日本友人宫崎寅藏等介绍下，孙中山、黄兴于1905年7月在日本东京第一次会面。共同的革命理想使两人一见如故，黄兴表示愿率华兴会全体会员与孙中山合组新的革命团体，这为同盟会的成立创造了基本条件。1905年7月30日，孙中山和黄兴在东京赤坂区桧町三番地黑龙会本部召开创建同盟会的筹备会，8月20日又在东京赤坂区灵南坂日本友人坂本珍弥（日本国会议员）住宅举行同盟会正式成立大会，与会百余人，代表17个省。会上推举孙中山为总理，黄兴为执行部庶务，庶务相当协理，明确规定在特殊情况下，庶务可代行总理职。

在孙中山的心目中，黄兴是一个不可或缺的实干家。反清革命的突破口从哪里打开？这是中国同盟会成立后面临的具体问题。孙中山主张先在广东发难，再将南方各省连成一片，与清廷对抗；黄兴则主张在长江中下游一带开始行动，在清廷腹地切开一个口子。经过多次争论，黄兴服从了孙中山的意见，与孙中山一起在华南策划指挥反清武装起义。1911年4月

黄花岗起义失败后，黄兴一度想致力于暗杀行动，决心以一死相拼，以谢海外筹款侨胞，维护革命党人的信誉。孙中山闻讯忧心忡忡，极力劝阻，称："盖黄君一身为同志之所望，亦革命成败之关键也。"

在黄兴的心目中，孙中山是一个当之无愧的领袖。1907年7月，同盟会内部章太炎等人就潮州、惠州等地起义失败和孙中山分配赠款一事对孙中山发起攻击，要求罢免孙中山的中国同盟会总理职务，改选黄兴为总理。黄兴决然表示："革命为党众生死问题，而非个人名位问题。孙总理德高望重，诸君如求革命得有成功，乞勿误会，而倾心拥护，且免陷兴于不义。"

武昌起义爆发后，全国各省相继独立响应，组织统一的临时政府已是刻不容缓。1911年12月4日，独立各省代表在上海开会，当时孙中山尚在国外，代表们选举黄兴为"大元帅"，负责组织临时政府。黄兴坚辞不就，表示愿领兵北伐，直捣黄龙。经代表们反复劝说，黄兴只好表示"暂时勉任"。这时忽然接到孙中山先生已从国外启程回国的电报，黄兴立即决定不就任"大元帅"，他表示："孙先生是同盟会的总理。他未回国时我可代表同盟

孙中山题赠黄兴"安危他日终须仗，甘苦来时要共尝"对联

节节胜利，发展很快，但因几个领袖互争权力，终至失败，我们要引为鉴戒。"

1912年1月1日，南京临时政府成立，被各省代表推选为中华民国临时大总统的孙中山任命黄兴为陆军部总长兼参谋总长。不久，随着政局的变化，孙中山兑现诺言，辞去临时大总统职位，让位于袁世凯。临时政府迁往北京，南京设留守府，黄兴担任留守。临别之际，孙中山书写"安危他日终须仗，甘苦来时要共尝"对联赠给黄兴，与长期并肩奋战、同甘共苦的挚友依依惜别。黄兴将这副对联高悬于南京留守府，以怀念他们在共同的革命斗争中铸就的历经考验的友谊。这是目前所知孙中山赠予黄兴的唯一一副对联，黄兴逝世后由马小进收藏。马小进逝世之际将其赠给曾任孙中山卫士的好友何

会，现在他已在回国途中，我若不等他到沪，抢先一步到南京就职，将使他感到不快，并使党内同志发生猜疑。太平天国起初

侠，1963年何侠将其捐赠给中国革命博物馆（中国国家博物馆前身）。

1913年3月20日，袁世凯悍然派人暗杀了国民党代理理事长宋教仁，彻底暴露了独裁专制的真面目。孙中山发动"二次革命"，黄兴担任江苏讨袁军总司令。因起事仓促，"二次革命"终归失败，孙中山与黄兴被迫流亡日本。孙中山认为二次革命失败主要原因是国民党过于涣散，党员不听号令，决定另起炉灶，成立中华革命党。党员入党时须宣誓效忠孙中山，并按手印。黄兴认为这对于追求民主的革命党人是一种倒退，但为不给人以挑拨离间机会，黄兴决定远走美国。

1916年6月6日，经历称帝丑剧后，袁世凯在众叛亲离中病逝，第二天黎元洪继任总统。是年7月上旬，黄兴从美国经日本回到上海，见到了睽违两年的孙中山，两位革命领袖准备再度携手，踏上革命征程。然而天不遂人愿，10月30日黄兴病危，孙中山前往探视。次日早晨，黄兴病逝，时年42岁。看到这位与自己风雨同舟的战友英年早逝，孙中山不胜伤感，多次前往致哀。11月16日，孙中山同黄兴子女并与唐绍仪、柏文蔚、李烈钧、蔡元培、谭人凤联名发出主持黄兴丧务的讣闻。孙中山撰写挽联："常恨随陆无武，绛灌无文，纵九等论交到古人，此才不易；试问夷惠谁贤，彭殇谁寿，只十载同盟有今日，后死何堪。"23日，黄兴归葬湖南，孙中山亲自执绋送到上海金利源码头。看着载着黄兴棺木的军舰起航，孙中山的眼睛湿润了，宋庆龄递过来一个手帕，他轻轻擦了擦，在众人的陪伴下返回居所。

39

助饷讨袁
孙中山在日本中华革命党本部发行的债券

■ 安跃华

1913 年 3 月，国民党代理理事长宋教仁被刺杀后，孙中山力主发动讨伐袁世凯的二次革命，并动员各地革命党人起兵讨袁。但在袁世凯的镇压下，二次革命很快失败，国内的革命力量惨遭摧残，孙中山也被迫流亡日本。此次革命的失败使他深感国民党组织内部思想混乱，软弱涣散，犹如散沙，已无力领导革命继续前进。他认为不是袁世凯兵力的强大，而是国民党内部人心涣散，才导致了革命的最终失败。

基于这种认识，1913 年 9 月，孙中山亲手拟定入党誓约，在日本东京重树党帜，着手组建中华革命党，以力洗从前积弊。至 1914 年四五月，入党者已达四五百人。7 月 8 日，中华革命党在东京筑地精养轩正式成立，孙中山被推选为总理，本部设于东京。在成立大会上公布了他亲订的 39 条《中华革命党总章》，规定"本党以实行民权、民生两主义为宗旨"，"以扫除专制政治，建设完全民国为目的"。

中华革命党把武装讨袁作为本党首要任务，目标就是发动"第三次革命"。组织成立后，为筹措革命经费，孙中山

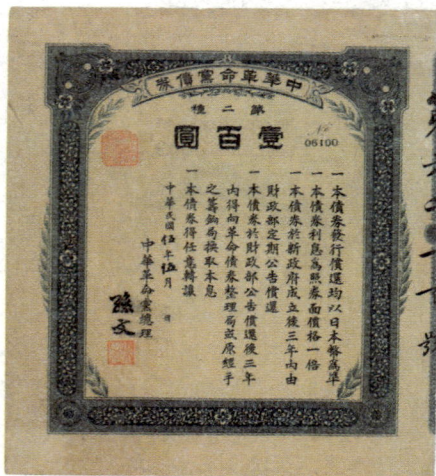

孙中山在日本中华革命党本部发行的债券

依然采取以往做法，在海外发行革命债券。他以为，尽管各地华侨热心爱国，踊跃捐款，不图报偿，但出钱为国，国家革命成功后，理应对他们采取负责态度。所以决定接受捐款 10 元以上时，都发放革命公债，作为收据凭执，同时订明了偿还办法。

中华革命党本部债券面值现见有第一种 1000 元，第二种 100 元和第三种 10 元。三种债券除颜色外，大小、版式和文字基本相同。第一种 1000 元债券正背面图

案为灰绿色，第二种100元债券正背图案为蓝色。

以第三种10元债券为例：竖式，纵24.8cm，横21.8cm，铅印。正面图案为红色，底色淡黄，四周有花框及月桂树叶图案。上端弧形框内印"中华革命党债券"，下方两行分印"第三种"和面值"拾圆"。面值下压有长形花框，左侧盖"中华革命党本部之印"方章，右侧印5位券号。券纸中部印有一大两小三个白色圆形底纹，上面竖印"本债券发行偿还均以日本币为准；本债券利息系照券面价格一倍；本债券于新政府成立后三年内由财政部定期公告偿还；本债券于财政部公告偿还后三年内得向革命债券整理局或原经手之筹饷局换取本息；本债券得任意转让。中华民国四年五月初十日　中华革命党总理　孙文"，并印有"孙文之印"小型方章。左右上角圆形花框内有"拾圆"面值。债券右边墨书骑缝券号。

背面图案同样为红色，菱形花框内有一大两小圆形图案，内部分别印有汉字和数字面值，右侧盖"财政部发"圆形小章，左侧骑缝处盖长形条戳，可见的半边印文为"中华革命党本"字样。券面上部还盖有"中国国民党驻檀总支部"和"廿五年六月十八日已登记"两个蓝色条戳。

债券由东京本部财政部统一印刷，样式精美。发行则由中华革命党本部财政部负责。南洋和美洲各地先后成立了筹饷局，全面负责收转捐款，给出资者颁发革命债券。为规范各地筹饷机构的工作，中华革命党制定和颁布章程，承诺应募出资者可获得褒奖，待新政府成立后，可根

据助资额享有不同的权利：凡助资万元以上者，记大功一次，从优认为代表，享有"参预政事，组织国会"等特权；凡助资千元以上者，记功一次，将来归国享有优先经营矿山及各种实业的权利；助资百元以上者，虽没有入党，也能享有公民资格。此后，孙中山又批准公布了《筹饷奖励章程》和《功章规条》，对此前订立的筹饷奖励做出了进一步调整，规定出资百元至万元者，可分别获颁三等铜质、二等银质、一等金质功章一座；出资50万至100万元者，政府为其建铜像以示表彰。

中华革命党本部债券是孙中山在二次革命失败后，为反对袁世凯独裁专制，恢复共和政治，发动"第三次革命"筹措经费而发行的。债券一经发行，南洋和美洲的华侨就纷纷倾囊以助革命。特别是中下层华侨，他们虽经济能力有限，但出资认购最为踊跃。1934年5月21日，国民政府财政部召开第二次全国财政会议，决定成立"革命债务调查委员会"，限于民国二十六年前，凡持有革命债券者可向委员会登记，经该会验明并加盖"已登记"章后，由国库兑现收回。

40

孙中山与陈其美

1915年9月25日孙中山与即将回国参加反袁斗争的同志于东京合影

■ 刘 丹

1916年5月18日傍晚，陈其美在上海被刺身亡。孙中山闻讯大为哀恸，手书"失我长城"四字以挽之。中国国家博物馆所藏孙中山为陈述陈其美遇刺致黄兴函中说："英士忠于革命主义，任事锐勇，百折不回，为民党不可多得之人。年始四十，遽被贼害，伤哉! 数年来，如宋钝初、范鸿仙、夏之麒俱为逆贼购凶刺死，今又继及英士。君子何厉，天实仇之。"悲痛惋惜之情溢于言表。

陈其美（1878—1916），字英士，浙江湖州人。早年在浙江与上海学习经商，期间接触了张静江、于右任，后来在理科传习所结识了蔡元培，"闻见益广，识见益宏，革命情绪，自此深植根基"。受蔡元培影响，陈其美抛弃商业道路，于1906年东渡日本求学，与孙中山、黄兴结识，并于该年年底加入同盟会。

1908年，陈其美回到上海，先后创办《大陆新闻报》《中国公报》《民声丛报》等报纸，并为《民立报》担任外勤记者。与此同时，他开始建立发展革命组织，接手了当时上海的天宝客栈，将其改组为革命机关。同盟会成立后，孙中山、黄兴等领导人将革命重心放在华南边境一带，不

断遭到失败，引起许多革命党人不满。章太炎等人另组光复会，同盟会走向分裂。在谭人凤的提议下，陈其美、宋教仁等建立了同盟会中部总会，以指导长江流域的革命活动，陈其美被选为庶务。此时的陈其美对孙中山尚未完全理解及认同，他认为孙中山过于理想化，而更倾向黄兴的实干作风。尽管如此，陈其美等仍然宣布同盟会中部总会"奉东京本部为主体，认南部分会为友邦"。其后，又在湖北、湖南、江西、安徽等地设立了分机关，继续高举同盟会的革命大旗，成为长江流域反清革命的领导核心和战斗堡垒，使得"党势为之一振"。

1911年10月10日武昌起义爆发，湖南、江西、陕西及云南等各省纷起响应。11月3日，陈其美、李燮和等革命党人在上海发动起义，他率队进攻江南制造局，光复上海，就任沪军都督。上海的光复对革命形势有重大影响。后来孙中山在回忆这段历史时，高度评价了陈其美的作用："时响应之最有力而影响于全国最大者，厥为上海。陈其美在此积极进行。故汉口一失，其美能以上海抵之。由上海乃能窥取南京。后汉口一失，吾党又得以南

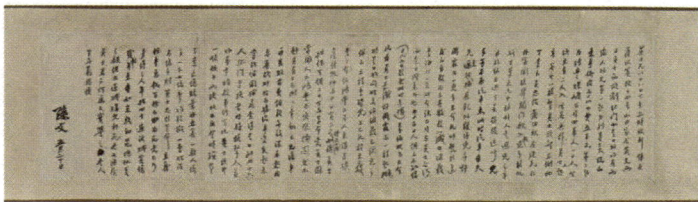

孙中山陈述陈其美被刺杀经过致黄兴函

1915年9月25日孙中山与即将回国参加反袁斗争的同志于东京合影

京抵之。革命之大局因以益振，则上海其美一木之所支者，较他着尤多也。"

上海光复后，陈其美致电起义各省，倡议组织临时政府，并率先联合江浙两省，组成各省都督府代表会，筹组临时政府。在代表会中，陈其美表现出卓越的政治才能，使革命党人在其中占据优势，为革命派掌握领导权奠定基础。12月25日，孙中山到达上海，沪军都督陈其美组织了盛大欢迎仪式，并为其在上海的活动妥善安排。12月29日，孙中山当选为中华民国临时大总统，1912年1月1日，陈其美护送孙中山赴南京就职。

陈其美在辛亥革命中功勋卓著，但在二次革命中，他迁延犹豫，没有坚决响应孙中山与袁世凯斗争的号召，致使贻误战机。也正是二次革命的失败，使得陈其美猛然警醒，对孙中山有了更为客观的认识，而在革命低潮期的孙中山亦肯定了陈其美

对革命的忠诚和才干，两人开始密切合作反袁。

二次革命的失败使孙中山认识到，涣散的同盟会及其改组的国民党已不胜任革命的领导，开始筹备组建中华革命党。因在入党誓词及程序上存在分歧，许多同盟会成员包括黄兴、陈炯明等都拒绝加入，然而陈其美积极参与筹备。1914年中华革命党成立，陈其美率先加入中华革命党，出任总务部长。其后，他又着力弥合孙中山与黄兴在"二次革命"之后产生的分歧，并赴东北、上海等地进行革命活动。1916年2月被孙中山任命为"江、浙、皖、赣四省总司令"。这一时期，陈其美因其才干和对孙中山的忠诚，被称为中华革命党之"柱石"。

在成为反袁的旗帜之后，陈其美对自身的命运已有觉悟："中华民国不可无孙公，不必有陈某。陈某未尝有学问，然爱国不敢以后人……不济，则吾惟有以死继之。"1916年5月18日，陈其美在上海法租界萨坡赛路14号的寓所被袁世凯所派刺客行刺身亡。

陈其美性格任侠好勇，行事果决，有"口齿捷、主意捷、手段捷、行动捷"的"四捷"之称。这些特点无疑有助于他为革命做出巨大的贡献，但也使他留下一些污点，如刺杀陶成章等革命者、结交青帮、生活腐化等。尽管陈其美一生争议颇大，但他对革命有着澎湃的激情和无比的忠诚，终于成为孙中山革命的重要助手，成为辛亥革命和反袁斗争的重要功臣。

41

原配夫人
孙中山夫人卢慕贞的名片

■ 项朝晖

中国国家博物馆珍藏的这张民主革命的先行者孙中山结发妻子卢慕贞的名片是 2004 年 11 月 23 日由美籍华人司徒倩女士捐赠的。名片纵 9.3cm，横 6cm，正面竖立着三个黑色繁体字"卢慕贞"，背面横印着一行英文"Mrs. SUN YAT SEN"，中译文为"孙中山夫人"。整张名片简洁淡雅，没有任何装饰，反映出名片主人行事低调、淡泊名利的性格。

卢慕贞，1867 年出生在广东省香山县上恭都外茔乡。父亲卢耀显，早年在檀香山经商，与同为侨商的孙中山大哥孙眉相识，后因病早逝，家道中落。卢慕贞作为家中长女，自小勤快，贤淑善良。孙中山从小"生性不羁"，1883 年因毁坏村中的神像事件后，孙家动了用婚姻羁绊他的想法，他们选择了邻近村家世、年龄与孙家门当户对的卢慕贞作为孙中山的结婚对象。1885 年 5 月，在"父母之命，媒妁之言"的传统习俗中，孙中山和卢慕贞在翠亨村结为夫妻。

孙中山与卢慕贞虽然是典型的封建包办婚姻，没有感情基础，但卢慕贞一直恪守妇道，在婚后漫长的岁月中，默默地在背后支持孙中山，了却他的后顾之忧，使他能全力以赴地投身革命事业。

婚后不久，孙中山就外出求学革命，很少回家，卢慕贞在家侍奉公婆。孙父重病卧床时，她日夜守候在侧，亲奉汤药，直至孙父过世。在孝敬公婆的同时，她始终记挂着在外求学的夫君，常亲手为他缝衣做鞋，孙中山每次回家都能穿上她做的新衣服新鞋子。结婚 7 年后，卢慕贞生下了儿子孙科，3 年后又诞下了长女孙娫。那时，孙中山在外为革命奔波，其兄孙眉远在美国，其姊早已出嫁，照顾年迈的孙母及年幼的儿女的责任全部落在了卢慕贞的肩上。面对巨大的生活压力，卢慕贞默默地付出，将孙家打理得井井有条。

1895 年，广州起义失败后，孙中山被清廷列为叛逆要犯，逃亡日本。为避免株连，卢慕贞带着年幼的儿女，与婆婆和嫂子一起漂洋过海前往檀香山投奔大哥孙眉。1896 年 10 月，孙中山在英国伦敦被清廷驻英公使囚禁，生死未卜，卢慕贞当时身怀六甲，正值临盆，闻讯后心急如焚，半个多月没有安枕合眼，她甚至暗下决心，如果丈夫不幸牺牲，她将以身殉夫。

1907 年，孙眉因倾囊支持孙中山革

命，导致经营数十年的农场破产，被迫举家迁回香港九龙。孙科因求学而暂留檀香山，卢慕贞带着两个女儿随大伯一家回到了香港。他们在香港租屋居住，经济非常拮据，1910年，孙中山母亲在香港去世，在艰难地安葬完婆婆后，卢慕贞带着两女儿奔赴南洋槟榔屿与孙中山团聚。12月，孙中山被南洋殖民当局勒令离境，留下卢慕贞母女3人在槟榔屿居住，由当地华侨集资供给每月100元生活费。虽然遭遇多年颠沛流离的生活，但卢慕贞毫无怨言；虽然不懂政治，但她理解丈夫的事业。

1912年1月1日孙中山在南京就任中华民国临时大总统，卢慕贞携两个女儿回国。在南京时，卢慕贞目睹孙中山终日繁忙的身影，为自己不谙政治，不善应酬，无法帮助丈夫而深感愧疚，产生了知难而退的念头。她在南京只住了不到一个月，就独自离开南京返回家乡。不久，孙中山辞去大总统职务后回到翠亨村和家人团聚。此后，卢慕贞随孙中山去过北京、日本等地。1913年"二次革命"失败，孙中山再次流亡日本，卢慕贞选择定居澳门。

在31年婚姻中，卢慕贞与孙中山聚少离多，虽然她深爱着丈夫，但也为自己没什么文化不能襄助丈夫而深感内疚，尤其她从小缠足，为维护孙中山的形象，她总避免与孙中山一起公开露面。1915年，孙中山决定与宋庆龄结婚，为此将不得不与卢慕贞离婚。孙中山将她从澳门接到东京，征求离婚意见时，她虽然很痛苦，但还是深明大义地"在离婚协议书上，用大拇指沾着红墨水，按上了指印"。

离婚后，卢慕贞一直居住在澳门的孙公馆，与孙中山有书信来往，信中她挂念着孙中山的身体，遇事征求孙中山的意见；孙中山的信中也常涉及汇款、家用、办学、接济穷亲戚、自己的身体状况等，字里行间充满了对卢慕贞的关爱之情。孙中山在信中称她为"科母""卢夫人"，自称"科父""德明"（孙中山族谱上与卢慕贞结婚时用的名字），这表明孙中山对她的尊重，仍视她为孙家人。

1925年，卢慕贞在澳门惊闻孙中山3月12日在北京逝世的噩耗，悲痛万分，她立即请人代笔，发表悼念文章，深表哀思，文中称颂孙中山"伟大的精神，伟大的人格"。

抗日战争时期，为避免翠亨村孙中山故居遭遇不测，卢慕贞派人将故居里能搬走的东西全部转移到澳门。日本友人梅屋庄吉赠送的孙中山全身铜像，也从翠亨村运到了澳门，现在该铜像安放在澳门的"国父纪念馆"里。

1952年9月7日，卢慕贞在澳门病逝，享年86岁。

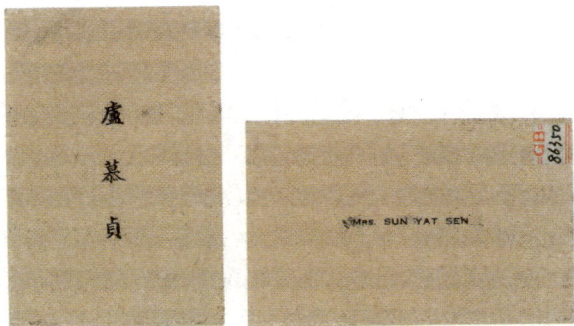

卢慕贞使用过的名片

42

"我一生最大的快乐,是在和孙先生一起为中国的奋斗中获得的!"
孙中山与宋庆龄婚姻誓约书(日文)

■ 李 良

1913 年 8 月 30 日, 20 岁的宋庆龄从美国威斯理安女子学院毕业,抵达日本东京,在这里,她见到了孙中山。她遵从父亲宋耀如的安排,接替准备结婚的姐姐宋蔼龄,作为孙中山的英文秘书协助他处理英文信件。

经过一段时间的共事,孙中山被文雅、能干、多才多艺而又年轻、美丽的宋庆龄所深深吸引。他以含蓄的方式展开了对宋庆龄的追求。宋庆龄后来说:"孙博士得悉我正在学习中文,他赠我一些中国文学方面的书籍和有关当代政治方面的英文书。他非常关心我的学习和活动,对我的工作鼓励甚多,使我不知不觉渐渐地被他吸引。"

宋庆龄短暂回国期间,孙中山曾对梅屋庄吉夫人说:"遇见她,使我有生以来第一次感受到了爱情,体会到了相思的痛苦以及恋爱的那份喜悦。"宋庆龄返回日本后,孙中山亲自去车站迎接。此后他们几乎每天都见面,参观展览、商店,晚上一起看电影。在樱花盛开时节,他们一起乘车旅行,在花海中沿着堤边漫步。此时的孙中山和宋庆龄已处于热恋中。

热恋中的孙中山向宋庆龄求婚。宋庆龄对这桩婚姻是渴望的,她向孙中山表示:"经过长期、慎重的考虑,深知除了为你、

为革命工作,再没有任何比这更使我愉快的事……我愿意这样献身于革命。"但是,由于年龄差距,宋庆龄怕父母不同意,表示要征得父母的同意。

宋庆龄到上海,向父母提出了与孙中山结婚的请求。这遭到了全家的强烈反对。孙中山比宋庆龄大 27 岁,且孙中山已有家室,而宋庆龄出身于基督教家庭,不能违反一夫一妻的基督教教义。孙中山的革命道路曲折而危险,女儿嫁给孙中山,必定会经受许多困苦,甚至是生命危险。这些都是宋耀如夫妇所担心的。

这些都不能阻止孙中山与宋庆龄为了爱情与共同的事业而走到一起。1915 年 9 月,孙中山与原配夫人卢慕贞办理离婚手续。孙中山决绝的态度使宋庆龄十分感动,决定不再等父母转变态度,立即赴日本与孙中山结婚。宋庆龄在离家前给妹妹宋美龄的信中说:"我一生最大的快乐,是在和孙先生一起为中国的奋斗中获得的! ……我情愿为他做一切需要我去做的事情,付出一切代价和牺牲!"

10 月 25 日,孙中山与宋庆龄委托日本律师和田瑞到东京市政府办理了登记手续,然后在和田瑞家中签署了婚姻誓约书。誓约书为日文,译文内容如下:

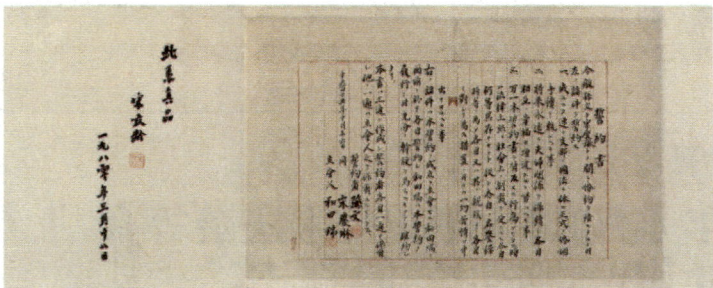

孙中山与宋庆龄婚姻誓约书（日文）

此次孙文与宋庆琳缔结婚姻，并订立以下诸誓约：

一、尽速办理符合中国法律的正式婚姻手续。

二、将来永远保持夫妇关系，共同努力增进相互间之幸福。

三、万一发生违反本誓约之行为，即使受到法律上、社会上的任何制裁，亦不得有任何异议；而且为了保持各自之名声，即使任何一方之亲属采取何等措施，亦不得有任何怨言。

上述诸条誓约，均系在见证人和田瑞面前各自的誓言，誓约之履行亦系和田瑞从中之协助督促。

本誓约书制成三份：誓约者各持一份，另一份存于见证人手中。

誓约人：孙文（章）

宋庆琳

见证人：和田瑞（章）

一九一五年十月二十六日

这份誓约书一式三份，分别由孙中山、宋庆龄与和田瑞保存，其中孙中山与宋庆龄的两份保存在上海莫利爱路的住宅。1937年抗日战争爆发，11月上海沦陷，宋庆龄在匆忙撤离上海时，这两张婚姻誓约书在战乱中遗失了。1962年，中国历史博物馆（中国国家博物馆前身）征集到一份孙宋二人的婚姻誓约书，为鉴别真伪，将其拍成大照片寄给宋庆龄鉴定。宋庆龄仔细看过照片，确定这份誓约书是真的。

誓约书失而复得，令宋庆龄非常欣喜，她一直期待着能将婚姻誓约书在博物馆公开展出。当得知博物馆将于1966年在孙中山诞辰100周年时进行陈列展览，她欣喜地写信告知她的朋友黎照寰。可是，1966年，史无前例的"文化大革命"不期而至，原定举办的展览被取消，誓约书也失去了和公众见面的机会。

1980年，中国历史博物馆的工作人员将这份誓约书的原件送到北京后海边的宋庆龄住宅，请她题字。时隔40多年，宋庆龄再次见到她签署过的婚姻誓约书，百感交集，在卷尾余纸上端端正正地题写了"此系真品"四个字，并签名盖章。归还誓约书原件时，宋庆龄还通过秘书附函说明，关于签名是"宋庆琳"而不是"宋庆龄"的疑问，是因为"琳"字容易写（宋庆龄曾用名宋庆琳），所以名字写成"宋庆琳"。

在2016年孙中山诞辰150周年之际，孙中山与宋庆龄婚姻誓约书在中国国家博物馆举办的"天下为公大道行——纪念孙中山诞辰150周年大型馆藏文物展"中展出，宋庆龄的心愿终于得以实现。在展厅里，孙中山宋庆龄婚姻誓约书和孙中山与宋庆龄从日本回国前在东京大武照相馆拍摄的结婚照一起，见证了孙中山与宋庆龄之间真挚的爱情。

43

护国讨袁中的孙中山

1916 年 4 月 9 日孙中山、宋庆龄等在东京田中昂寓所集会讨袁合影

■ 安海嵩

二次革命失败后，孙中山、黄兴等人被迫流亡日本。孙中山鉴于同盟会及国民党组织涣散的状况，在日本建立了中华革命党，力图恢复同盟会的革命精神，继续从事反对袁世凯独裁统治、维护共和的斗争。

欧战爆发后，日本对德国宣战，占领山东。日本乘列强无暇东顾之机，进一步对中国提出了欲变中国为其附属国的"二十一条"。而袁世凯认为中国国力孱弱，无力抵抗，同时为获得日本对其复辟帝制的支持，竟准备予以接受。1915 年 1 月 22 日，日本《朝日新闻》印发号外，刊载了日本对中国提出的"二十一条"要求。3 月 9 日，身在日本的孙中山致函南洋同志："弟睹祖国之濒危，与海内外同胞所受之苦，以为非急倒彼恶政府，无以挽救，而往事之失，则当引为鉴戒，是以一面日图进取，一面重整党务，以企完全负责统一进行。"

1915 年 5 月 9 日，袁世凯政府与日本签订《中日民四条约》，接受了日本提出的"二十一条"大部分条款。次日孙中山致函邓泽如等，说袁世凯即将称帝，"从此中华民国名义将归消灭，内地不平之声

甚然""党中重要人物，已冒险深入内地；急思发动，成败在此一举，不能复待"。

1915 年 9 月 18 日，孙中山指示党务部发布第 16 号通告。通告说"数年来蓄志以亡民国者，袁氏实为第一人"，筹安会受袁氏主使，是"一种主张变更国体，改民主为君主之政治法社也"。通告向国内外同胞呼吁："千钧一发，时不我与，惟我内外诸同胞速图之。"现在"共和真髓，实无一存，所存者不过其名而矣！……能速革命，而后有国，否则事机一去，噬脐不及"。9 月 25 日，孙中山与即将回国参加反袁斗争的同志在东京合影留念，以激励其斗志。10 月，孙中山命令陈其美在上海，朱执信赴广东，居正赴山东，石青阳赴四川，于右任赴陕西，夏之麟赴江西，运动起兵讨伐袁世凯。

1915 年 12 月 12 日，袁世凯申令接受"推戴"为中华帝国皇帝，下令改次年为洪宪元年。12 月 17 日，李烈钧奉孙中山之命，偕同熊克武、龚振鹏抵达昆明，与唐继尧协商讨伐出兵事宜。12 月 25 日，前云南督军蔡锷与云南将军唐继尧等人在昆明通电全国，宣布云南独立，反对帝制，旋即建立云南都督府，组织约 2 万人

的讨袁护国军。12月26日，孙中山致电美国旧金山中华革命党人："云南宣布独立。苏赣沪鄂皆备即发"，并于28日致电上海中华革命党人，嘱咐等待时机，公举讨袁大事。孙中山在冀、鲁、晋各省组织讨袁的中华革命军，特派居正为中华革命军东北总司令，统筹三省讨袁事宜。

在声势浩大的护国运动的打击下，1916年3月22日，袁世凯在内外交困中被迫取消帝制。4月9日，即广东宣布独立后第三日，孙中山、宋庆龄等人在日本友人田中昂寓所举行了"庆祝帝制失败祝贺会"（又称"帝政取消一笑会"），孙中山在会上宣读了"第二次讨袁宣言"。对于此次活动，日本外务省档案《孙文动静》有详细记载："下午一时二十分，孙文偕宋庆林（即宋庆龄）乘车至巢鸭町字驹达二百二十二号，访田中昂，金佐治（即廖仲恺）夫妇、戴天仇、胡汉民、萱野长知夫人及两三位日本人也相继来访。二时四十分，观赏太神乐手品等演出。五时五十五分，来客合影。六时共进晚餐。十时五十五分回住所。"中国国家博物馆珍藏有当年他们这次集会的合影原版照片。照片是田中昂夫人赠予的，上有英文说明："At a dinner given in hornour of Sun Yat-sen in 1915 by Mr.Tanaka, a paper factory owner in Tokyo"。汉文翻译为："1915年在东京，在造纸厂主田中昂先生为孙中山举行的宴会上"。1915年应为记忆有误，根据有关记载，时间应为1916年。照片还标明了合影中人物姓名，前排左起：田中昂女儿、廖梦醒、田中昂夫人、宋庆龄、孙中山（坐孙中山怀中者为廖承志）、何香凝、萱野长知夫人；后排左二廖仲恺、左三胡汉民、左六戴季陶、左七田中昂。当时正值日本樱花怒放时节，因袁世凯下台，讨袁斗争获得胜利，革命党人受到极大鼓舞，斗志倍增，气氛十分热烈。现场有神乐演奏，还有魔术表演，深受当时还是孩子的廖梦醒、廖承志的喜爱。田中昂与廖仲恺一家很熟，他协助制作了旗子和宣传手册。

4月27日，孙中山由日本启程回国，并于5月9日在上海发表了《第二次讨袁宣言》，号召向往共和的中华儿女继续战斗。

1916年4月9日孙中山、宋庆龄等在东京田中昂寓所集会讨袁合影

44

南下护法
孙中山就任护法军政府海陆军大元帅后留影

■ 仲叙莹

辛亥革命爆发后，中华民国南京临时政府于1912年1月1日成立，孙中山就任中华民国临时大总统。民国草创，百废待兴，孙中山就任临时大总统伊始，陆续制定和颁布了一系列体现民主共和精神的法令与政策，以奠立民国之基础。其中最重要的就是制定和颁布了资产阶级共和的根本大法——《中华民国临时约法》。

《中华民国临时约法》是中国第一部具有资产阶级性质的宪法，由宋教仁起草，1912年3月11日公布实施，计分总纲、人民、参议院、临时大总统副总统、国务员、法院、附则等7章，共56条。临时约法强调中国是一个民主国家，体现了资产阶级共和国的国家制度和民主主义精神，确认了人民有人身、居住、财产、言论、出版、集会、通信、信仰等自由以及选举、被选举等权利；在政府的组织形式上实行行政、立法，司法"三权分立"的原则。概言之，《中华民国临时约法》作为具有资产阶级性质的宪法，否定了集大权于一身的封建君主专制制度，具有鲜明的民主性和革命性。它促进了人民思想的觉醒，使民主共和的观念深入人心，鼓舞人民起来为维护自己的权利而斗争，成为中国人民反对专制独裁的重要思想

武器。从另一个角度讲，临时约法和国会也是民主共和的重要标志。

护国运动胜利后，袁世凯陷入窘境，于1916年6月6日病逝。根据《临时约法》，黎元洪继任大总统，任命段祺瑞为国务总理。6月9日，孙中山发表恢复约法宣言，宣言称："袁氏凡百罪孽，皆由其以天下为私为一念而来。""恢复约法，尊重民意机关，则惟一无二之方，无所用其踌躇者。"他分别致电黎元洪与段祺瑞，敦促他们"规复约法，尊重国会……与国民从事建设。"孙中山还下令取消中华革命党名义，解散各地的反袁武装。但是事实证明，孙中山先生所期望的各方恢复民主政治，团结一致从事建设的美好愿景被残酷的现实所打破。

袁氏虽死，但其一手培植的北洋军阀依然"以天下为私为一念"，民主政治不过是他们争权夺利的遮羞布。国务总理段祺瑞凭借其手中兵权，与总统黎元洪争夺权力，引起总统府与国务院之间的"府院之争"。1917年，黎、段二人矛盾激化，张勋表示愿进京调停，结果却引出一场拥清废帝溥仪复辟的闹剧，逼走了黎元洪。随后，段祺瑞率领"讨逆军"讨伐张勋，占领北京，溥仪再次宣布退位，这场复辟的闹剧仅持续了12天

就宣告破产。

　　黎元洪下台后，段祺瑞掌握中央大权。段祺瑞以向日本借款为由，帮助日本取得了德国在山东的侵略权益，并允许日本军队可以自由出入东北地区。出卖国家利益的同时，段祺瑞还实行专制独裁，宣称"一不要旧国会，二不要旧约法，三不要旧总统"，通电各省拒不恢复临时约法和国会。段祺瑞的卖国独裁，激起全国人民的反对。1917年7月中旬，孙中山致电段祺瑞，要他恢复临时约法和国会，段祺瑞置若罔闻。孙中山清楚地看出段祺瑞完全是"以伪共和易真复辟"，"与之谈共和，无异于与虎谋皮"。

　　为维护临时约法，恢复旧国会，孙中山决心回到广州举旗护法。在海军总长程璧光支持下，孙中山电邀国会议员南下赴粤，并致电和派人联络西南军阀陆荣廷、唐继尧等人，共图推翻以段祺瑞为首的北洋政府。旧国会的大部分议员，应召陆续到达广州，而桂系军阀陆荣廷和滇系军阀唐继尧，因不愿被段祺瑞"武力统一"，也表示赞成护法。1917年8月25日，南下的国会议员在广州召开国会非常会议，决议建立中华民国军政府，军政府的组织大纲明文规定：在临时约法的效力没有完全恢复之前，中华民国的行政权，由军政府选出的大元帅行使。就这样，一个主张护法、旨在打倒北洋军阀的军政府宣告成立了。同年9月1日，国会非常会议以无记名方式进行投票选举，孙中山当选为海陆军大元帅。9月10日，孙中山正式就任中华民国军政府海陆军大元帅职，发布布告，宣布"当荷戈援桴，为士卒先，与天下共击破坏共和者"。

　　孙中山就任海陆军大元帅时，身穿大元帅服拍摄了一张单人照片，照片中的孙中山身着戎装，神采奕奕，威武而坚毅。孙中山对这张照片非常满意，又加洗了多张用以馈赠友人。中国国家博物馆收藏有一张，是孙中山赠护法军将领伍毓瑞的。伍毓瑞在装裱的照片旁题写了照片的来由："一九一七年孙中山先生率海军南下护法，革命政府成立不久，闽浙军阀侵犯潮汕，伍毓瑞奉命率靖国军前往潮汕讨伐，抵定后，孙中山先生派周雍能持此照片劳军。"照片由中华照相馆拍摄。

1917年9月孙中山就任护法军政府海陆军大元帅后留影

45

"南与北如一丘之貉"
孙中山为申述脱离护法军政府原因事致吕复函

■ 仲叙莹

1917年7月，孙中山离沪南下护法，筹组中华民国军政府，通过了军政府组织大纲，宣布《临时约法》之效力未完全恢复以前，中华民国之行政权，由大元帅行之。随后，国会非常会议选举孙中山为大元帅，唐继尧、陆荣廷为元帅。孙中山宣布段祺瑞为民国叛逆，出兵北伐，开始了护法运动。

孙中山领导的护法运动，从一开始就遭遇到许多困难，最突出的是缺乏一支可靠的武装力量。中华革命军在护国运动结束时就已解散，孙中山这时寄希望的是曾参加过护国战争的滇系、桂系军阀和南下海军舰只。而唐继尧、陆荣廷二人南下护法，并不是真正支持孙中山的"护法"主张，是以参加护法运动为名，借助孙中山的威望，与段祺瑞的"武力统一"抗衡，维持自己控制的那部分实力和地盘，并伺机扩充。因此，军政府成立后，唐、陆二人采取了既不干涉也不支持、虚与周旋的态度，国会非常会议选举他们为军政府元帅之后，两人均拒绝就任。陆荣廷竟表示："应以总统复职为当务之急。总统存在，自无另设政府之必要。元帅名义，尤添疑议"。唐继尧虽勉强收下章太

炎专程送去的元帅印信，但拒绝举行典礼和发表通电，事后也一直不以元帅名义行文。实际上是"未肯称元帅也"。海军虽然发表了护法宣言，但也并不完全服从孙中山的领导。程璧光南下前在沪与孙中山会晤时，提出的主要条件就是要保证供给军饷。在得到肯定答复后，才决定参加护法。南下广州之后，程璧光被任命为军政府海军总长，也迟迟不肯就任。

尽管处境不利，孙中山仍竭尽所能，组织护法运动。1917年10月3日，孙中山通令全国，擒拿破坏共和元凶段祺瑞等人。这时的北洋军队为实现"武力统一"，进逼湖南，直接危及西南军阀的切身利益，陆荣廷等人被迫起而反抗。10月6日，南北军阀鏖战于湖南衡山、宝庆一带，孙中山致电前线将领，希望他们"勉事进行，以树大勋"。同时，他又敦促唐继尧、陆荣廷就任军政府元帅之职，协同一致，共同对敌。但是，唐、陆两人对孙中山的呼吁，仍置若罔闻。孙中山曾制定了一份粤、桂、湘、黔、川诸路军队同时出动，会师中原，直抵北京的方案。由于滇、桂军阀的阻挠，这一北伐计划无法实现。南北军队交战后，围绕着由谁去打

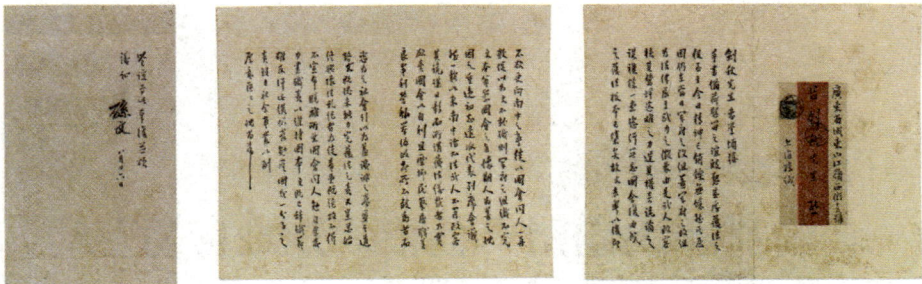

孙中山为申述脱离护法军政府原因事致吕复函

头阵，北洋政府内部皖系和直系军阀之间发生争吵。11月，在湖南前线的直系军队自动退兵，要求停战，直隶、江苏、江西、湖北直系军阀联合通电，主张和平解决。北洋军队对南方的军事压力，暂时减轻。西南军阀便与直系军阀暗中联络，酝酿"南北议和"，同时进一步排斥和反对孙中山。

1918年4月10日，他们指使一部分议员在国会非常会议上提出"中华民国军政府组织大纲修正案"，将军政府大元帅制改为七总裁合议制，旨在架空孙中山。5月4日，国会非常会议通过了修正案，孙中山愤然向国会非常会议辞去大元帅职务。5月20日，国会非常会议选举总裁。孙中山的地位降为七总裁之一，其他六名总裁是：岑春煊、陆荣廷、唐继尧、伍廷芳、唐绍仪、林葆怿，岑春煊为总裁主席，实权操在陆荣廷手里，军政府的权力被西南军阀所篡夺。次日，孙中山发布《辞大元帅职临行通电》及《留别粤中父老昆弟书》，他在辞职通电中愤激地指出："顾吾国之大患，莫大于武人之争雄，南与北如一丘之貉"，并表示自己捍卫共和的决心决不动摇："愿以匹夫有责之身，立于个人地位，以尽其扶助民国之天职。"孙中山被迫离开广州去上海，护法运动失败。

护法运动的失败，使孙中山对中国的南北军阀有了清醒的认识，在给革命党人吕复的信中，孙中山叙述了脱离护法军政府的原因，抨击了西南地区不法武人及不肖政客压抑民意、屠戮善良、牟利营私的丑恶行为，并表达了自己虽不与违法乱纪之徒共事，但仍将继续尽国民一分子之责，致力于社会事业的愿望。吕复（1879—1955），字剑秋，河北涿鹿人，教育家、社会活动家。1905年赴日本留学，先在东京早稻田大学预科攻读，后转入明治大学法科。1908年在东京加入孙中山领导的同盟会，并在同盟会机关报《民报》任编译工作。1911年回国，被选为国会众议院议员。护法战争期间任军政府参议兼秘书。

46

信爱至深　至诚追随

孙中山题赠李仙根"知难行易"横幅及手书委任状

■ 王宇洁

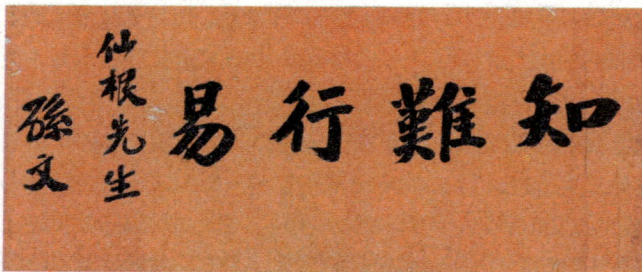

孙中山题赠李仙根"知难行易"横幅

中国国家博物馆馆收藏有三件关于孙中山秘书李仙根的文物，分别是：孙中山题赠李仙根"知难行易"横幅、1923年9月6日中华民国陆海军大元帅孙中山委任李蟠（李仙根）为大元帅行营秘书的任命状和1924年1月7日中华民国陆海军大元帅孙中山令广东省长委李蟠为香山县县令的手令。这三件文物承载着孙中山对李仙根的信任与厚爱，也是李仙根对中山先生革命事业至诚、至笃，始终追随中山先生从事革命的见证。

李仙根（1893—1943），名蟠，广东香山人，出生于书香世家，1908年入广东陆军小学，后参加中国同盟会，曾参与广州黄花岗起义的准备工作。1914年赴日本留学，1917年回国，与孙中山的族妹孙少卿（佩我）完婚。此后，他长期追随孙

中山，在广州、香港从事革命活动。1923年2月，孙中山离沪经港回广州，李仙根仍留港担任机要联络工作。5月，李仙根任大本营驻江门办事处秘书长，协助办事处主任古应芬统管西江军务政务。江门办事处亦称江门行营，同月，行营进驻肇庆。8月，西江粗定，李仙根又奉命回大本营。9月，孙中山任命李仙根为大本营秘书。孙中山亲临东江讨陈前线督战，迁大本营于石龙（后改设行营），轻装简从，文官自始至终随行者仅李仙根一人。其间，孙中山不避锋镝，多次亲临前沿视察阵地，鼓舞士气，李均紧随左右，并摄有许多相片传世。为便于行动，行营设于列车之上。11月12日，军情突变，败兵溃退，一时秩序大乱。李仙根胸部遭撞击受轻伤，仍负痛护持孙中山急登车头，行至仙村汇合古应芬、罗翼群等同车返省。不久，叛军败退惠州，东江稍定，行营结束。在此期间，孙中山内则筹划改组国民党，外则准备北伐，日理万

机，李仙根以侍从秘书、机要秘书职，与众幕僚襄赞左右。

1924年1月，国民党一大召开，李仙根作为"联义社"代表列席大会。这一年，孙中山令省长廖仲恺委任李仙根为香山县（今中山市）县长。8月，李仙根离任，仍回帅府，治县虽仅半年余，颇有政声。县署前的马路（今孙文路），即李仙根在任内拓宽修建。他留有一帧拆路情况的照片，题字颇有风趣，曰："破坏在我。"

孙中山亲书赠给李仙根的横幅"知难行易"题于大红宣纸上，虽有斑驳的历史印迹，但仍是光彩照人，其内容取于《孙文学说》。《孙文学说》又名《知难行易的学说》，是建国方略之"心理建设"，也是孙中山哲学思想的代表作。他从饮食、金钱、书写、建筑等不同层面的大量事实阐述了行而后知、行易知难的认识论观点，承认人类获得知识的过程必须通过"不知而行""行而后知"的阶段，肯定了行在先，知在后（即实践先于认识），知是从行中求得的，行是验证知的标准。作为民国著名的书法家，李仙根家学深厚，精通书画，对孙中山的书法十分敬佩。他曾这样评价："总理孙先生自谓生平未尝习书，谭组安（厂）云'其书不但似东坡，而往往有唐人写经笔意，正直雍和如其人，真天禀聪明，凡夫虽学而不能也。'余奉侍久，尤敬识之。"据考证，1933年3月中国国民党广州特别市执行委员会出版的《总理逝世八周年纪念刊》就刊登过这篇题词。1937年，中国国民党中央党史史料编纂委员会所编的《总理史料目录汇刊》（第三集）也著录此件题词。1940年初，李仙根提供该题词在香港大学冯平山图书馆的"广东文物展览会"展出，李仙根还提诗品评："幕府当年侍起居，'知难行易'荷亲书。珍藏感痛沧桑后，今日观摩一梦如。"

正如这段评述所说，李仙根是孙中山先生革命事业的至诚追随者。1924年11月，孙中山北上，甫抵天津病情即恶化，急电召李仙根北上。李仙根于12月25日赶到天津，31日随节移驻北平铁狮子胡同行辕，继续在孙中山身边担任机要。中山先生弥留之际，李仙根是极少数随侍在侧，目击全过程之人，足以见其"事之如父"的至诚之心。

李仙根去世后，这件"知难行易"题词一直保存在其亲属手中。1963年春，为筹备纪念孙中山100周年诞辰，周总理亲自指示中国革命博物馆（中国国家博物馆前身）要大力收集孙中山与同盟会元老、国民党左派名人的文物。李仙根亲属将包括上述三件文物在内的一批珍贵文物赠给当时的中国革命博物馆收藏。

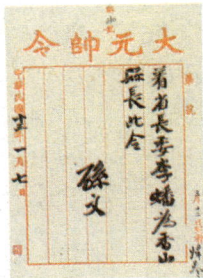

中华民国陆海军大元帅孙中山令广东省长委李蟠为香山县长的手令

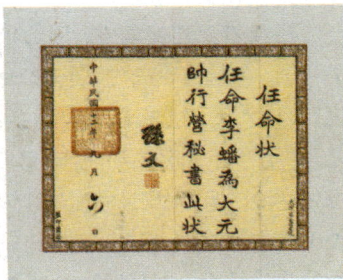

中华民国陆海军大元帅孙中山委任李蟠为大元帅行营秘书的任命状

47

中国北方发展之"第一纲领"

廖仲恺译孙中山《第一纲领》手稿

■ 隋立新

1918年5月，第一次护法运动失败后，孙中山怀着异常悲愤和黯然的心情，离开广州前往上海。此时的孙中山意态消沉，对"外方纷纭，殊不欲过问"，深陷痛苦和绝望之中。多年的革命斗争，无数次的艰难顿挫，迫使孙中山开始总结以往革命失败的经验教训，对中国前途命运进行新的思索。寓居上海期间，孙中山集中精力，闭门发愤，潜心著述，在两年时间内先后撰写完成《孙文学说》和《实业计划》，希望以此启发民众，唤醒社会。此后，这两部著作，连同1917年写就的《民权初步》汇集成《建国方略》，分别从心理建设、物质建设、社会建设等方面阐述了孙中山的建国理想，是其思想体系的重要组成部分。

拯救遭受列强欺凌，国势积弱不振的祖国，把她建设成"世界上顶富强的国家"，让人民过上安居乐业的幸福生活，是孙中山毕生为之奋斗的崇高目标，即使身处逆境，他"对国计民生的建设，未尝须臾或忘"。这一期间，适值第一次世界大战宣告结束，国际时局的新变化令孙中山认为恰是中国实业发展的难得契机。在历时四年的一战中，各主要交战国都将大部分人力、物力，甚至把整个国家经济纳入战争的机器中。随着战争的结束，大批战时资金、技术、设备、产品闲置下来，无处消纳，而资本追逐利润的属性，又决定了这些闲置的资金、设备等必将急于向外寻求新的投资出路。于是，孙中山萌发出"欲利用战时宏大规模之机器及完全组织之人工，以助长中国实业之发达，而成我国民一突飞之进步"的想法。为借此机会迅速将中国经济发展至世界前列，11月，《孙文学说》甫一脱稿，孙中山就急忙投入《实业计划》的撰写中。

《实业计划》共包括六大计划，系统地阐述了孙中山欲实现中国经济走向现代化的总体规划和构想。出于和西方国家共同开发中国实业的打算，《实业计划》原稿以英文写作，名为 The International Development of China : A Project To Assist the Readjustment of Post-Bellum Industries，即《国际共同发展中国实业计划书——补助世界战后整顿实业之办法》，共11万余字。上海英文杂志《远东时报》（The Far Eastern Review）1919年3月号首发部分内容，并于1919—1920年陆续刊登。同年3月

7日，该文稿（"篇首"部分）最先在上海《民国日报》上刊发。1919年8月1日起，由朱执信翻译篇首及第二计划、第三计划、第四计划之大部分，廖仲恺翻译第一计划，林云陔翻译第四计划之一部分及第六计划、结论，马君武翻译第五计划的《实业计划》全文中文稿，以《发展中国实业计划》为篇名，连续在《建设》杂志上刊发。上海商务印书馆与上海民智书局分别在1920年、1921年先后出版了该书英文版、中文版单行本，此后编为《建国方略之二：物质建设》。

从廖仲恺于1919年翻译的这份手稿上可知，"第一计划"原译为"第一纲领"，公开发表时除将之改为"第一计划"外，还对译稿进行了部分修订。孙中山在第一计划中，开宗明义地提出中国实业之开发应分为个人企业和国家经营两路进行的主张，确立了利用外资、国家经营实业开发的四个基本原则，即必选最有利之途以吸外资；必应国民之所最需要；必期抵抗之至少；必择地位之适宜。依据上述原则，孙中山共拟定了六大计划，其中，第一计划以建设北方大港为中心，主要包括筑北方大港于直隶湾；建铁路系统由北方大港以达中国西北极端；殖民蒙古新疆；开浚运河以联络中国北部、中部通渠及北方大港；开发直隶、山西煤铁矿源，设立制铁炼钢工厂等五个部分。每个部分既各自独立，又彼此相互关联，由此形成关于中国北方区域经济发展的宏伟规划。

廖仲恺（1877—1925），是近代中国伟大的爱国主义者，著名的资产阶级民主主义革命家，国民党左派的旗帜。1903年，他在日本东京和孙中山结识后，就一直追随孙中山献身民主革命事业。余暇之时研习书法，是廖仲恺的最大爱好，然而，由于一生为革命事业殚精竭虑，颠沛辗转，其书法作品存世甚少，目前仅见10余幅行、楷之作。这份纵36cm，横44.5cm，共计12页，由廖仲恺以行书体书写的翻译手稿更显弥足珍贵，它既是孙中山撰述《实业计划》的历史见证，也是廖仲恺饱满凝练、挥洒淋漓的书法风格的体现。该翻译手稿由廖仲恺之子廖承志于1977年捐赠中国革命博物馆（中国国家博物馆前身）。

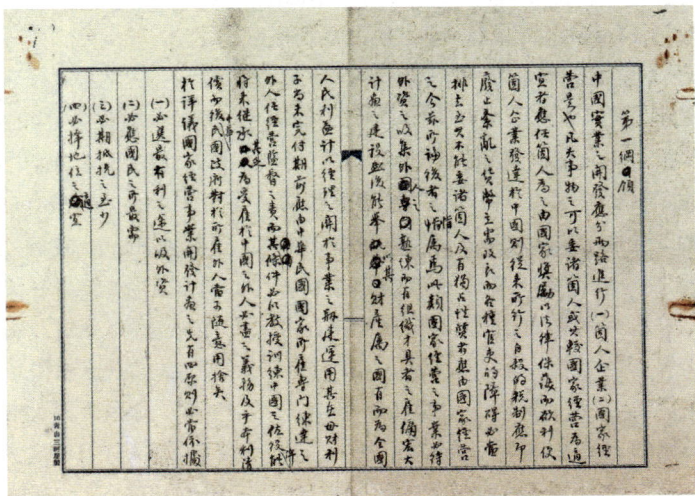

廖仲恺译孙中山《第一纲领》手稿

48

宏伟的蓝图

朱德保存的孙中山著《建国方略》

■ 黄 黎

民国初年，政权频繁更迭，政局险象纷呈，新生的资产阶级民主共和国徒有其表，名存而实亡。面对如此惨淡复杂的政治图景，在孙中山领导下，资产阶级革命党人为挽救民主共和制度，先后发动了武装讨袁的"二次革命"、护国运动和反对军阀专制独裁的护法运动。虽然这些武装斗争相继失败，但孙中山并未因此而悲观失望，几十年历经艰辛的革命斗争生涯，铸就了他不屈不挠的革命意志。1918 年 6 月 26 日，孙中山寓居上海法租界莫里哀路 29 号（即现在的香山路 7 号），在此后两年的时间里，他先后撰写《孙文学说》和《实业计划》，连同 1917 年写成的《会议通则》（后改名《民权初步》）合编为《建国方略》。其中，1917 年完稿的《民权初步》事关"社会建设"，1918 年底完稿的《孙文学说》涉及国民"心理建设"，1919 年 2 月完稿的《实业计划》则是一份进行全面经济建设的宏伟纲领。

《实业计划》由 6 大计划共 33 个部分组成，共约 10 余万字，最初用英文写成。在这个庞大的总体构思中，发展交通是孙中山关注的重点，他甚至具体提出修建青藏铁路、川藏铁路以及三峡大坝等当前中国已经建成的世纪工程。客观地说，孙中山的实业计划虽然还存在一些忽略当时工程技术、资金条件的空想，但从中国自然和经济地理上来说，已经是一个基本符合国情的建设蓝图，至少态度是科学的。孙中山在《实业计划》序言中指出，"此书为实业计划之大方针，为国家经济之大政策而已。至其实之细密计划，必当再经一度专门名家之调查，科学实验之审定，可从事。故所举之计划，当有种种之变更改良，读者幸毋以此书为一成不易之论，庶乎可。"

从某种意义上说，《建国方略》一书是孙中山旨在使中国摆脱困境，待机以图根本解决民国前途的自觉选择，充分体现了孙中山先生作为集革命与建设一体的先行者的伟大。在当时的情况下，他集合了许多社会精英的思想精华，包括章太炎、廖仲恺、朱执信、戴季陶、马君武、陈友仁、胡汉民、汪精卫、吴稚晖、胡适、蔡元培，以及外国人端纳、李亚和乔治·索克思等人都有着或多或少的贡献。其中，朱执信和陈友仁在协助孙中山撰写《建国方略》的工作中贡献最大。

《建国方略》是中国近代史上第一个比较全面、系统、准确的经济发展现代化蓝图，对比此后中国所走过的经济发展和强国之路，竟与孙中山所勾画的宏伟蓝图，不谋而合。对此，著名历史学者杨奎松教授感慨地说："孙中山早年一直被称为'孙大炮'，以当年人们的眼光，孙中山的许多言论设想确有其不可想象之处。然而，站在当今中国发展的水平上，再来看孙中山当年的那些'大炮'，尤其是概括了孙中山对未来中国建设理想设计的这部《建国方略》，我们或许应该为孙中山的诸多远见而叹服。"

当时为孙中山的思想和远见而叹服的还有很多人，其中就包括朱德。早年受孙中山民主革命思想的影响，他于1909年在云南陆军讲武堂参加了同盟会，成为早期民主革命道路的起点。正如他自己所说："我一心一意地投入到讲武堂的工作和生活，从来没有这样拼命干过，我知道我终于踏上可以拯救中国于水火的道路。"然而，辛亥革命之后，朱德投身革命、振兴国家的志向，在军阀统治之下依然难以实现。孙中山的这本《建国方略》，便成了他随身携带、用以解惑之物，封面上有他自己的签名。

1922年3月，云南政局发生重大变化。朱德与好友孙炳文离开云南，在上海拜诣了孙中山——他们曾经为之奋斗了多年的革命领袖。朱德回忆说："第二次到上海曾经遇见到孙中山、胡汉民、汪精卫。我对于孙先生的印象很好。他那时叫我回到广西的军队里去。我说要出国，他叫我去美国——这当然是他资本主义的思想的关系。他说美国是新的国家，我却坚持要去德国，看欧洲的情形，还有那时我已认清学习马克思主义是我唯一的出路了。我们聚首谈了几个钟点。那时，正是孙中山刚在广东被陈炯明赶出来。"

见到崇拜已久的革命领袖，朱德对孙中山的人格和坚韧不拔的革命精神深表钦佩，直到1956年10月11日，他在《纪念中国伟大的民主革命导师孙中山先生》一文依然这样写道："孙中山先生在四十年的革命斗争中充分地表现了坚决和勇敢的革命精神。他不怕困难和失败，他在遭受失败后，又整顿好革命队伍，重新走上战场。孙中山先生能够随着历史的变化不断地进步，由早期的主张推翻皇帝、建立民国而进到晚年的提出联俄、联共、扶助农工的三大政策，由倡导民主革命而进到主张实现世界大同。在孙中山的一生中，他的革命精神永远是在前进的。"

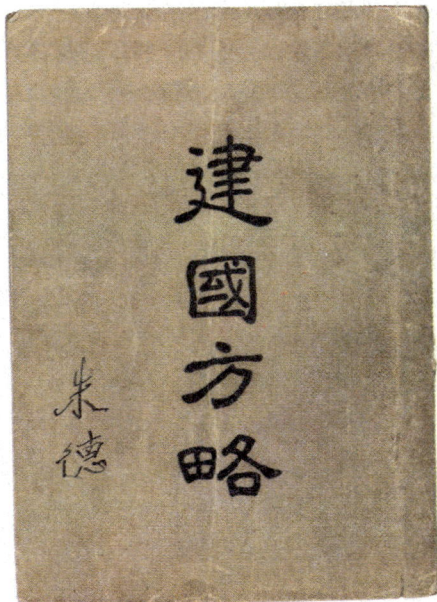

朱德保存的孙中山著《建国方略》

49

国民党参与新文化运动的标志

《星期评论》与《建设》

■ 王　南

1919 年 5 月 4 日，北京爆发了"五四运动"，国民党人敏锐地意识到这次运动和之前的运动决然不同，它有许多的进步、有许多深刻的意思、有许多彻底的觉悟。在此之前，以孙中山为代表的国民党人不仅不支持新文化运动，甚至持反对态度。《星期评论》则是五四运动后，国民党为适应形势变化而调整革命方略的产物，是国民党参与新文化运动的重要刊物报纸，不仅积极支持学生运动，并且最先使用了"新文化运动"一词。该报由孙中山指派戴季陶、沈玄庐和孙棣三于 1919 年 6 月 8 日在上海创办，为《民国日报》附刊，每周一期。主编是戴季陶、沈玄庐，孙棣三参与编辑。所刊文章主要出自戴季陶、沈玄庐之手，重要作者还有朱执信、廖仲恺、胡汉民、沈仲九、李汉俊、刘大白等，胡适、陈独秀、李大钊、蒋梦麟等也有文章发表于该报。编辑处设在上海爱多亚路（今延安东路）新民里 5 号，用白话文刊行。该报秉承独立的精神，强调自我，沈玄庐在《发刊词》中说："我说，我是我的我，一切世界，都从心里的世界创造出来。这个心原是我一个人的心，却

凡是人都有心，就都有我。合众我众心的思想和意识，就是创造或改造世界的根本。""我就要问我，现在的世界是谁的世界？我便直截了当答应是'我的世界'。又问现在的国家是谁的国家？我也直截了当答是'我的国家'"；坚持批判的态度，"我们星期评论的任务就是对于哲学、文艺、社会、政治的自由批判"；提倡新文化，宣传社会主义和劳工运动。内容分为评论、世界大势、思潮、创作、研究资料、纪事、诗、小说、随便谈、短评等栏目，格式和体裁类似《每周评论》，为五四时期上海地区重要报纸之一。该报除单独出售外，并随《民国日报》免费附送。至 1920 年 6 月 6 日后宣布停刊，共出 53 期。

在当时，《星期评论》与陈独秀、李大钊等人创办的《每周评论》齐名，被时人誉为"舆论界中最亮的两颗明星"。后来又和《每周评论》《湘江评论》《星期日》一起，并称宣传新文化的"四大周刊"，在社会上有重要影响。1946 年，周恩来回忆说："当时戴季陶在上海主编的《星期评论》，专门介绍社会主义，北平胡适主编的《每周评论》，陈独秀主编的《新

青年》，都是进步读物，对我的思想都有许多影响。"《星期评论》在当时的社会环境中还对中国共产党的催生起到了比较重要的作用。

《星期评论》第一期刊载的主要文章有：沈玄庐撰《发刊词》，戴季陶撰《国民自给与国民自决》《潮流发动地点的变动》《悲剧的力量》《写血书的心理》《中国人的组织能力》，孙棣三撰《日本人解放的运动》等。

《建设》杂志与《星期评论》同为国民党参与新文化运动的重要刊物。由孙中山命名，并指派胡汉民、汪精卫、戴季陶、朱执信和廖仲恺五人于1919年8月1日在上海创办，孙中山自任杂志社社长，胡汉民任总编辑。该杂志的宗旨是：从精神上、物质上谋国家及社会之建设及革新为目的，内容分论说、记事、通信、杂录四门，所论多为研讨建设国家之具体问题并提供方案。

孙中山在创刊号上发表发刊词，强调本刊"以鼓吹建设之思潮，阐明建设之原理，冀广传吾党建设之主义，成为国民之常识，使人人知建设为今日之需要，使人人知建设为易行之事功。由是万众一心以赴之，而建设一世界最富强最快乐之国家为民所有、为民所治、为民所享者，此《建设》杂志之目的也"。

《建设》杂志为月刊，以6期为一卷，至1920年7月1日出满第二卷，后因粤军回粤的军事影响，停刊了4个月，至12月出版第三卷一期而止，共出13期。自本期起连载孙中山的《发展中国实业计划》中译稿，译者为廖仲恺、朱执信、林云陔、马君武。其他主要文章

有：戴季陶撰《我的日本观》，廖仲恺撰《全民政治论》，孙科撰《公意与民治》，胡汉民撰《吕邦的群众心理》，朱执信撰《神圣不可侵与偶像打破》，邹海滨撰《赌货》等。

《星期评论》第一号

《建设》第一号

50

孙中山与朱执信

孙中山、宋庆龄夫妇赠朱执信夫妇的结婚三周年纪念照

■ 周彩玲

在孙中山领导的民主革命事业中，有着众多的追随者，其中能为孙中山所倚重，视其为左右手的人并不多，朱执信就是其中的一个。

朱执信（1885—1920），名大符，号可符，字执信，祖籍浙江萧山，出生于广东番禺。朱执信早年受其父亲的影响，博览群书，有着古文、诗词及书法等方面的深厚功底，又受其舅舅的影响而擅长数学，喜爱逻辑思维。1904年，19岁的朱执信作为官派留学生东渡日本，进入东京法政大学速成科攻读经济学。在此，他接受了基本的科学训练，加上他对数理逻辑的偏爱，使他的为人处世逐渐养成了有系统、有条理、有步骤的特性。1905年，在留日学生的支持下，孙中山领导的同盟会在东京成立，朱执信被孙中山的革命理想和气魄所折服，第一批加入同盟会，并出任评议部议员兼书记。他从此追随孙中山先生的步伐，为民主革命奔走劳碌。1905年到1908年，朱执信以他犀利的文笔、卓越的见解及逻辑的思维，在同盟会机关报《民报》上连续发表多篇政论文章，批驳保皇论调，阐发孙中山提出的三民主义思想。同保皇派的大论战，

使朱执信名噪一时，成为革命党人中著名的政论家。值得一提的是，1906年他还翻译了《德意志社会革命家列传》《共产党宣言》和《资本论》的部分内容，成为最早向中国读者介绍马克思及共产主义思想的人士。

1907年，朱执信学成回国后，一面在广东教书，一面动员会党和新军加入革命阵营，并多次参与策划广州新军起义。1911年3月，他参加广州黄花岗起义，身先士卒，后因受伤而避走香港。武昌起义后，朱执信动员广东提督李准反正，使广东和平光复。之后，他先后出任广东军政府总参议、广（州）阳（江）军务处督办、广东审计院院长等职。1913年，孙中山发起反袁的二次革命后，朱执信积极响应，他离开广州到上海，参与孙中山领导的反袁斗争，二次革命失败后流亡日本。1914年，他奉孙中山之命返回广东，策划驱逐支持袁世凯的广东镇守使龙济光的军事活动。1915年，朱执信被孙中山任命为中华革命军广东司令长官，策划多次武装起义，响应讨袁的护国运动。袁世凯死后，段祺瑞拒绝恢复《临时约法》和国会，1917年，孙中山南下护法，联合西南地方军阀在广州建立

1918年冬孙中山、宋庆龄夫妇赠朱执信夫妇的结婚三周年纪念照

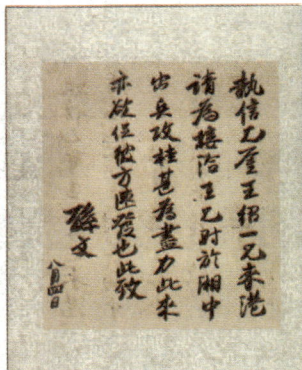

孙中山为与王绍一接洽出兵攻桂事致朱执信函

了护法军政府，孙中山当选为护法军政府大元帅。朱执信任大元帅府军事联络并掌管机要文书，成为孙中山的左膀右臂。

1918年，孙中山受广东桂系军阀陆荣廷、莫荣新等的排挤离粤返沪，朱执信追随孙中山到了上海，协助他办理海外侨胞捐款事宜，并负责与陈炯明等军队密切联络，准备驱逐广州的桂系军阀。此外，他还在上海协助孙中山撰写《建国方略》，并奉命创办《民国日报》副刊《星期评论》及《建设》杂志等工作。朱执信的果敢与才能及其侠肝义胆的倾力相助，使处于困境中的孙中山得到诸多的宽慰与希望，他们亦师亦友，成为莫逆之交。1918年冬，在圣诞之际，孙中山夫妇赠送给朱执信夫妇一份圣诞礼物，是孙中山与宋庆龄为纪念结婚三周年，在上海亚细亚照相馆拍摄的合影照片。20世纪80年代，朱执信的内侄杨晓风将这张照片捐赠给了中国革命博物馆（中国国家博物馆前身）。在这张珍贵原版照片的包装上，还有着当时的英文说明：To Mr & Mrs Chu With greetings from Dr & Mrs Sun Xmas 1918.

1919年秋至1920年夏间，朱执信曾多次奉孙中山之命到福建漳州与驻扎该地

的援闽粤军进行策划，并和在粤的魏邦平、李福林军相联络，积极从事驱逐桂系军阀的军事活动。1920年8月4日，孙中山写信给在香港的朱执信，请他与到港的湖南人王绍一接洽，力求促使湖南军队尽快出兵倒桂。这封信珍藏在中国国家博物馆，其原文如下："执信兄鉴，王绍一兄来港请为接洽，王兄对于湘中出兵攻桂甚为尽力，此来亦欲促彼方速发也，此致，孙文，八月四日。"

1920年9月21日，朱执信在广东虎门调停桂系军阀丘渭南部和邓钧部的矛盾时，不幸被乱枪击中而牺牲，年仅35岁。消息传来，孙中山如失左右手，悲痛不已，说："执信牺牲，我们付的代价太大了。"在朱执信追悼大会上，孙中山亲自为其执绋。

朱执信从1905年参加同盟会到1920年牺牲，十几年来始终追随孙中山，为民主革命奔波劳碌。他不仅参加多次武装反清起义、二次革命、护国运动、护法运动等，是民主革命的真正践行者，而且也是国民党领导层中少有的具备丰富学识与修养的理论家。他知行合一的不屈精神与行为，被孙中山盛赞为"革命中的圣人""中国有数之人才"。

51

"欲收革命之成功，必有赖于思想之变化"

《孙中山先生在寰球学生会演说辞》铅印件

■ 傅 琳

《孙中山先生在寰球学生会演说辞》铅印件

丹桂飘香的十月既是收获的季节，也是激波荡漾的季节。1911年10月，辛亥革命把千年帝制连根拔起，而8年之后的10月，举国上下沉浸在五四运动之激情澎湃的海洋。1919年10月18日，孙中山于上海发表题为《救国之急务》的长篇演讲，他赞扬五四学生运动"于此甚短之期间，收绝伦之巨果，可知结合者即强也"，号召全国人民起来驱除腐败官僚、跋扈军阀、阴谋政客等"丑类"，创造一个国民所有的新国家，并高呼"团结就是力量，分裂必致灭亡"。演讲地点即是寰球中国学生会（World Chinese Students' Federation）——上海五四运动大本营。孙中山的讲稿本是用英文写的，寰球中国学生会翻译复印，以使未能聆听演讲的人也能了解孙先生的主张。

1905年7月1日，由李登辉、宋耀如、颜惠庆、王正廷等中华基督徒领袖联合发起，以"联络全世界中国学生情谊，互相扶助，交流知识"为宗旨，"借以唤醒青年人之爱国思想"，一个兼具学术研究与学生服务性质的社会组织在上海白克路（今凤阳路）562号正式成立。寰球中国学生会的成立终结了由西方列强和西方教会操纵的学生组织（如中国基督教青年会）一统天下的局面，甚而成为反帝运动尤其是抵制美国《排华法案》的先锋。五四运动期间，寰球中国学生会更是成为上海滩的大本营。1919年2月9日，寰球中国学生会分别致电北洋政府及巴黎和会中国代表："中日问题，关系至巨，顷间日使干涉，乞坚持勿让。"代表们2月17日复电寰球中国学生会："自当协力进行，竭尽绵薄，以副雅望。"5月11日，上海各校在寰球中国学生会召开大会，成立上海学生联合会，决定各校罢课，办公室设于寰球中国学生会会所，6月1日还再次筹设中华民国学生联合会总会。据当年6月25日上海《新闻报》报道，寰球中国学生会与沪上各界团体联名以致电形式告诫巴黎和会中国代表："如或违背民意，不保留青岛及山东主权而签德约者，当与曹、章、陆同论。"经历了这场血雨腥风的考验，寰球中国学生会愈发彰显其团结的力量。孙中山两次莅临寰球中国学生会发表演说。在此次发表《救国之急务》演说之前，孙中山曾于1912年10月10日来寰球中国学生会出席武昌起义纪念会时，疾呼"中国数千年来，本一强大之国，惟守旧不变，故不及欧美各国之盛强"。

新文化思想的广泛流传，给孙中山深刻影响和启示，他开始认识到用来指导革命的三民主义思想必须赋予时代的新内容，才能适应革命的发展。他指出："吾党欲收革命之成功，必有赖于思想之变化"。他决心"重新开始革命事业，以求根本改革"。在孙中山的支持下，1919年6月和8月，戴季陶、廖仲恺、朱执信等人在上海先后创办了《星期评论》《建设》等刊物，大力宣传社会改造，为孙中山的革命斗争大造舆论。戴季陶、沈玄庐和孙棣三联名在上海《民国日报》上开设了《星期评论》专刊，作为宣传民主革命理论的阵地，与陈独秀、李大钊在北京创办的《每周评论》遥相呼应。孙中山以实际行动参与了后期新文化运动，并取得了实绩。毫无疑问，孙中山在一定程度上是同情、支持思想文化革新运动的，对五四爱国救亡运动更是给予了有力的推动。他虽不是五四运动的发动者和领导者，但却是学生运动的同情者和指导者，特别是当学生运动的重心移到上海后，孙中山给予上海乃至全国的学生运动以切实的指导，获得了青年学生的信赖和尊敬。与此同时，孙中山对北洋政府镇压五四运动无比愤慨，曾积极营救过被捕的工、学界代表。

孙中山不仅对五四爱国运动在认识上有所转变，对以北京大学为中心的知识界掀起的思想文化革新运动也给予了辩证的评价，认识到思想观念的革新对于革命事业具有十分重要的意义。孙中山在1920年1月《致海外国民党同志函》中曾高度评价五四新文化运动："此种新文化运动，在我国今日，诚思想界空前之大变动。学潮弥漫全国，人皆激发天良，誓死为爱国之运动。倘能继长增高，其将来收效之伟大且久远者，可无疑也。吾党欲收革命之成功，必有赖于思想之变化，兵法'攻心'，语曰'革心'，皆此之故。故此种新文化运动，实为最有价值之事。"孙中山欣赏和理解的主要是五四爱国运动，对思想革新之推动社会改革、政治革命有一定程度的认同，对舆论的力量也有较充分的认识，他从新文化运动中得出的直接结论是要加强舆论宣传工作以造成群力。他指出："革命成功极快的方法，宣传要用九成，武力只可用一成。我们国民党这几年用武力的多，宣传的奋斗太少"，现在要改变这种弊端。因为"中国的大事业太大，要用四万万人的力才容易做成功，不是一两个人的力可以做得到的。""只要改造人心，除去人民的旧思想，另外换成一种新思想，这便是国家的基础革新。"

52

首次北伐的见证物

孙中山在广西筹划北伐时用过的墨

■ 王 南

驱逐了盘踞广东的桂系军阀后，1921年6月，孙中山命令陈炯明率粤军进攻广西军阀陆荣廷，粤军以攻占龙州迫使陆荣廷逃往越南为标志，取得了倒桂战争的胜利，实现了两广的再次统一。然而，良好的新局面并没能消除孙中山和陈炯明之间的矛盾。陈炯明不愿意孙中山把两广作为北伐的大本营，因为如此一来，势必影响自己在两广实现绝对统治的构想，因而对孙中山电促其出兵北伐的命令，采取了拖延的做法，表示需要有半年时间的准备。为了实现北伐的宏愿，也为了继续争取陈炯明支持北伐，孙中山决定赴广西统筹谋划北伐，10月17日自广东抵达广西梧州。孙中山在广西期间，接见了陈炯明、唐继尧、徐树铮等军政要人，商谈北伐大计，还会见了共产国际代表马林。

10月24日，孙中山由梧州抵达南宁，与陈炯明商讨针对北洋政府直系军阀的北伐等问题。在隆重的欢迎仪式后，孙中山留宿陈炯明军营。两人进行了长时间的讨论。孙中山向陈炯明反复说明北伐的迫切意义，表示了这次讨贼义无反顾的决心。26日，孙中山乘船离南宁，29日返抵梧州，继续筹划北伐事宜。对于孙中山

的意见，陈炯明表面赞同，背地里却阴谋叛乱。不久返回广州，佯装为北伐筹措粮饷弹药，暗地里则进行其把持两广的阴谋，将陆军总长、粤军总司令和广东省长的名分及大权集于一身，掌控广东省政府财政支配权，并勾结省议会，策划起草省宪法，热衷联省自治，对北伐态度异常冷淡，并暗通湖南军阀赵恒惕及北洋直系军阀，还派人刺杀了忠于孙中山的粤军将领邓铿，最终导演了1922年6月的叛乱。

在广西期间，孙中山多次检阅、改编军队，任命将领，以提振士气。此外，他还致信邓宝珊、唐继尧等人，商谈各种事宜；委派张秋白赴苏俄并转交一信给苏俄外交人民委员齐契林，商讨中俄关系等问题；发布了《大本营条例》《宣布徐世昌卖国奸谋令》《宣布徐世昌梁士诒罪状通告》《申讨徐世昌与日本协约的布告》《北伐誓师词》《关于奉直问题宣言》《出师北伐紧急通告》等文告；撰写了《军人精神教育》《〈黄花岗烈士事略〉序》《刘成禺著〈洪宪纪事诗〉叙辞》等文章；发布各种命令30多项；人事任免60项。孙中山还对各界人士做了10多次演讲，内容涉及三民主义、北伐、民国政府的人民

性、公仆性、军人精神、知难行易等。

中国国家博物馆收藏有孙中山在广西筹划北伐时用过的墨，见证了此时期孙中山的活动。

墨是我国文房四宝之一，在我国有着悠久的制造历史，品种繁多，名家辈出。此墨的正面三字为"换白鹅"，并配有一幅画，画的是我国东晋时期著名书法家、历史上被誉为"书圣"的王羲之写字换白鹅的典故。

王羲之生性酷爱鹅，因为鹅通身雪白、姿态优雅，声音洪亮，正符合王羲之风霜高洁、幽雅清高、才智不凡、胸怀鸿鹄之志的特点。据说，绍兴有一个老妇人养了一只鹅，擅长鸣叫，王羲之听说后想把它买来却没有买到，就带着亲友动身前去观看。老妇人听说王羲之即将到来，就把鹅宰了煮好招待王羲之，结果王羲之不仅没有心情品尝美味的鹅肉，反而为此叹息了一整天。又有一个道士，喜欢养鹅，王羲之前去观看，心里很是高兴，坚决要把这些鹅买走。道士说："只要你能替我抄写《道德经》，我这群鹅就全部送给你。"于是，王羲之就高兴、认真、耐心地抄写完全篇 81 章、总字数 5284 个字的《道德经》，将其郑重地交给道士，然后用笼子装了鹅带回家，心中感到非常快乐。可见王羲之爱鹅至诚。王羲之不仅爱鹅，而且能一笔写出一个鹅字。

墨的背面有"岭南葵村居士选烟"字样，"岭南"为两广别称，"葵村"是广东地名。墨侧面的"徽州老胡开文广户氏制"中的"广户氏"是胡开文店于光绪二十一年（1895）由胡氏八房五世孙胡祥均在上海开设的，此后在全国各地开设了 20 多家分店。据此，此墨应是胡开文广州分店制造并出售的。此墨属于石油制品炭黑墨，为定制墨，为民国初年制墨。

孙中山在广西南宁筹划北伐时用过的墨

53

广州蒙难

蒋介石录《孙大总统广州蒙难记》

■ 陈 冬

1921 年 4 月，孙中山在广州就任非常大总统后，讨伐桂系军阀陆荣廷，统一广西，为北伐做准备。

广东省长兼粤军总司令陈炯明反对孙中山的北伐事业，主张"联省自治"，他与北方的吴佩孚及湖南的赵恒惕勾结，阻挠北伐，暗杀了拥护孙中山的粤军参谋长邓铿。孙中山决定改道江西北伐，北伐军在江西取得初步胜利后，陈炯明决定在后方对孙中山下手，在广州叛变。

1922 年 6 月 11 日，孙中山由韶关来到广州，欲以此震慑陈炯明势力，稳定广州局势。16 日，陈炯明手下叶举部发动叛乱，炮轰总统府。孙中山、宋庆龄等分别在侍卫的保护下乔装脱离险境，孙中山在陈策等人的接应下，坐小船登上了停在珠江上的"宝璧"舰，次日移住冯肇宪任舰长的"永丰"舰（后改名为"中山"舰）。

孙中山指挥海军各舰炮击叛军，随后一面电令北伐军回师戡乱平叛，时任外交总长兼广东省长伍廷芳、广州卫戍司令魏邦平来到"永丰"舰，孙中山责成魏邦平所部集中大沙头策应海军进攻陆上之叛军，恢复广州防地。孙中山又对伍廷芳说："今日我必率舰队击破逆军，戡平

叛乱而后已。否则，中外人士必以为我已无戡乱之能力，且不知我之所在。如威慑暴力，潜伏黄埔，不尽职守，徒为个人避难偷生之计，其将何以昭示中外乎？"伍廷芳离舰登陆后即通告各国驻粤领事，严守中立。6 月 23 日，时年 80 岁高龄的伍廷芳，忧愤而终。孙中山闻此噩耗，涕泣不能自抑，海军将士，怨愤更烈。孙中山悲痛万分地说："今日伍总长之殁，无异代我先死，亦即代诸君而死，为伍总长个人计，诚死得其所；惟元老凋谢，此后共谋国事，同德一心，恐无如伍总长其人矣。惟全军惟有奋勇杀贼，继成（承）其志，使其瞑目于九泉之下，以尽后死者之责而已。"

孙中山亲率"永丰""永翔""楚豫""豫章""同安""广玉""宝璧"各舰出动。由黄埔经过车歪炮台驶至白鹅潭，乃命各舰对大沙头、白云山、沙河、观音山、五层楼等处的叛军发炮射击。叛军纷纷弃械逃跑，但是陆上部队不能按时发动攻击，故叛军溃退后又重新集结。舰队乃经中流砥柱炮台返回至黄埔。

6 月 24 日，孙中山对《士密西报》记者说："我为国会议员所选举之总统，故

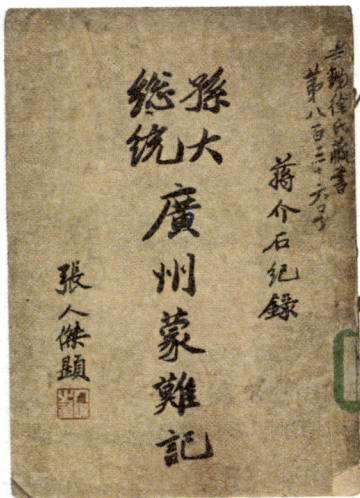

蒋介石录《孙大总统广州蒙难记》

对国会议员负有非常重大的责任。时我在军中，所以照常行使我之职权也，如我放弃职权，则对国会为违法，对国家即为叛国。即使我欲辞职，亦当向选举我为总统之议会正式辞职。广州自陈炯明主使其部下叛变以来，至今已将旬日。吾与叛军始终奋斗，坚持不怠者，亦为守法尽职，对我国会与国家，负有完全责任而以。如我轻弃职守，偷生苟安，是自背初衷。从此'上无道揆，下无法守'，其将何以立国？吾又何必创造民国，枉费此三十年来惨淡经营之精神乎？吾势必戡乱，以谢国人。违法之举，非吾孙某所为也。"

正当形势严峻之际，蒋介石于6月29日抵达广州，登上"永丰"舰，来到孙中山身边。随即，孙中山把海上指挥权交予蒋介石，并对旁人说："蒋君一人来此，不啻增加二万援军！"陈炯明得知蒋介石来此救难，气愤地说："有他在孙文身边，肯定会有许许多多的鬼主意！"

至8月7日，各方消息皆言北伐军败退，回师广州受阻，南雄被叛军占领。而叛军又数次谋害总统，且采用施放水雷等手段炸毁军舰，孙中山的安全受到严重威胁。8月9日，孙中山与叛军相持日久，孤立无援，其听从蒋介石等人的建议，于当天乘坐英国军舰"摩汉"号离开广州，在汪精卫、蒋介石等人的陪同下，经香港乘坐俄国皇后号邮船，于8月14日抵达上海。广州善后事宜，委托秘书林直勉、参军李章达二人代为妥办。并发一月恩饷，以奖励舰队官长士兵忠勇勤劳之功绩。

蒋介石赴难"永丰"舰，与孙中山并肩战斗40天，成功营救孙中山，给孙中山留下了深刻印象，从此崛起，成为孙中山的得力助手。经此磨难，蒋介石很快撰写了一本《孙大总统广州蒙难记》，其以日记体的形式，记述了从6月15日至8月15日这62天中孙中山指挥舰队与陈炯明叛军誓死战斗的许多细节，生动再现了孙中山坚定护法的大无畏精神和英勇气概。10月4日，蒋介石在太湖的万顷堂又为《蒙难记》写了一个跋："此记为余极沉痛之作，付印尤为余所不获已也……陈逆！即使汝能谋害总统一人，其能谋害三百万之党友乎！即能掩盖中华民国四万万国民之耳目，其能抹杀汝遗臭万年之历史乎？"孙中山后为《蒙难记》写了一篇序言，对蒋介石予以高度评价："陈逆之变，介石赴难来粤，入舰日待余侧；而筹策多中，乐与余及海军将士共死生。"

中国国家博物馆所藏此本蒋介石录《孙大总统广州蒙难记》，上有国民党四大元老之一的张人杰（字静江）题字和印鉴，实为珍贵。

54

不朽的荣光

孙中山颁发的 1922 年讨贼有功奖章

■ 王 南

中国国家博物馆收藏有一枚孙中山颁发的 1922 年讨贼有功奖章，它的背后是陈炯明叛变时发生的一幕惊心动魄的历史。

1922 年 6 月 16 日凌晨，陈炯明手下干将叶举派兵围困总统府，叶举部占领观音山五层楼后，向孙中山、宋庆龄的住所越秀楼迫近。因事态万分危急，魏邦平等多次劝请孙中山暂时离府。孙中山认为这只是陈炯明的恐吓手段，拒绝离府，坚持工作。当时总统府秘书林直勉、参军林树巍等也急忙赶到越秀楼请孙中山马上撤离。孙中山闻叛军已迫近越秀楼，连叛军的嘈杂声都听到了，遂令卫队准备作战，亟请宋庆龄随他离开越秀楼。宋庆龄考虑到两人同行目标太大，为确保孙中山安全，劝孙中山先离开。林直勉等看到形势危急，刻不容缓，遂强替孙中山更换便服，化妆成医生，力挽他跑出越秀楼，最后到达海珠海军司令部，再转移到永丰舰上。马湘、黄惠龙两位副官请愿同行护卫，孙中山不同意，令他俩坚守越秀楼，保护宋庆龄安全。孙中山离开后，卫士队 50 余人在队长姚观顺指挥下，奋勇抵御攻击越秀楼的叛军，击退了叛军的多次进攻。黄惠

龙、马湘、姚观顺等为了宋庆龄能安全脱险，决定放弃越秀楼，共同护卫她冒着枪林弹雨通过天桥向总统府撤退，在天桥两旁护栏板的掩护下匍匐爬行。叛军用机枪向天桥扫射，流弹在空中飞鸣，数次从宋庆龄鬓边掠过。宋庆龄转到总统府后院，化妆成村妇脱险，辗转和孙中山会合。

由于北伐军不敌陈炯明的叛军，8 月 14 日，孙中山经香港抵达上海，和先期赴沪的宋庆龄会合，开始了重返广州的斗争。

经过半年的努力，1923 年 3 月 2 日，孙中山在广州重建陆海军大元帅府大本营，仍任大元帅。1924 年元旦，在大本营举行庆祝中华民国成立十三周年暨授勋典礼。孙中山亲致训词并给 1922 年 6 月 16 日陈炯明军队攻打观音山时有功卫士颁发奖章。受奖者有黄惠龙、马湘、姚观顺、谭森、刘少溪、刘礼全、冯振彪、区锦田、冯汉民、梁友贤、黄卓卿、黄琛、谭慧泉、何良、郑耀、容卓庭等 20 余人。奖章由孙中山递交宋庆龄，宋庆龄亲自为受奖者佩戴奖章。奖章为圆形，直径5.2cm，镀金。绶带中间为蓝色，两边为紫色。奖章中下部铸孙中山头像，头像上方为青天白日国徽，伴以嘉禾。奖章的上

端镌"中华民国陆海军大元帅"十字，下端镌"十一年讨贼有功奖章"九字。

孙中山授勋时，发表训词如下：

今天执行奖赏，颁发从前在观音山打仗有功诸卫士的奖牌，这是本大元帅亲自行赏的第一次。本大元帅自执政以来，从没有亲赏过将士的，因见推翻满清之后，我们军士的奋斗，和从前大不相同。像黄花岗、武昌、镇南关、河口几次起义，我们的人数都是很少，打起仗来，没有哪一次不是以几百人去打几千人或几万人的，以后便不能像那一样继续奋斗。近来像那样继续奋斗的军队，只有前年观音山的卫士，所以今天便来论功行赏。实在来说，观音山的卫士，值不值得一赏呢？当陈炯明造反的那一夜，我们观音山的卫士，只有五十多人，所有的武器，只有三十支手机关，子弹不过一万多发。叛军最初来攻的有一千多人，不久加入杨坤如一千多人，后来又到他项叛军一千多人，统共有四千余人围攻观音山。自头晚起到第二日止，攻打了十几点钟，没有间断，总是攻不下，到后来我们子弹打完了，才安全退出。像这样奋斗的精神真是近来没有的。今以此次东江的战事比较，两个月以前，我们有三万多人，在惠州、博罗打不过故军二万余人。现在敌人的残军散在东江的不过几千人，我们有三四万人，还是不敢前进，像这样说来，比较观音山的卫士，真是不可同日而语。我从前常常对人说，革命军的力量，是和别种军队不同的，必要能以一当十，才算合格。用几百人可以敌几千人，那才算是本事。如果不能便是大耻辱，便不算得是革命军。前年观音山的卫士，便是以一当百的革命军，所以值得本大元帅来奖赏。民国成立以来，我

理想上的革命军，只有这次观音山的卫士足以当之。这种奋斗的精神，实在不可磨灭。所以乘今天民国十三年的元旦，来奖赏各位勇士，做一个大纪念。希望我们全体军人，从今天起，都应该恢复吾党从前革命的精神，以一当百，去同国贼奋斗，决计在今年之内，扫除军阀，统一民国。

孙中山颁发的1922年讨贼有功奖章

55

亦师亦友领路人
孙中山题赠马湘 "共和" 条幅

■ 许钰函

在 2016 年 11 月中国国家博物馆举行的 "天下为公大道行——纪念孙中山诞辰 150 周年大型馆藏文物展" 上，有一件醒目的展品，它就是孙中山题赠马湘的 "共和" 条幅。"共和" 是孙中山毕生为之奋斗的目标，以之作为内容的孙中山题字，目前仅见此一件，由此可见孙中山对马湘的器重。

马湘 (1889—1973)，字吉堂，号修钿，广东新宁 (今台山) 人。15 岁时离开家乡，赴墨西哥谋生，后又转到美国巴索的一个农场做工。孙中山与马湘的结缘就始于 1909 年孙中山在美国巴索的一次演讲，三个多小时的演说中，孙中山详尽叙述了清军入关压迫残害汉人的史实以及种种昏庸腐败的情况，并指出中国眼见就要被列强瓜分共管，全体同胞必须立刻起来推翻清朝，才能挽救危亡。讲者慷慨激昂，听众义愤填膺。当时就有一青年上前说："我要追随先生。" 孙中山说："革命是要杀头的，你有这个胆量？" 青年答曰："杀头？杀就杀！我不怕！我们同胞兄弟三个，杀了我，还有两个兄弟侍奉父母；我又还未娶妻，没有子女，怕什么？" 这个青年就是马湘。

孙中山为青年的志气所感动，写了封介绍信介绍马湘到日本廖仲恺和朱执信等人处做革命工作。马湘的父亲马厚庶在加拿大温哥华经营商业，是加拿大洪门 (即致公堂) 首领，马湘写信请父亲到加拿大联络华侨的孙中山提供帮助。不料美国政府在巴索大捕没有出生证的华侨，包括马湘在内的 300 多人被捕驱逐出境，马湘回国辗转两年后又往加拿大。

1915 年冬，袁世凯复辟帝制，孙中山发起讨袁运动，号召华侨回国讨袁。马湘闻讯后，响应孙中山号召，回国参加山东讨袁运动，加入以加拿大洪门为骨干的华侨讨袁敢死先锋队。他们集合在日本横滨，由廖仲恺领导训练了 5 个月。1916 年，先锋队 300 多人回到山东省潍县周村，准备进攻济南时，袁世凯病死，先锋队奉孙中山电令开往上海集中。在慰劳先锋队的演讲会上，孙中山看见在台下的马湘，后来请廖仲恺找到他，对他说："你是马湘吧？我在美国巴索见过你。你昨天很用心听我演说，我估计一定是你了。我和你父亲马厚庶是旧好，你是我的世侄，你来了很好，就住在这里吧。以后见我可不用通传。" 马湘奉命从招待所搬到孙中山的住宅，与马伯麟一起担任孙中山的卫士。

马湘武术精湛，1921 年 5 月 5 日，孙中山在广州就任非常大总统，全市各界人士热烈庆祝。就职仪式上，特意举行了武术表演，高手如林，精彩纷呈，观众席里掌声热烈。孙中山叫自己的卫士马湘和黄惠龙也下场，来了一段竹节钢鞭和八卦剑。表演后，孙中山说："中国的拳勇技击，与西方的飞机大炮有同等的作用。"这位黄惠龙又名黄湘，精于少林拳，当时有"黄湘，马湘，相得益彰"之称。孙中山曾遇到过很多次危险，但每次总能化险为夷，这与"左龙右马"的忠诚保护密不可分。保护孙中山的 10 余年里，马湘负伤多处，几次险死还生。孙中山曾亲笔题书"南方勇士"锦旗赠他。后来他回乡省亲，与乡亲谈起革命战斗时，撩衣卷裤，露出斑斑弹痕，笑指伤痕说："壮士临阵，非死即伤，大丈夫为国牺牲，幸也，何所惧哉。"

1922 年，陈炯明在帝国主义和直系军阀的收买和怂恿下，于 6 月 16 日发动政变，炮轰总统府，欲置孙中山于死地。马湘和姚观顺、黄惠龙奉命坚守越秀楼，带领卫队与叛军激战一夜，杀敌 300 余人，己方伤亡不到十分之一，在枪林弹雨中护卫宋庆龄冲出重围，安抵岭南大学。为表彰卫士的功绩，1924 年元旦，孙中山特在大本营举行授勋典礼，授予在陈炯明叛变中护卫孙中山及宋庆龄脱险的卫士们"1922 年讨贼有功"奖章，孙中山亲致训词，并由宋庆龄亲手为马湘等卫士佩戴。

1924 年底，孙中山北上，扶病到北京，住在北京饭店。马湘随侍左右。此时，马湘升任少将副官。孙中山久卧病床，双腿麻木，难以入睡，而手术后不久伤口尚未愈合，不可擅自走动。较年轻的马湘就傍着床沿跪下，把先生的左足放在肩上，慢慢地按摩。按摩了一些时，先生睡着了，他又替先生按摩右足。天将亮了，先生醒来，对夫人宋庆龄说："我一定要死了，马湘一生跟随我，必须养他过世，教育他的子女到大学毕业。"1925 年孙中山逝世后，马湘参与了南京中山陵的建造。孙中山的遗体安葬入陵墓后，他于 1931 年 1 月担任总理陵园管理委员会警卫处处长，默默无闻地守卫中山陵十几年。

在孙中山革命生涯中，马湘多次在危急时刻挺身而出，英勇战斗，深得孙中山的信任。孙中山之于马湘，亦友亦师，高情厚谊之下，更是马湘的革命领路人，引领着马湘在追求民主共和的道路上奋斗。

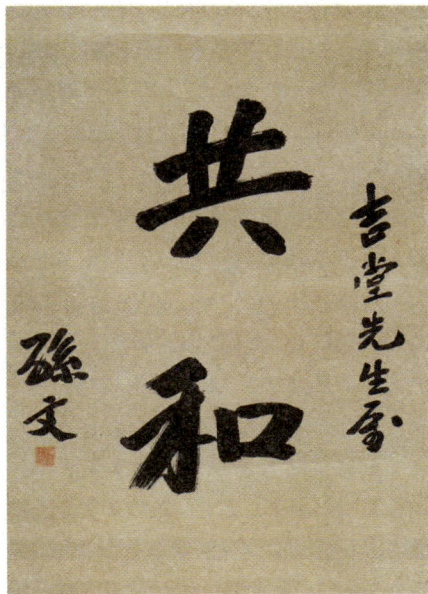

孙中山题赠马湘"共和"条幅

56

倾心四川开发
孙中山为建议在川开发实业事致熊克武函

■ 安跃华

实业救国思想是孙中山思想体系中重要的组成部分。他一直没有忘记革命的根本目的就是要挽救中国，谋求中国的独立与富强。因此在1922年的川战平息后不久，他便连续致信给川军将领熊克武，建议在四川开发实业。

民国初年的四川，虽然物产丰饶，人口众多，但是军阀派系林立，常年混战不断。熊克武就是其中的著名将领，与孙中山素有交往。熊克武（1885—1970），字锦帆，四川井研县人，早年留学日本。1905年7月，他和但懋辛在东京拜会孙中山，受孙中山指引，从此走上革命道路。他同年加入同盟会，被选为总部评议部议员，受孙中山直接领导。后来他受派回国，担任四川同盟会主盟人，联络革命党人，发展同盟会员。他在四川先后组织发动了泸州起义、成都起义、广安起义、嘉定起义等多次起义，但都没有成功。1911年，熊克武参加了广州起义。

南京临时政府成立后，熊克武奉孙中山和黄兴指令，在上海筹组蜀军，准备北伐，被推举为北伐军蜀军总司令。不久南北议和，北伐暂停。熊克武便向黄兴建议，组织蜀军入川，作为军政府的武装基础。1912年3月底，先后组建起来的蜀军三个营到达重庆，由蜀军政府编为蜀军第一师，熊克武担任师长，并统率原军政府所属部队。4月，成渝两地军政府合并改称四川军政府，第一师又被改编为四川陆军第五师，熊克武任师长兼重庆镇守使。1913年二次革命爆发后，熊克武与杨庶堪成立四川讨袁军，并任总司令，与北洋军作战，失败后解散军队化名逃往日本。此后他又参加了护国运动和护法运动。1918年初，熊克武就任四川靖国各军总司令，率部驱逐依附北洋军阀的四川督军刘存厚。3月8日，孙中山根据四川省议会的公推，委任熊克武为四川督军，兼摄军、民两政。随着川军内部矛盾的不断激化，熊克武不久便卷入了军阀混战。

当时，派系复杂的军阀部队逐渐形成了两大集团：由原蜀军和第五师发展而来，以熊克武、但懋辛为首的一军系，即新军系；由原四川陆军"老一师"为基础发展而来，以刘湘为首的二军系，即旧军系。自辛亥革命以来，新旧军就常有摩擦和战争。1920年熊克武宣布辞去四川督军职，但仍控制第一军。而刘湘被推举为四川各军总司令后却实力大增，第二军发展为下辖3个师、4个混成旅和2个独立旅，军长由杨森代理，实力渐渐与熊克武不相上下，这使得熊克武深深地感到了威胁。双方都想在四川谋求霸主地位，明争暗斗，进而发动战争，以图消灭对方。1922年7月7日，杨森率第二军11个旅约3万人由重庆乘船东下，突然进攻驻忠县和万县的第一军主力。9日，杨森等第二军旅以上将领联名发出讨伐第一军的通电，向第一军宣战，从而点燃了一、二军的战火。战争爆发后，各军纷纷谴责刘湘。熊克武立即与支持自己的第三军军长刘成勋会晤并商讨出兵事宜。随即达成协议，刘成勋被推举为川军总司令兼四川省长，组织联军，任命第三师师长邓锡侯与四川边防军司令赖心辉为正、副指挥，进攻重庆，支援第一军。13日，刘成勋以川军总司令名义通电讨伐杨森。双方经过多次激战，8月9日，省联军攻破重庆。不久，这场战争以刘湘的第二军失败而告终。

几天后的8月28日，孙中山在写给熊克武的信中指出因为屡次的川乱，不但民生憔悴，即便是将士也疲殆不堪，希望川军将领"各牺牲共意气"，兄弟之争可以终结而得以着手发展民生。他认为四川地大物博，人口众多，如果能善加利用来开发实业，使民生优裕，经济日以发展，那么政治现象也会随之安定。同时还允诺帮助制订实业计划，介绍

专门人才入川。不久，刘成勋派代表向育仁来到上海，带来了四川各将领给孙中山的慰问信函，并欢迎友人戴季陶回四川制定省宪。孙中山对戴季陶此行很重视，将上海的一些川籍人士，以及各党派在革命中有影响力的人物统统邀请到自己的公馆里吃饭，声明他要特派戴季陶为代表回川，劝告川军各位将领通力合作，利用四川资源发展实业，让四川的经济走在中国前头，带动全国的实业发展，从而完成统一大业。10月，戴季陶启程赴川，带去的孙中山给熊克武的信中，同样表达了他盼望四川息兵停战、发展实业的愿望。

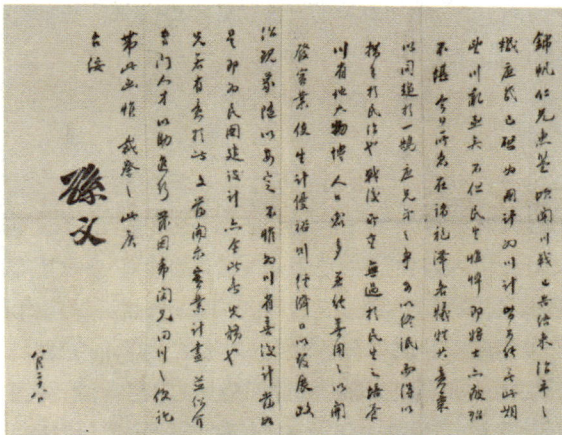

孙中山为建议在川开发实业事致熊克武函

57

揭露陈炯明叛乱真相

孙中山为陈述讨伐陈炯明叛乱事致徐绍桢函

■ 王 南

1916 年 3 月 22 日，袁世凯在举国反对声中被迫取消帝制，仍称大总统，黎元洪任副总统。同年 6 月 6 日，袁世凯在忧惧中死去，黎元洪继任大总统。此后与独断专行的总理段祺瑞演成"府院之争"。1917 年 7 月，段祺瑞借张勋复辟之机，迫使黎元洪弃职。1920 年 7 月，直系军阀曹锟、吴佩孚击败皖系，又于两年后的第一次直奉战争中击败奉系，赶走亲皖系的总统徐世昌，黎元洪复任总统。1922 年 12 月 4 日，黎元洪提名陆军总长张绍曾组阁，此后，张绍曾出台组阁案，宣称就职后将致力于和平统一及裁兵。1923 年 1 月 4 日，张绍曾就任国务总理，为黎元洪复任后的第一届正式内阁，也是 1917 年国会被解散后唯一经国会批准的"合法"内阁。

张绍曾之前曾被认为是主张武力统一中国的重要人物之一，但为何观念转变如此之快？当时社会舆论中主张裁兵的呼声高涨，以北京为例，1922 年 10 月 10 日，北京国民裁兵促进会联合商、学各界在天安门前举行裁兵群众运动。参加此次裁兵群众运动的社会团体有 70 多个，人数达两万多人。黎元洪为安抚民心在天安门前向国民发表裁兵演说。随后黎元洪积极组织裁兵委员会，并责成陆军总长张绍曾积极筹备裁兵。于是，张绍曾也积极主张裁兵，提出"召集全国军事会议，以备通盘合计"建议，并主张缩小军政规模。

与此同时，张绍曾在组阁期间提出了和平统一的从政理念，顺应了当时的社会民意，因为在 1922 年至 1923 年初，中国商界和知识界等领导人物都大力呼吁结束内战、举行和平谈判，解散军队。张绍曾的宣传不仅得到了一些地方势力的支持，也得到了一直主张裁兵、制宪、财政公开的上海总商会等社会团体的支持。

在全国兴起和平统一舆论的大背景下，孙中山于 1922 年 6 月改变进行北伐、武力统一的主张，发布《工兵计划宣言》，提出关于裁兵的工兵计划，旨在化兵为工，简单地说，就是军队编制不变，但收其武器，发给工具，每天从事一定时间的工作，按量发饷。8 月又提出和平统一计划：1. 包括自己在内，全民服从国会；2. 中国军阀必须根本推倒；3. 同时发展物质文明和精神文明；4. 改造中国政治制度。

尽管自从陈炯明1922年6月发动兵变驱逐孙中山后，孙中山无时无刻不在筹思驱陈返粤。但此时的军政形势，却出现了多方力量希望孙、陈复合的局面。如直系建议孙、陈复合，实现孙中山所宣言的和平统一；皖、奉希望孙、陈复合，消除孙中山的后顾之忧，联合陈炯明反直；国民党内如汪精卫、邹鲁等也主张孙、陈复合，希望不要迫陈炯明完全倒向直方。孙中山虽一刻也没有停止过策动各种军事力量倒陈，然而综合考量后似乎也考虑接受，但条件是陈炯明必须写悔过书，方可既往不咎。为此，他派徐绍桢到广州劝解陈炯明，试探孙、陈复合之事。但陈炯明拒绝写悔过书，调停遂告失败。

于是，同年12月11日，孙中山委任徐绍桢作为自己的特派员，北上奔走于京津保洛及关外，与各方要人洽谈促成统一，其中包括时任北京政府陆军总长、候任国务总理的张绍曾。12月下旬，徐绍桢会见张绍曾。张绍曾建议孙中山优容陈炯明，与陈炯明和解。徐绍桢在北京时，孙中山写信给他。孙中山在信中称：张绍曾（敬舆）是创造共和的重要人物，一直以来都是为国无私。最近听说他放弃武力统一计划，尤其难能可贵。但是他不了解南方情况，所以会认为陈炯明真有实力而予以宽容。实际上陈炯明叛乱后财政等方面已陷入困境，并没有真正的实力。况且他是行不义之事，我护法，他捣乱，既是叛党也是叛国，所以赞同护法的人都不与他为友。我是绝不可能对他宽大的，因为他的嚣张行为不为国家社会所容；北方的人不清楚陈炯明叛乱的事实经过及其生平，请把实际情况告诉他们；并指出张绍曾对陈炯明采用息事宁人的态度不能容恕。孙中山认为当时是过渡时期，国家大局并非没有希望，只要追求相同，就没有成见，希望能顺利进行，对国家大事才有益。

这封信是陈炯明叛变后，孙中山派徐绍桢赴北方联络直系要员，以图打破陈炯明与直系的勾结所做努力的一个见证。

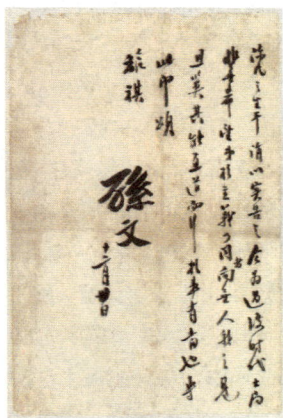

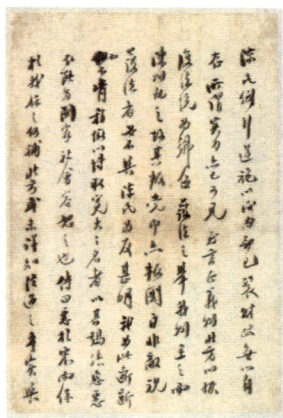

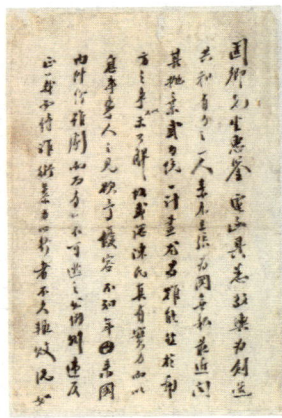

孙中山为陈述讨伐陈炯明叛乱事致徐绍桢函

58

讨伐陈炯明
孙中山讨伐陈炯明时的往来函电

■ 安海嵩

在孙中山的革命生涯后期，陈炯明无疑居于重要的地位。孙中山在护法战争中被西南军阀排挤出广州，正是陈炯明率领援闽粤军打回广州，迎孙中山登上非常大总统。然而也是陈炯明，两年后发动叛乱，炮轰总统府，使孙中山遭到平生最惨重的失败。此后直至孙中山逝世，讨伐陈炯明一直是他最重要的军事目标。

陈炯明 1878 年出生于广东省海丰县，1908 年毕业于广东法政学堂，1909 年 11 月加入同盟会。1911 年，陈炯明曾参与筹备黄花岗起义。武昌起义后，他和邓铿在广东淡水发动起义，促进了广东独立。1911 年 12 月，陈炯明接替胡汉民任广东都督。二次革命中，陈炯明响应孙中山讨袁，失败后流亡南洋。

1917 年孙中山南下护法时，陈炯明加入护法军政府。孙中山从桂系军阀手中争得二十营"省长亲军"，交给陈炯明带领，后来任命陈炯明为援闽粤军总司令，率领这支部队入闽。

1920 年，陈炯明奉孙中山之命率军队回师广东，驱逐陆荣廷桂军，于同年 10 月 28 日攻克广州。1921 年 4 月，孙中山在广州就任非常大总统，陈炯明被任命为陆军部长兼内政部长。然而此时的

陈炯明与孙中山已有裂痕。他不赞成孙中山就任非常大总统，反对孙中山以广东为根据地进行北伐，而主张"联省自治"。

孙中山与陈炯明的矛盾日趋尖锐，终至演变成"六一六兵变"。1922 年 6 月 16 日凌晨，陈炯明麾下将领叶举部炮轰位于广州观音山的总统府，孙中山被迫转移，登上在珠江水面上的"永丰"舰，后离开广州前往上海。

1923 年初，许崇智部组成东路讨贼军，滇军杨希闵、桂军刘震寰等部组成西路讨贼军，东西两路向广州进攻，讨伐陈炯明。结果陈军迅速溃败，退往惠州。孙中山再度回到广州，就任中华民国海陆军大元帅，建立大本营。但是陈炯明残余势力一直盘踞东江惠州一带，始终是广东政府的心腹之患。

1923 年 5 月至 11 月，广东政府与陈炯明军队在东江激战，军情几经反复，危及广州。这次战役中，孙中山屡次亲临前线，足迹遍及广州、石龙、博罗、惠州，他临危不惧，镇定自如，从容调度，终于击败陈军，使广州转危为安。中国国家博物馆收藏的几件孙中山与许崇智、廖行超等前线军事将领之间的密电手令为我们展现了这次讨伐陈炯明的激烈战况。

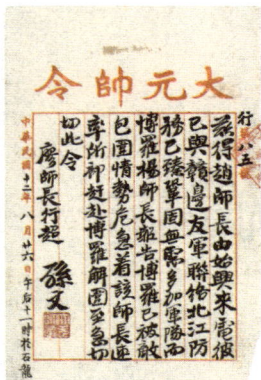

许崇智为在博罗被敌围困求援事致孙中山的电文稿

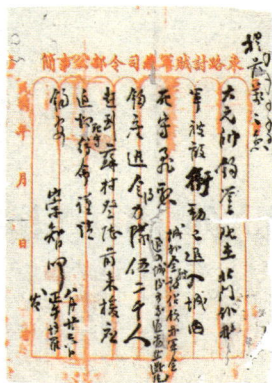

孙中山令廖行超率部赶赴博罗解围的手令

1923年5月，陈炯明趁沈鸿英叛变之机，兵分三路进攻广州。孙中山亲赴东江督战，于5月28日下达进攻惠州的命令。由于陈炯明军全力死守，惠州城久攻不下。此时，在北江方面，沈鸿英联合北军再次来犯，孙中山令许崇智负责东江战事，自己赴北江督师。

击败沈鸿英后，7月26日，孙中山从广州奔赴东江前线，抵达惠州城附近梅湖阵地指点开炮，并登上飞鹅岭视察敌情。8月8日返回广州处理政事。8月23日，孙中山再赴东江督师，设大本营行营于石龙。24日，抵达博罗。此时，陈军李易标、陈修爵等部来袭，迫近博罗。25日凌晨1时，许崇智请孙中山紧急撤离。4时，孙中山所乘轮船离博罗西驶，已听到城下密集枪炮声。许崇智、杨廷培等部遭敌攻击，被困于博罗。许崇智于26日急电孙中山求援："现在北门外我军被敌冲动，已退入城内死守，城外全被敌占领，我军全退入城，后方交通当然断绝。钧座迅令得力部队二千人赶到苏村登陆，前来援应。"孙中山急令杨希闵、李福林、廖行超、蒋光亮等部驰援博罗。孙中山致驻北江的滇军第二师师长廖行超的手令称"兹得赵师长由始兴来电，彼已与兴赣旁友军联络，北江防务已臻巩固，无需多加军队。而博罗杨师长报告博罗已被敌包围，情势危急，着该师长迅率所部赶赴博罗解围，至急切切。"虽然军情危急，但滇军杨希闵、廖行超、蒋光亮等部竟要先发军饷才肯出发，结果只有李福林、梁鸿楷部来援。孙中山亲赴前线督战。9月7日，博罗城内许崇智、杨廷培部与城外李福林、梁鸿楷等部内外夹击，终于击败陈军，博罗解围，孙中山赴城内抚慰。24日，孙中山指挥各军总攻惠州，仍然未能破城。26日，孙中山命程潜坐镇博罗，本人则返回广州。

10月中旬以后，陈炯明调遣各路援军陆续开抵东江，东征联军的压力增大，被迫撤出惠州近郊驻地，随后节节败退。10月30日，孙中山不得不放下筹备国民党改组的紧张工作，亲赴石龙行营督师，并决定于11月12日组织反攻。然而，博罗于11月8日失守，前线溃败。9日，孙中山再赴石龙督战，发布反攻命令。但各军无心恋战，纷纷后退。孙中山乘火车退至广州。14日，孙中山在广州帅府召集军事会议，任命杨希闵为滇粤桂联军前敌总指挥。为保卫广州，孙中山急调谭延闿的湘军从湖南回援，新近归附的豫军樊钟秀部也进抵广州。滇军、湘军、豫军合力作战，终于击败陈军，广州转危为安。

59

国共合作的开始

李大钊关于赞助孙中山在陈炯明叛变后 所持态度事给胡适的亲笔信

■ 黄 黎

1922年8月23日，李大钊从北京来到上海，几天以后给在北京大学任教的胡适写了一封信，内容如下：

适之吾兄：

学潮如何结束？中山抵沪后，态度极冷静，愿结束护法主张，收军权于中央，发展县自治，以打破分省割据之局。洛阳对此，可表示一致。中山命议员即日返京。昨与溥泉、仲甫商结合"民主的联合战线"（Democratic front），与反动派决战。伯兰稍迟亦当来京，为政治的奋斗。《努力》对中山的态度，似宜赞助之。弟于明日与仲甫赴杭一游，一二日即回沪去洛阳返京矣。余容面谈，请将此情形告知梦麟、一涵诸同人。

　　　　　　　　　　弟　李大钊

这封信不足二百字，但它蕴含的信息量很大。尤其要注意这句话："《努力》对中山的态度，似宜赞助之。"看似不经意，这一句却是这封书信的重点。

事情的缘由是这样的，1922年6月，在陈炯明发动兵变的几天以后，胡适在《努力》周报上发表短评，赞扬陈炯明的举动是"革命"，这不能不引起包括孙中山在内的国民党人的极大愤怒。

此时，以李大钊为代表的中国共产党人正在开展民主联合战线工作，他认为

在坚持中共彻底革命的纲领的同时，也不妨在改造中国的"最低限度"的要求上，"调和"与孙中山为首的中国国民党的统一行动。

因此，李大钊亲自给胡适写信，进行调解和劝说，于是也就有了"似宜赞助之"这句话。在"南陈北李"逐渐将《新青年》改造成宣传马克思主义的阵地的同时，胡适的周围也重新聚焦了一批知识分子，其核心成员包括丁文江、任鸿隽、高一涵、蒋梦麟等人，他们更倾向关注现实问题。因此，李大钊这封信的最后一句话便是"请将此情形告知梦麟、一涵诸同人"，显然是希望他们能够改变对孙中山的态度，最好能"赞助之"。正是李大钊的这封信，使得《努力》周报后来刊登的《述孙陈之争》《再述孙陈之争》，以及胡适的几则短评，在对待孙中山的调子上稍稍发生了一些变化。

依照宋庆龄的回忆，李大钊同孙中山最初的接触可追溯到五四运动时期。这时，孙中山还没有提出明确的反帝反封建纲领，没有想到依靠工农群众的力量，也还谈不到改造国民党，使之成为有力量的革命政党。因此，在五四运动以后，他仍把主要精力放在利用南北军阀、滇

系军阀以及新旧军阀之间矛盾的策略上。

1922 年 6 月 16 日，陈炯明突然发动武装叛乱，炮轰总统府，这是孙中山一生中遭到的最惨重的失败。在反击叛军将近两个月后，孙中山于 8 月 9 日离开广州，14 日到达上海。

在孙中山落魄之时，共产国际与中国共产党给予了真诚的帮助。在 8 月底召开的西湖会议上，共产国际根据马林的汇报做出指示，要求中国共产党党员以个人身份加入国民党，以实现建立民主联合战线的主张。李大钊这封信中所说的"弟于明日与仲甫赴杭一游，一二日即回"，实际上就是与陈独秀前往杭州参加中共中央西湖会议。

西湖会议以后，受中央委托，李大钊专门到上海与孙中山商谈国共合作问题。后来李大钊回忆说："孙中山先生因陈炯明之叛变，避居上海。钊曾亲赴上海与孙先生晤面，讨论振兴国民党以振兴中国之问题。曾忆有一次孙先生与我畅论其建国方略，亘数时间，即由先生亲自主盟，介绍我入国民党。是为钊献身于中国国民党之始。"

经过这些会谈和接触，孙中山认识到像李大钊这样襟怀坦白、立志改造中国的共产党人要求国共合作、振兴中华的真诚愿望，也从李大钊身上看到了中国共产党蓬勃的生机和旺盛的活力，强烈地感受到"国民党正在堕落中死亡"，需要注入共产党这样的新血液。因此，当他还在与李大钊会谈期间，就迫不及待地要求李大钊马上加入国民党，好立即帮助他进行改组工作。在李大钊表示自己是第三国际的党员时，他又当即答道："这不打紧，你尽管一面做第三国际的党员，尽

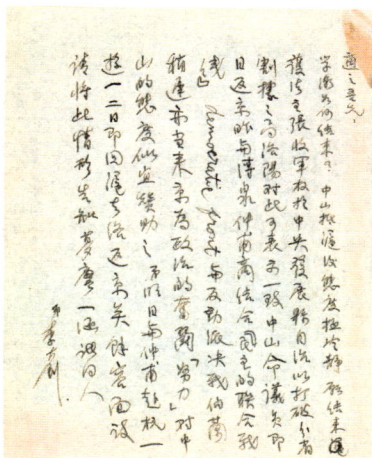

李大钊关于赞助孙中山在陈炯明叛变后所持态度事给胡适的亲笔信

管加入本党帮助我。"这样，李大钊成为最早加入国民党的中国共产党人。

宋庆龄回忆说："孙中山特别钦佩和尊敬李大钊，我们总是欢迎他到我们家来。在同共产党进行合作以后，李大钊当选为国民党中央执行委员会委员，他一回到华北以后，就担负了国共两党在那个地区的领导任务。孙中山在见到这样的客人会常常说：他认为这些人是他的真正的革命同志。他知道，在斗争中他能依靠他们的明确的思想和无畏的勇气。"

此后，孙中山开始了改组国民党的准备工作，加快了联俄联共的步伐，而李大钊则成为其间的一个重要桥梁，并得到了孙中山的极大信赖。与此同时，他们还对各自党内的不同意见，进行说服教育工作，以维护和推动这一合作的开始。在共产国际与中国共产党的真诚帮助下，孙中山在总结多年革命经验教训的基础上，终于丢掉了对帝国主义和封建势力的幻想，找到了新的革命道路，实现了他一生中最伟大的转变。

60

建立广东革命政府
胡汉民代表孙中山与杨希闵签订的密约

■ 仲叙莹

陈炯明叛变使孙中山遭到一生最惨重的失败，从广州回到上海。在他最困难的时刻，苏俄与中国共产党向他伸出双手。中国共产党在杭州举行西湖会议，接受共产国际代表马林的建议，决定中国共产党党员和社会主义青年团团员以个人身份加入国民党，建立民主联合战线。李大钊与马林先后赴上海，与孙中山商讨国共合作问题。经过与他们的会晤，孙中山认识到，中国共产党及共产国际是他最可信赖的朋友，决定走联俄、联共、扶助农工的道路，他邀请共产国际与中国共产党帮助他改组国民党。1923年1月，孙中山与苏联代表越飞进行了会谈，并发表了《孙文越飞宣言》，确定双方合作，推动中国反帝反封建斗争。

除了在政治上实行联俄、联共、国共合作的根本转变，孙中山还在军事上积极部署反攻陈炯明。

为反对与直系勾结的陈炯明，孙中山与皖系段祺瑞、奉系张作霖建立反直三角同盟。在福建，许崇智所率粤军与皖系的王永泉部合作，赶走倒向直系的李厚基部，攻占福州。此后，许崇智部粤军成立东路讨贼军，由福建进军广东，讨伐陈炯明。

1922年孙中山准备取道广西北伐时，在云南军阀混战中失败后退入贵州的滇军一部由张开儒率领，致电孙中山，表示"愿为北伐前驱"。滇军由贵州前进至广西时，陈炯明发动叛乱，炮轰总统府，北伐中止，滇军暂留驻广西，推杨希闵为总指挥。为讨伐陈炯明，孙中山派邹鲁为驻港特派员，联络驻广西各军共同讨陈。杨希闵派代表夏声至港，与邹鲁磋商讨陈。双方商定，滇军响应孙中山号召，进军广东，讨伐陈炯明，孙中山方面联络友军予以协助，并资助滇军部分军费。12月6日，滇军杨希闵、朱培德、范石生等部，桂军刘震寰、沈鸿英等部在广西藤县白马庙举行"白马会盟"，组成西路讨贼联军，讨伐陈炯明。孙中山委任杨希闵为讨贼军滇军总司令，刘震寰为讨贼军桂军总司令。

滇、桂军组成的西路讨贼军与许崇智率领的东路讨贼军一道，东西夹击陈炯明。1923年1月16日，滇、桂军克复广州，陈炯明逃往惠州。

孙中山本拟尽快前往广州，不料1月26日，桂军沈鸿英在广州江防司令部发动事变，以召开地方善后和卫戍的江防会议为名，将胡汉民、邹鲁、魏邦平、陈策等人骗到江防司令部，企图加以杀害。幸胡汉民、邹鲁等人逃脱，魏邦平被捕，所部第三师被桂军缴械。孙中山对沈鸿英予以严厉谴责，并致函许崇智、杨希闵、刘震寰等部，要他们合力铲除沈鸿英部。沈鸿英见形势不利，忙对孙中山表示悔过，孙对其也予以宽容。

为防备一贯反复无常的沈鸿英再次叛乱，孙中山借助滇军予以牵制。中国国家博物馆收藏有一份2月5日广东省长胡汉民代表孙中山与杨希闵签订的密约。密约第五条规定：为保全地方，补救大局起见，滇军应首先警告沈军，不得干预粤政，否则听粤桂军以武力解决之。附办法如下：一、警告沈军，将公安局剋日退出，由省长派人接理；二、警告沈军，将造币厂、兵工厂、盐运使署剋日退出，由省长委员前往接理，酌量派员监视将所出品物及款项公开；三、在省军队除酌留一两旅以维治安及警卫大总统外（警卫由滇军担任），其余一律出省驻扎；四、其余征收各机关一律交出，由省长委任，并由省长会同各军长官组织一清理机关，将其收入除酌留政费外一律公开；五、沈军未奉命回桂以前，由大总统指定地方，俾其遵守。

2月21日，孙中山抵达广州，就陆海军大元帅职，第三次在广州建立政权。3月2日，孙中山在广州农林试验场正式设立陆海军大元帅大本营。委任程潜为军政部长，谭延闿为内政部长，廖仲恺为财政部长，邓泽如为建设部长，古应芬为法制局长，杨庶堪为大本营秘书长。孙中山还进一步整编部队，重新布防，任命杨希闵、范石生、蒋光亮、朱培德为中央直辖第1、2、3、4军军长，同时令沈鸿英部退出广州，移驻肇庆及西江北岸。

沈鸿英对孙中山阳奉阴违，秘密派人与吴佩孚联络。3月20日，北京政府任命沈鸿英为广东督理。4月16日，沈鸿英宣布就任北京政府任命的广东督理，并率部进攻广州。孙中山指挥滇军、桂军及粤军迎击，沈军大败，逃往粤北。此后沈军得吴佩孚支援，多次反扑，但均遭失败，被迫逃往广西。

平定沈鸿英叛乱后，尽管仍不时遭到盘踞东江的陈炯明残余势力威胁，但广州的局势基本平定下来。此后，孙中山贯彻其联俄、联共政策，改组国民党，实行国共合作，逐渐在广东建立起巩固的革命政权。

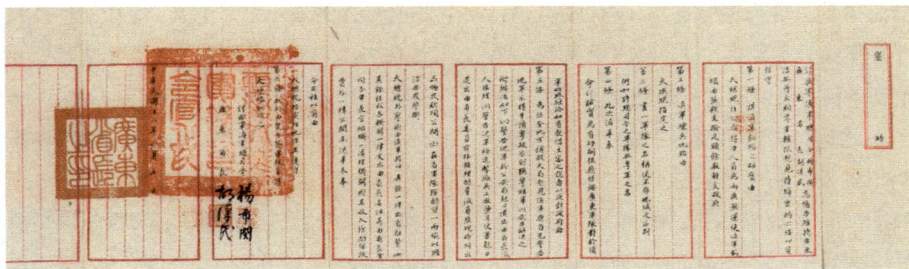

胡汉民代表孙中山与杨希闵签订的密约

61

孙中山的"联段"与"联俄"

孙中山关于实行"根本之改革"的文电手稿

■ 周靖程

"天下为公大道行——纪念孙中山诞辰150周年大型馆藏文物展"中有件孙中山在1923年6月29日写的文电手稿，收电人不详，共两页。全文如下：

俭电悉。自兄行后，我已将中国大局长为考虑，觉得与段合作不过比较上或善耳，仍不彻底以行吾党之主义。故对段之事，只有十分水到渠成，毫无障碍，方可允之。若尚要费力，则不如将现在时局放去一切，另图根本之改革，故拟粤中军事大定之后，则亲赴俄、德一行，以定欧亚合作之计划，以为彻底之革命。望兄注意，如段事不洽，则对国会，对黎、曹皆主不问，并请速回为荷。孙文，艳。

文电前半段说的是"与段合作"之事，但孙中山心存顾虑，叮嘱对方"只有十分水到渠成，毫无障碍，方可允之"。段是指段祺瑞，皖系军阀首领。袁世凯死后，北洋军阀分裂为直、皖、奉三大派系，他们在各自背后帝国主义的支持下，争夺权力和地盘，矛盾重重。1920年7月直皖战争爆发，皖军一败涂地，段祺瑞被迫辞职，北京政府由直、奉两系控制。而后，直系又不断排挤奉系势力，单独控制了北京政权。失势的段祺瑞和奉系首领张

作霖急需寻找新的合作力量，日渐向在全国享有崇高威望的孙中山靠拢，商议联合讨直。孙中山则希望能借助段、张的势力，首先推翻直系军阀曹锟、吴佩孚控制的北京政府，为统一中国创造条件。1922年，孙中山与段祺瑞、张作霖结成反直三角同盟，约定南北夹击，共讨直系。

文电还有"觉得与段合作不过比较上或善耳，仍不彻底以行吾党之主义""如段事不洽"等语。表明这个三角同盟并不稳固，三方都有着相互利用的关系，孙中山也清楚地知道，联合段、张不过是"临机变计"，目的是稳固两广，誓师北伐。1923年上半年，孙中山忙于讨伐陈炯明，与段日渐疏远，而段居于天津，由于对南方局势缺乏了解，也对联合讨直一事失去热情。此时，皖系将领徐树铮虽然仍在上海与孙中山的信使秘密接洽，但却遭到段的责备，孙、段之间的合作充满了变数。而这时，北方的政局也十分动荡。1923年6月，直系首领曹锟用策动内阁辞职等卑鄙手段赶走北京政府总统黎元洪，积极筹划"贿选"，让自己当总统，很多国会议员被收买。孙中山由此对国会心灰意冷，下定决心"对国会，对黎、曹皆主不问"，"另图

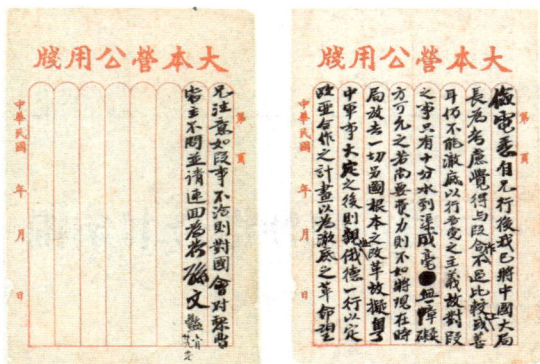

孙中山关于实行"根本之改革"的文电手稿

根本之改革",即在苏俄的帮助下改组国民党,而后进行北伐。

1917年俄国十月革命的胜利,带给孙中山极大的鼓舞,使他在屡受挫折后,看到了前进道路上的曙光。1918年夏,孙中山致电列宁,表示"愿中俄两党团结共同斗争"。苏俄政府也做出积极回应,在1919年7月发表的《苏俄第一次对华宣言》中,宣布废除帝俄与中国签订的一切秘密条约。鉴于俄国革命成功后带来的巨大影响,以及对待中国的平等态度,孙中山加速了向苏俄学习,并与之建立联盟的想法。1921年12月,孙中山与共产国际执行委员马林会晤,并且非常赞成其提出的联合工农群众、建立革命武装的建议。1923年1月7日,苏联政府副外长越飞到上海会见孙中山,他们于26日联合发表《孙文越飞宣言》,声明指出中国当下最急切的问题为国家统一,而中国革命"可以俄国援助为依赖"。孙中山正式开始联俄、联共的历史性转变。

孙中山在文电中还提到"拟粤中军事大定之后,则亲赴俄、德一行"。所谓"拟粤中军事大定",是指陈炯明被滇、桂、粤联军组成的西路讨赋军击败后,退守东江一带,但仍伺机反扑,不时骚扰孙中山设在广州的军政府。正因如此,孙中山于1923年8月率滇、粤各军讨伐陈炯明,而且他多次亲临前线督战。由于无暇抽身,孙中山便委派蒋介石为"孙逸仙博士代表团"团长,于8月16日率众赴苏联考察党务、政治、军事等。至于德国,孙中山一直对德国宰相俾斯麦的铁血统一,以及德国在19世纪末的迅速崛起抱以极大的兴趣,认为它是世界上最具活力的国家。孙中山不仅希望从德国统一发展的模式中得到借鉴,还希望得到对方的政治、经济援助,他甚至向德国外交部提出"中国、德国以及苏俄结成同盟的建议"。但迫于国际舆论的压力,德国并不敢与共产主义国家及其合作者,表现得过于亲近,孙中山赴德也没有成行。

孙中山在文电中清楚地告诉对方,他对与段祺瑞"合作"已不抱太大希望了,现如今最重要的是"联俄""联德",做"根本之改革"。此后,孙中山一直以俄为师,并在半年后召开的国民党一大上正式确立"联俄、联共、扶助农工"三大政策。

62

同舟共济

孙中山、廖仲恺合书条幅

■ 汪洪斌

中国国家博物馆收藏有一件由孙中山、廖仲恺合书的条幅，它纵 137.3cm，横 25cm，是 1977 年 9 月 2 日由廖仲恺的儿子廖承志捐赠的。条幅上，孙中山书"大道之行也，天下为公"，廖仲恺书"龙门，鱼之难也；太行，牛之难也；以德报怨，人之难也"。位于"孙文""仲恺"署名之后的朱红印痕，足见双方挥毫弄墨时的庄重、严肃之情愫。条幅没有注明具体书写时间，但亦最好见证了孙中山与廖仲恺之间的深情厚谊，完美展现了他们坚定的革命信念与伟大革命情怀。

"天下为公"思想，出自《礼记·礼运·大同篇》描述的理想社会，孙中山对此甚为推崇，1924 年在《三民主义》著名演说中谈道，"真正的三民主义，就是孔子所希望之大同世界"。在孙中山的众多题词中，"天下为公"的出现频率非常高。廖仲恺所书内容出自《尸子》，似乎也在劝勉自己或同人，无论经历多少、多大的革命挫折与困难，都要坚持不懈，越挫越勇，奋斗不止！

廖仲恺，原名恩煦，又名夷白，字仲恺，笔名"屠富""渊实"等。1877 年 4 月 23 日，出生在美国西部加利福尼亚州旧金山的一个华侨家庭。1893 年，随同母亲回国。1897 年，与何香凝在广州结婚。1902 年秋冬之际，怀揣爱国图强梦想的他和夫人何香凝先后东渡日本。1903 年 9 月，他们初次见到了仰慕已久的孙中山，并深深地被孙中山演说时那恳挚的语言和坚定的信念所打动，久久难以忘怀，一连几天所谈的话题，总是离不开孙先生那精彩演说。紧接着，廖仲恺和何香凝继续结伴或邀约好友黎仲实陪同，常去拜会孙中山，聆听革命救国的道理和方法，共同讨论国家大事。他们坚决要求加入革命行列，参加了孙中山领导的民主革命运动。

在最初的一年多里，廖仲恺与何香凝按照孙中山的叮嘱，在留日学生中广泛进行联络及宣传工作，物色有志之士组织义勇队。1905 年 9 月，加入同盟会，并以通晓英语的优势在同盟会总部担任执行部的外务部干事。凡有关和西方革命志士联系的事宜，孙中山不能亲自出面时，多由廖仲恺代为接洽、办理。为配合宣传孙中山以"平均地权"实现社会革命的学说，他着手翻译英国亨利·乔治的《进步与贫困》，并在 1905 年 11 月

孙中山、廖仲恺合书条幅

《民报》第一号上，以"屠富"的笔名发表了该书的序和两节译文。1911年辛亥革命以后，廖仲恺先后担任广东军政府财政司副司长、司长之职，开始了他一生为革命理财和从政的活动。1913年廖仲恺解职离开广州时，省库实现从一贫如洗到存有现洋700余万元，另有纸币数百万元的转变。孙中山在"二次革命"失败后，再次去日本，组织了中华革命党，"以竟辛亥之功"。廖仲恺在中华革命党正式成立前的1914年5月2日就参加了该组织，坚信必须有一个在孙中山领导下的纪律严明的革命党才能使革命成功。在"护法运动"中，廖仲恺不停地奔走于上海、广东之间，积极协助孙中山组织革命力量，毅然挑起了中华革命党的理财重担，很快为中华革命军政府筹借现款100余万元。随着中国民主革命进程的推进，孙中山对廖仲恺日益器重，廖仲恺渐次成长为一位能够担当多方面重要任务的政治活动家。

在孙中山和廖仲恺的晚年，两人亲密无间的战斗友谊达到了顶峰。陈炯明的叛变，使孙中山在广州酷暑下的战舰上与叛军武装对峙了55天，廖仲恺则遭囚禁64天。1922年8月，他们先后到达上海，深刻总结革命失败的经验教训，决心寻求新的革命道路。廖仲恺协助孙中山确立联俄、联共、扶助农工的政策，并参与了国民党改组。1923年1月《孙文越飞宣言》发布后，廖仲恺赴日本继续与越飞会谈，达成了苏联将援助国民党设立军官学校和给予经济援助等协议。在1924年1月国民党一大会议上，廖仲恺协助孙中山排除干扰，维护了与中国共产党的联盟，坚持把反对帝国主义的条款写进宣言，为第一次国共合作的形成与发展做出了重大贡献。他为黄埔军校的筹建倾注大量心血，被学生赞誉为"黄埔的慈母"。孙中山逝世后，廖仲恺谨遵孙中山遗志，继续努力革命，全力支持工农群众运动，坚决反对帝国主义、封建军阀，为完成孙中山的未竟事业勇敢地战斗，直至1925年8月20日不幸被反动派暴徒枪击，为革命洒尽最后一滴血，时年48岁，距孙中山逝世只有5个月。

廖仲恺毕生追随孙中山，为振兴中华而奋斗，亦步亦趋，紧紧相随，与孙中山建立了此后20多年的深厚友谊，成为孙中山为数不多的同志中"最忠诚、最亲密、发挥作用最大的一人"。

63

孙中山与杨庶堪

中华民国陆海军大元帅孙中山委任杨庶堪为广东省长的特任状

■ 项朝晖

国民党元老杨庶堪，名先达，字沧白，1881年出生，四川巴县人。1905年加入同盟会，参加过辛亥革命、护法战争、护国战争和第一次国共合作，早年追随孙中山先生，为民主革命立下过汗马功劳。

1923年2月21日，孙中山从香港返回广州，在东郊就任大元帅。3月2日，孙中山在广州正式成立陆海军大元帅大本营，大本营下辖军政部、内政部、财政部、建设部和外交部五部，法制局和审计局两局，秘书处和参谋处两处。孙中山随即任命了各部、局、处的长官。杨庶堪被委任为大本营秘书长，李烈钧为大本营参谋长，程潜为大本营军政部长，谭延闿为大本营内政部长，廖仲恺为大本营财政部长，邓泽如为大本营建设部长，伍朝枢为大本营外交部长，古应芬为法制局长，刘纪文为审计局长。

任命结束后，杨庶堪见其中没有蒋介石，私下里向孙中山提起蒋介石。孙中山开始说："他不来，不要叫他！"杨庶堪曾在上海肇和舰起义中与蒋介石共过事，与蒋介石交好，于是就对孙中山说：

"先生，蒋介石跟随你多年，多想想他的好处，特别是在上海肇和舰起义中他还负了伤，我发电报叫他来吧！"孙中山在杨庶堪的劝说下终于同意给当时在上海的蒋介石发电报。接到杨庶堪发的电报后，蒋介石于4月20日从上海赶到广州，先与杨庶堪见面谈了谈广东的战事后，才由杨庶堪陪同去大本营面见孙中山。这时，原来大本营参谋长李烈钧已调任别处，孙中山接受了杨庶堪的建议委任蒋介石为大本营参谋长。

杨庶堪在大本营秘书长任上，孙中山对他非常倚重。他曾对杨庶堪说："你今为我大本营秘书长，一切重要电文及信函均劳你起草。"杨庶堪也不辜负孙中山的重托，在大本营秘书任上兢兢业业，尽力而为。1923年5月，陈炯明等叛军向石龙、增城进攻，孙中山亲自赴石龙督战期间，杨庶堪奉命留守广州大本营处理公务和筹措军饷供应前方作战，他殚精竭虑，亲自处理大本营来往的一切电文、公文，并代孙中山起草和回复一切信件。孙中山从前线回来后，杨庶堪将这一期间自己代办的一切公文、信函和电稿交给孙中山过目审查，孙中山仔细查看后，发现杨庶堪所拟公文、信函等完全符合自己的意图，非常高兴地对杨庶堪说："沧白，你所拟一切文稿我均看完，得体得体，我无异议。"1923年10月23日，广州《民国日报》还刊登了这样一则消息，孙中山出巡虎门要塞和威远炮台，行前孙中山发布命令："在出巡期间由大本营秘书长杨庶堪代行大元帅职权。"可见，孙中山对杨庶堪无比信任。

1923年广东革命政府讨伐陈炯明叛军主要依靠的是滇军。他们自恃功高，多集中在广州，更有滇军部队驻扎在省公署内，不肯外迁，而且粗暴地干涉当地的民政事务，引起广东人普遍的不满。加之叛军陈炯明一方又散布谣言，说广东省要被外省的军队所控制，要灭亡了。所以广东民众对当时主持广东政务的廖仲恺大加指责。孙中山经过深思熟虑后，委任四川籍的杨庶堪为广东省长，来平息这场云南军队与广东民众之间的省际嫌怨。这就是当年孙中山委任杨庶堪为广东省长的特任状。它纵42.6cm，横50cm的，黄底黑字，上书"特任状 特任杨庶堪为广东省长此状 孙文 中华民国十三年一月廿九日"并盖有一大一小两方红印，小的为"孙文之印"，大的为"中华民国陆海军大元帅之印"，特任状的右下角有一行小字："特字第叁捌号"，左下角也有一行小字："监印李禄超"。

杨庶堪果然不负厚望，他凭借自己良好的威望，秉持正义，仅仅用了两个月的时间，说服了滇军，让其部队撤出了广州，将广东的政务交还到广东人手中。

20世纪30年代，杨庶堪寓居上海。1939年底，汪精卫筹建南京伪政府时，派人游说杨庶堪，许以高官厚禄，胁迫其出任伪行政院长。杨庶堪以"海上一孤松"自喻，表示宁死不当汉奸。为躲避日伪的迫害，1939年11月11日，杨庶堪抛妻别子，只身逃离上海，经香港回到当时的陪都重庆，寄居在亲戚朋友家中。1942年8月6日，杨庶堪于重庆南岸大石坝寓所病逝，享年61岁。杨庶堪一生淡泊名利，重庆国民政府特拨款10万元为治丧费，给予国葬。

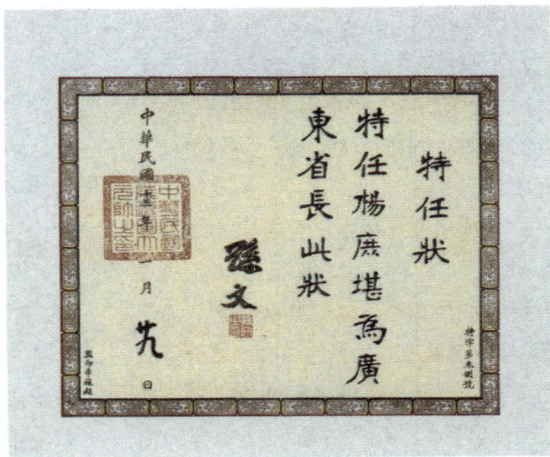

中华民国陆海军大元帅孙中山任命杨庶堪为广东省长的特任状

64

财政助手

孙中山派宋子文赴财政厅调查档案的手令

■ 项朝晖

中国国家博物馆收藏有一件1923年4月2日中华民国陆海军大元帅孙中山派宋子文赴财政厅调查各宗档案的大元帅手令。这件手令对宋子文来说具有非同寻常的意义，它是宋子文介入政府财政工作，宋氏家族逐步发展成庞大的金融帝国，晋身"四大家族"之列的开始。

宋子文1894年12月4日出生于上海，早年在上海圣约翰大学就读，1912年赴美留学，先后在哈佛大学和哥伦比亚大学获得经济学硕士及博士学位。1917年回国，曾在汉冶萍公司上海办事处担任秘书。1923年2月孙中山在广州成立陆海军大元帅大本营，急需各方面人才。宋庆龄把宋子文引荐给孙中山，希望这个学经济的弟弟能够在财政问题上助孙中山一臂之力。

1923年春，孙中山委任宋子文为陆海军大元帅大本营英文秘书。大本营成立伊始，孙中山对于财经实际情况不甚明了，非常需要可靠的懂经济的人才进行专门调查，为财政决策提供依据。宋子文在美留学多年，系统掌握西方经济学理论与方法，正是广东革命政府所需要的人才。1923年4月2日，孙中山便签发了这张大元帅令："派宋子文到（赴）财政厅调查各宗档案"，在此后的约一年半的时间里，宋子文被孙中山陆续委任了财经方面的数个重要职位，如中央银行筹备员、副行长、行长，两广盐务稽核所经理，大本营财政委员会委员，整理税制委员会委员，广东省河印花税支处处长等。

当时广东革命政府的经费奇缺，宋子文向孙中山建议，由税收入手，增加政府资金来源的途径。孙中山采纳了宋子文的建议，开征了特别进口税、药品、化妆品等新的税种，对广东国民政府经费的增加起了很大作用。孙中山对宋子文的才干大加赞赏："到底是喝过洋墨水的人有办法！"

随即，孙中山对宋子文委以筹备建立中央银行的重任。1923年4月27日，孙中山任命宋子文为中央银行筹备员，5月底，又任命其为筹备中的中央银行副行长。6月中旬，中央银行行长林云陔辞职，宋子文全部负责起中央银行的筹备工作。宋子文多方筹措资金，主持拟定了中央银行的条例、章程和组织规程等根本性文件。经过一年多的筹备，1924年8月2日，孙中山正式任命宋子文为中央银行行长。

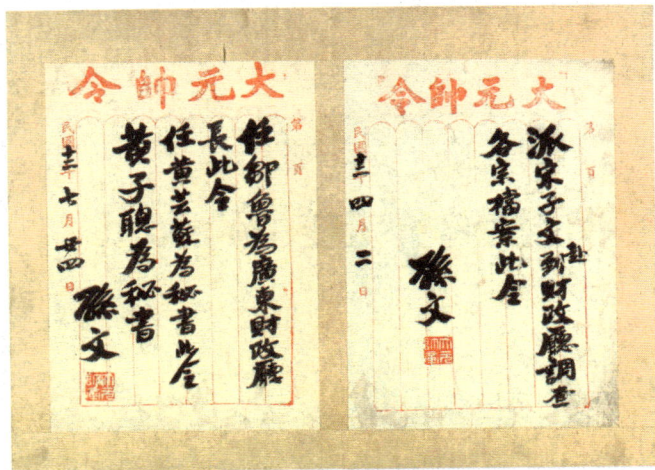
孙中山派宋子文赴财政厅调查档案的手令

8月15日，中央银行在广州正式成立。孙中山亲临开幕典礼，他勉励各界共同维持中央银行信用，促成中央银行发展，他指出：中央银行"是革命政府第一次开办的第一个银行……大家既是明白了政府开办这个银行的意思，便应该维持这个银行去进行；维持这个银行去进行，就是维持政府去进行；维持政府去进行，就是维持革命来成功；维持革命来成功，就是令贫弱之中国变成富强。"宋子文也在开幕宣言中说："自来官办银行，每因借垫政费过多，遂使周转不灵。本行自当恪守条例之限制，决不敢稍有瞻徇。"他还强调"本行现既发行货币，惟有十足准备金，绝不敢超出定额。"表现出一个现代银行家的远见。

宋子文就任中央银行行长后，面对广州市面上币值混乱的局面，采取了诸多措施，加强中央银行在广东金融界的地位，提高和巩固中央银行钞券的信用。如有充足准备地发行纸币，不随意地增发纸币；与同业来往，根据有关规定办事，不可贪利而涉风险乃至投机营业；革命政权向中央银行借款，必须有抵押品或切实担保。正因为如此，中央银行开业后，各项业务都能正常进行，银行的信誉也非常好。

在1924年10月镇压商团叛乱的斗争中，宋子文积极为孙中山出谋划策，协助其制订粉碎商团叛乱的计划。为确保万一，宋子文悄悄地将国民党政府的全部资金搬到苏联军舰"沃罗夫斯基"号上。他还为孙中山夫妇及其随行人员、苏联顾问鲍罗廷及其苏联助手等的紧急撤离做好了准备。孙中山对宋子文临危不惧的表现非常满意，他握着宋庆龄的手说："子文果然身手不凡。"

1925年2月孙中山病危弥留之际，宋子文赶到北京随身伺候。他是亲耳听取孙中山口述遗嘱的几个人之一，也是在汪精卫记录的孙中山两份遗嘱上分别签名的证明者之一。在料理孙中山先生后事期间，宋子文除了担任治丧处会计股主任为丧事奔忙外，还要陪同宋庆龄及孙氏家人处理各种与丧事相关的事宜。他在操办孙中山后事过程中体现出的投入与持重，不仅使宋庆龄及其他孙氏家人感到满意，也得到了国民党高层的认可，这对宋子文日后在国民党政权中的升迁，不无助益。

65

肃平沈鸿英叛乱
孙中山在平定沈鸿英叛变中的函电

■ 安跃华

陈炯明叛乱一年后，又一军阀沈鸿英也起兵反叛。绿林出身的沈鸿英，一生反复而多变。武昌起义后，他带领匪众百余人接受招抚。二次革命中，他因帮助广西都督陆荣廷镇压响应革命的柳州起义、出卖革命党人刘古香，而得到陆的赏识和信任，从此扶摇直上，逐渐成为旧桂系军阀的重要人物。随着旧桂系势力的发展，沈鸿英窜入广东，先后担任过钦廉镇守使、广东护国军第三军总司令等职，煊赫一时。1920年，他被粤军驱逐出广东退回广西。次年粤军进攻广西，沈鸿英便见风使舵，通电倒陆，自称救桂军总司令。此后他又与直系吴佩孚勾搭上，沈部被吴改编为陆军第十七师，他则被委为师长并授予"协威将军"的头衔。

1922年6月，陈炯明兵变，孙中山退居上海。沈鸿英通过岑春煊向孙中山表示愿意真诚服从，并希望参与讨陈，得到孙中山同意，被委任为广西靖国军总司令，与滇军杨希闵部、桂军刘震寰部组成西路讨贼联军，回粤讨伐陈炯明。

实际上，沈鸿英对孙中山是没有拥护诚意的，联合倒陈无非是为了实现自己重回广东、扩大地盘的夙愿。翌年1月，讨贼联军将陈炯明逐出广州后，沈部就已经趁此机会由原来的几千人发展为上万人，骤然扩充到5个军，"盘踞要津，囊括税收，蔑法自行，俨同割据"。沈鸿英把孙中山直接控制的粤军视为阻碍自己控制广州的眼中钉，一直暗藏反叛的祸心。26日晚，他摆下"鸿门宴"，与杨希闵、刘震寰联名，以召开地方善后和卫戌的江防会议为名，将粤军陆海将领骗到海珠江防司令部，企图杀害胡汉民、邹鲁、魏邦平、陈策等人。阴谋虽未得逞，可他却用武力扣留了广州卫戌司令、广东讨贼联军总司令魏邦平，还把粤军第三师缴了械。

2月21日，孙中山回到广州，重建大元帅府。孙中山对沈鸿英搞江防事件的阴谋，因他表示悔过并未予以深究。24日，任命沈鸿英为桂军总司令，命令沈部开出广州，移驻肇庆及西江北岸上至梧州各地，北江一带防地则交由滇军杨希闵部移驻。沈鸿英阳奉阴违，一面表示愿意执行孙中山的命令，在花县新街设立桂军总部行营；一面又继续与吴佩孚暗中勾结。不久，北京政府发布命

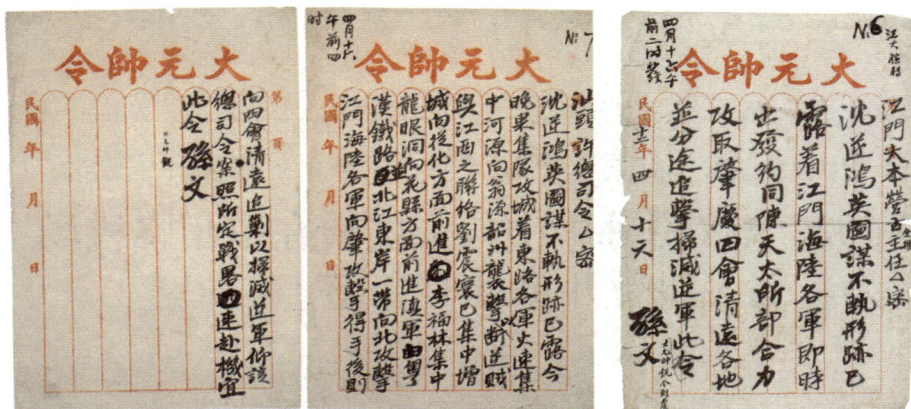

孙中山令许崇智部火速集中河源向翁源、韶州袭击以切断沈鸿英与江西之联络的密电手稿

孙中山令江门海陆各军约同陈天太所部攻取肇庆等地的密电手稿

令，特派沈鸿英督理广东军务善后事宜。4月10日，沈鸿英以移防为名，集结2万军队于广州北郊。15日，通电接受北京政府的任命。16日便猝然发动叛乱，要求孙中山下野。随后，兵分3路扑向广州。

孙中山闻讯后，对沈鸿英这种反复背叛的行为极为痛恨，当即发布大元帅令，痛斥其"反复无常，奸诈成性"，"狼子野心始终不悛"，免去其桂军总司令的本职，同时下令各部分途进剿，迅速扑灭叛乱，以正法纪。他偕同杨希闵前往观音山督战，根据战事的不断变化亲自部署，昼夜不眠，连续给大本营江门办事处全权主任古应芬和东路讨贼军总司令许崇智发出数封密电。中国国家博物馆收藏有孙中山发给古应芬和许崇智的几封密电手稿，揭示了孙中山临危不惧、沉着应对、组织调动各部一举击溃沈鸿英叛军的情况。其中16日午前2时，着令江门海陆各军即时出发，会同陈天太部合力攻取肇庆、四会、清远各地，分途追击扫灭逆军。午前4时，电令东路各军火速集中河源，向翁源、韶州袭击，以断绝叛军与江西的联络。17日9:30，鉴于敌人将悉数兵力置于白云山和石井兵工厂一带，再次密电古应芬，要求江门军队放弃前定担任北江西岸战事的计划，火速加入白云山和石井兵工厂的战役。

在孙中山的沉着指挥下，叛军节节败退，溃不成军，广州最终转危为安。后沈鸿英虽然组织数次反扑，又得吴佩孚支援，但均遭败绩，于7月初仓皇退出广东，败逃到湘赣边境，最后又狼狈窜回广西。

66

孙中山与"航空救国"

1923年7月孙中山与宋庆龄在广州飞机场为新造飞机行开幕礼时合影

■ 周彩玲

从1879年到1892年，孙中山先后在檀香山、广州和香港接受了13年的欧美西式教育。而从1895年他领导的广州起义失败之后，到1911年底海外归国，16年来，他长期在日本、欧美等地从事革命宣传与组织工作。多年西方教育的系统训练和海外生活的经历，使孙中山的思维和视野，比国内众多的知识分子都更具有世界性、开阔性和前瞻性。而在19世纪末20世纪初，孙中山所接触的西方社会，正是一个近代科学文明蒸蒸日上的时期，各种科学思潮，如进化论、实验归纳、实证主义、实用主义等相互激荡。这些科学思想不仅在应用科学领域大放奇彩，带来社会物质文明的重大进步，而且也推动了国家政治、经济、思想等领域的巨大变革。对科学在西方社会文明进步中的重大作用，孙中山是有着深刻体认的，这从他早年《上李鸿章书》及1919年撰写完成的《实业计划》中可见一斑。北京大学校长蒋梦麟曾说："孙中山先生是中国第一位有过现代科学训练的政治家，他的科学知识和精确的计算实在惊人。"

1903年，莱特兄弟飞机试飞的成功，宣告了航空时代的到来。对于航空这一人类认识和改造自然进程中的前沿科技领域，孙中山从飞机最初诞生到后来发展，都给予了极大的关注。他在周游欧美各国时所耳闻目睹的航空盛事，以及在美观看了冯如精彩的飞行表演后，他深刻认识到飞机对于军事、国防和国家建设的重要性，逐渐产生了"航空救国"的念头。

1910年，孙中山曾指示旅美同盟会，组织华侨青年学习飞行，将来为国效力。1910年11月，他在给美国军事研究家咸马里的信中，指出了飞机在战争中的侦察作用。1911年，他在给旅美革命党人的信函中多次强调学习飞行和飞机制造对革命的重要性。1912年，孙中山就任南京临时政府大总统后，他力主发行一套以飞机作为图案的普通邮票，希望以刚刚兴起的航空科技来激发民众的科学意识和航空理念。

为推翻袁世凯的独裁统治，恢复民主共和，同时鉴于飞机在一战中所发挥的重大作用，孙中山非常重视对航空人才的培养。他决定在华侨众多的菲律宾、日本和美国开办航空学校，培养军事人

1923年7月孙中山与宋庆龄在广州飞机场为新造飞机行开幕礼时合影

等主要骨干，并聘请两名美国工程师，一起设计制造飞机。孙中山和宋庆龄十分关心飞机的设计制造情况，多次到工厂察看。经过几个月紧张的设计生产，中国国内自行制造的第一架军用飞机终告诞生。1923年8月，孙中山和宋庆龄亲临大沙头机场，参加飞机的试飞典礼。该机以宋庆龄在美国留学时的英文名字"乐士文"（Rosamonde）命名。该飞机为双翼机，装备了一台90马力的寇蒂斯发动机，机身主要结构为木质，并配以钢质流线型支架。中国国家博物馆珍藏有当年孙中山与宋庆龄在"乐士文"号飞机前合影留念的原版照片。从照片中，我们可以感受到一直坚持"航空救国"的孙中山，对我国航空事业充满着无限期许与憧憬。

孙中山以伟大政治家的远见卓识预见到了发展航空事业的重大意义。他将发展航空与革命救国及国防建设联系起来，为中国早期航空事业的开创做出了重大贡献和努力。

才。1914年孙中山委托伍平一在菲律宾马尼拉筹办飞行学校；1915年，孙中山在日本友人梅屋庄吉等人的协助下在日本建立了中华革命党飞行学校。同年在孙中山指示下，中国国民党美洲总支部开办了美洲飞行学校。1917年，孙中山在广州就任护法军政府海陆军大元帅后，在大元帅府下设立了航空处，后改为航空局，成立了飞行队，该飞行队在不久讨伐桂系军阀和陈炯明的作战中崭露头角。

鉴于购买飞机的昂贵价格，孙中山萌生了自行设计制造飞机的想法。1921年他在拟著的《国防计划》一书中，就有多项关于航空建设的内容，如兴建机场、培训航空人员、建设航空部队以及研制飞机等等。1922年，孙中山指令在广州大沙头建立了飞机制造厂，任命大元帅府航空局局长杨仙逸为飞机制造厂厂长，自行研制飞机。杨仙逸率领航空机械人员杨标、吴势、卢维溥、杨官守

67

孙中山与许崇智

孙中山题赠许崇智条幅

■ 仲叙莹

中国国家博物馆收藏有一幅孙中山题赠许崇智的条幅，条幅上书写：夫天下之事其不如人意者固十常八九，总在能坚忍耐烦，劳怨不避，乃能期于有成。这是孙中山对其主要的军事助手许崇智的殷殷期许，告诫他革命斗争充满艰难险阻，希望他不畏艰险，不怕挫折，即使身处逆境也要振作起来继续奋斗。许崇智终其一生都效忠于孙中山，孙中山也非常器重许崇智的军事才华，这件文物就是孙中山与许崇智之间革命友谊的最好见证。

许崇智，字汝为，广东番禺人，生于1887年。许氏家族是广东的名门贵族，许崇智因此受到良好的教育，1899年入福建马尾船政学堂就读，第二年东渡日本留学，在日本陆军士官学校学习。许崇智学成后回到福建，参与福建新军，任讲武堂帮办、总教习等，给新军和学生灌输革命思想，并在自己部下中发展同盟会会员。

1911年10月，武昌起义爆发，许崇智等人在福建积极响应，当时福建提督孙道仁不愿意参加革命，许崇智胁迫孙道仁说："在此千钧一发之际，必须当机立断。如果知难而退，贻误大事，则许某不得不替身而出，越俎同庖"。孙道仁不得已，只好答应新军起义，并命许崇智为前

敌总指挥。许崇智临危不乱，身先士卒，降服清军。自此，许崇智显露出出色的军事才华，开始在军中树立威信。随后福建军政府正式成立，孙道仁出任都督，许崇智被推举为福建海陆军总司令。

1912年1月，中华民国临时政府在南京成立，许崇智任陆军第十四师师长。1913年7月，孙中山领导发动了"二次革命"，江西、江苏、安徽、广东等省相继宣告独立。袁世凯曾伺机拉拢许崇智，派人至福州，唆使许崇智举兵进击江西及江苏的侧背。许崇智拒绝了袁世凯金钱利禄的诱惑，通电宣布福建独立，并出任福建讨袁军总司令。由于敌我力量悬殊，二次革命失败，袁世凯全国通缉革命党人，许崇智也在通缉之列，无奈之下他只好出走日本。

1914年7月，孙中山在东京成立中华革命党，许崇智被任命为军务部长。中华革命党成立后，军费的筹措一度非常紧张，许崇智为此三下南洋，发行债券筹款，历尽艰辛。孙中山曾写信给南洋华侨："许等若有所需，望兄设法钱款，作公款开支"，从中可见孙中山对许崇智的信任。

1915年，许崇智奉孙中山命令回国参加反袁起义斗争，辅助孙中山筹划在国

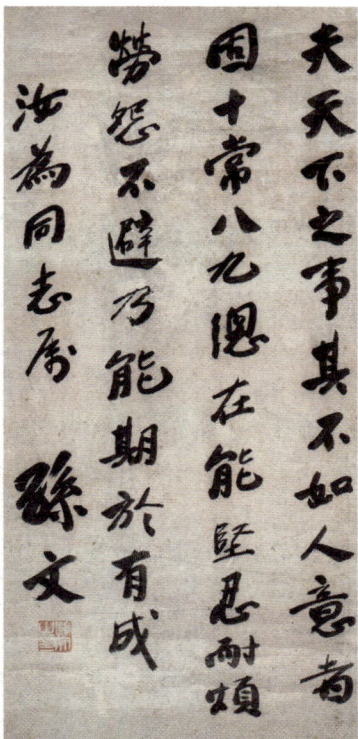

天下之事其不如人意者
固十常八九恩在能堅忍耐煩
勞怨不辟乃能期於有成
汝為同志勗之
孫文

孙中山题赠许崇智条幅

内组建中华革命军东北、东南、西北、西南四个军。孙中山任命许崇智为东北军参谋长。袁世凯死后，孙中山下令停战，许崇智追随孙中山回到上海。

1917 年 7 月，孙中山发动海军南下"护法"，就任海陆军大元帅，许崇智被孙中山任命为大元帅府参军长，以后又任陆军总长，协助孙中山主理军机，此时的许崇智实际成了孙中山在军事上的主要助手。虽然军政府成立了，但广东仍受制于桂系军阀，为了更好地掌握革命武装，1917 年底，孙中山以广东省防军 20 个营为基础，成立了援闽粤军，任命陈炯明为总司令。论资历及声望，许崇智本不在陈炯明之下，但这是孙中山直接掌握的唯一一支武装，为保存并培育这支武装，孙中山请许崇智屈尊就任第二支队司令，许崇智不计名利，毫无怨言地接受了。1918 年 5 月，援闽粤军分三路向福建进军，许崇智率第二支队为左翼，向福建西南进发，军队所到之处，地方武装和民军纷纷归附，很快援闽粤军扩大到 2 万余人，重新编为两个军，陈炯明以总司令兼第一军军长，许崇智升任第二军军长。援闽粤军在战斗中逐步壮大，许崇智的军事地位也开始得以稳步提升。

1920 年 8 月，援闽粤军奉孙中山令进军广东，讨伐桂系陆荣廷，许崇智率第二军担任右翼。同年 10 月 29 日，粤军克复广州。孙中山致电许崇智，称赞其立下"第一功"。此后许崇智又奉命进军广西，扫平陆荣廷残余势力。1922 年 5 月，孙中山在韶关誓师北伐，许崇智被任命为北伐军总指挥，并率第二军进攻江西。但是孙中山的北伐事业遭陈炯明反对，同年 6 月 16 日，陈炯明手下叶举部在广州发动政变，炮轰观音山总统府，孙中山避往永丰军舰。许崇智率第二军奉命反击陈炯明部，被陈军挫败，撤往福建。

1922 年 10 月，孙中山任命许崇智为东路讨贼军总司令，会同杨希闵、刘震寰、沈鸿英率领的滇桂军组成的西路讨贼军一起，进军广州，讨伐陈炯明。1923年 1 月 16 日，讨贼军攻克广州。孙中山由上海返回广州，重掌南方政府权力。1924 年，孙中山任命许崇智为建国粤军总司令，许崇智成为孙中山最倚重、最信任的军事助手。孙中山逝世后，许崇智遭蒋介石排挤，逐渐淡出政坛。

68

铁血丹心
孙中山题赠邓演达"养成乐死之志气，革去贪生之性根"对联

■ 汪洪斌

中国国家博物馆收藏有一副孙中山题赠邓演达"养成乐死之志气，革去贪生之性根"的对联，是在1965年由北京图书馆（现为中国国家图书馆）拨交的。据农工民主党党史组唐万延在1982年3月回忆，对联是农工民主党资料室在解放后从杨逸棠同志那里收集得来的。杨逸棠是邓演达同时代的老同志，解放后任交通部办公厅副主任、全国政协委员、农工民主党中央委员。联语含蓄隽永，表达了孙中山对追随自己参加革命的邓演达同志的勉励，也褒扬邓演达赴汤蹈火、视死如归的豪迈情怀。

邓演达，字择生，1895年出生于广东惠阳。青年时期，度过10年军校生活，先后就读广东陆军小学堂、广东陆军速成学堂、湖北陆军第二预备学堂（即武昌南湖陆军中学堂）、保定军官学校。1920年初，应曾任广东陆军小学堂校长的革命党人邓铿之召，前往福建漳州参加孙中山所组织的援闽粤军，任粤军第一师宪兵连连长，从此便成为孙中山革命事业的积极追随者。粤军第一师是奉行孙中山革命建国主张的基本武装部队，在孙中山和国民党领导下，在历次革命斗争中起了很大的作用，具有光荣的历史。邓演达对于粤军第一师的建立、巩固和发展，倾注了大量心血和精力，屡立战功，因而相继升任营长、团长。

1923年春夏，邓演达刚刚奉命打垮进犯广州的沈鸿英叛军，攻克肇庆城，杨如轩、杨池生又在广州叛变。孙中山急调团长邓演达率部拱卫大本营。邓演达不负厚望，为大本营的安全和广州局势的稳定立下大功。孙中山决定对邓演达予以表彰。一天清晨，卫队列队大元帅府门口，孙中山向卫队走去，对邓演达说"我决定授予你少将参军之职务，鉴于你的战功卓著……"宋庆龄随即上前向邓演达赠送礼品，说："择生，这是孙先生亲笔题赠给你的照片和书赠你的对联。"对联纵132.5cm，横32.8cm，上书"养成乐死之志气，革去贪生之性根"14个大字。孙中山认为，"革命党人的精神没有别的秘诀，就是不怕死"，就是"为国牺牲"，"性命来救国"。孙中山题写的对联是对邓演达极高的评价。邓演达也把它看作是莫大的荣誉。

此后，孙中山督师讨伐陈炯明，两

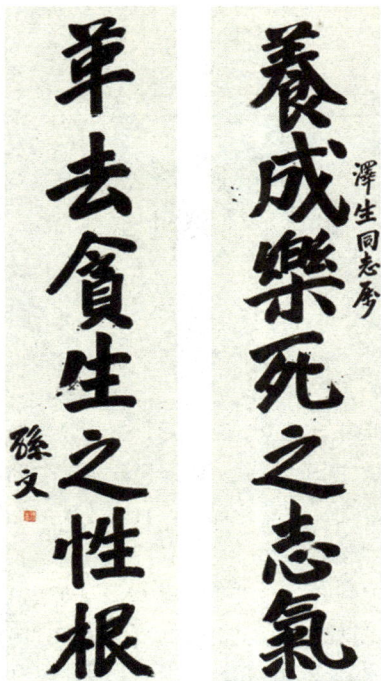

孙中山题赠邓演达"养成乐死之志气,革去贪生之性根"对联

次致书驻守广西梧州的邓演达,要他率部同征。邓演达不负孙中山的殷殷期望,率部驰援,坚守博罗城,喋血惠州,给陈炯明部以沉重的打击。此时的邓演达已被孙中山视为足资倚重、堪托生死的股肱良将。孙中山说:"干革命,有两达,革命有希望。""两达"即指邓演达和粤军第二师师长张民达(1925年3月,赴汕头商议军事,在潮州覆舟身亡)。这足见孙中山对邓演达的赏识和器重。

邓演达一直将孙中山的这副联语作为自己的座右铭。在第一次国共合作时期,他竭诚拥护孙中山"联俄、联共、扶助农工"三大政策,积极协助孙中山创办黄埔军官学校,先后担任该校训练部副主任和教育长等职,同共产党人真诚合作,为教育和培养新型革命军队,做了出色的工作,深受广大黄埔师生的尊敬。孙中山逝世后,国民党右派势力猖獗,邓演达便和共产党人、国民党左派人士一起,继承总理遗志,坚持正义立场。在北伐战争中,邓演达担任国民革命军总司令部政治部主任,直接参与北伐主力之一国民革命军第四军的作战指挥,表现出一位杰出的政治工作者和军事指挥者的卓越才干。在武汉政府时期,他兼任国民党中央农民部长,曾和毛泽东一起举办中央农民运动讲习所。当蒋介石、汪精卫先后叛变革命,背叛了孙中山的三民主义时,他同宋庆龄、陈友仁等一起,在莫斯科发表了《对中国及世界革命民众宣言》,"无论为南京为武汉,皆窃取中国国民党之旗号,曲解及假托革命的三民主义之内容,其实为旧势力之化身,军阀之工具,民众之仇敌","目前中国之反动势力,虽极其残酷凶恶,而国内劳动民众之觉醒必冲破反动营垒,得到最后的解放和胜利",表现出民主革命者的浩然正气。1930年8月,邓演达在上海领导成立中国国民党临时行动委员会,以图复兴中国革命,继续完成孙中山先生没有完成的历史使命。1931年8月17日,邓演达在出席在法租界愚园路愚园坊20号举行的干部训练班结业典礼时,被蒋介石派人逮捕,11月29日被秘密杀害,时年36岁。

69

"梅五叔"誓死护卫"博爱情"

孙中山题赠彭泽民"博爱"横幅

■ 王宇洁

1921 年 12 月 10 日，孙中山在桂林对滇、粤、赣军讲述《军人精神教育》，其中提到："博爱云者，为公爱而非私爱，即如'天下有饥者，由己饥之；天下有溺者，由己溺之'之意，与夫爱父母妻子者有别。以其所爱在大，非妇人之仁可比，故谓之博爱。能博爱，即可谓之仁。""博爱"两字集中体现了孙中山革命信念中的"仁"，蕴含着深厚的中国传统文化精髓，孙中山经常书写博爱赠予革命同志和友人。

在 1959 年 2 月北京图书馆拨给中国革命博物馆（中国国家博物馆前身）的一批文物中，有一件正是孙中山先生题赠彭泽民先生的"博爱"横幅，长 81cm、宽 35cm，整幅作品平稳庄重，字体浑厚雄健，气势恢宏，透出清劲平整之感。

彭泽民（1877—1956），字锦泉，广东四会县清塘镇白沙村人。在他 23 岁时，为生活所迫，漂泊海外、侨居马来西亚。1906 年 8 月，孙中山来到吉隆坡，在华侨中宣传革命，并在中苏丹街戏院发表演说，彭泽民也应邀参加了座谈会。这是他第一次见到孙中山，孙中山的讲演使他树立了坚定的革命信念。17 日，在孙中山的指导下，中国同盟会吉隆坡分会正式成立。几天后，彭泽民当选为中文书记。从此，彭泽民开始追随孙中山，为民主革命而奋斗，成为孙中山的忠实信徒。

随着 1919 年 10 月中华革命党改组为中国国民党，彭泽民等成立了中国国民党芙蓉总支部。1923 年 3 月，彭泽民受中国国民党芙蓉总支部的委托从南洋归国专程飞到广州去谒见孙中山，但一连几次都被国民党右派所阻挠。孙中山得知后亲自给彭泽民颁发广州大本营的"特别出入证"，并邀请彭每日下午 3 点后去座谈。数月间，彭泽民与孙中山谈及政治、军事党务等多方面问题，孙先生则向他详细介绍了新三民主义和三大政策。在此期间还发生过一段关于彭泽民改名字的故事。事实上，彭泽民的原名叫彭泽文。"彭泽民"这个名字的来历与孙中山有关。在彭泽民回国向孙中山汇报南洋党务问题时，孙中山建议彭泽民将"彭泽文"改名为"彭泽民"，取其"厚泽于民"的寓意，还亲手书写横匾"博爱"字幅相赠。这样深厚的情谊与嘱托使彭泽民深受感动，从此，把孙中山三大政策作为自己革命的行为准则，数十年如一日，始

澤民先生屬　博愛　孫文

终不渝。

说到这幅题词，不得不提起彭泽民在香港的革命经历。彭泽民避居香港期间，为了摆脱特务的追捕和迫害，曾化名"梅五叔"，以医生作为公共职业，在香港的那些年，彭泽民的家一直作为来港同志的联络处，被用作展开革命活动的场所。彭泽民自挂牌行医之后，收入较之前丰厚不少，但拮据的生活并没有多大的改观。他的行医所得多用于革命工作，一家老小仅住三间茅屋，还留出稍大一间作为诊室兼接待同志之用。许多共产党人和革命志士为躲避国民党反动派的追捕从内地逃往香港，彭泽民总是慷慨相助，如李立三、郭沫若、章伯钧等人都得到过他的周济，凡是受到彭家接济的革命同志无不由衷的感激和敬佩。

随着太平洋战争的爆发，日本帝国主义侵占香港。在日本侵略者的铁蹄下彭泽民度过了极为艰难的4年。日本总督矶谷廉介出于维护法西斯反动统治的需要，曾通令"重金收购孙中山遗墨"。为使包括"博爱"遗墨在内的一批珍贵革命文物不落入敌手，彭泽民冒着生命危险，连夜乘木帆船渡海到了偏僻的荃湾，把这一批珍贵的文物埋藏在友人菜园中的枯井之内，这样才避免被日本法西斯掠走。这一时期，彭泽民被当作重要政治犯两次逮捕，受尽酷刑，几至丧生。侵略者的淫威并没有压倒这位坚强的老人，他依然顽强地坚持自己的抗日主张，为民主革命事业奋斗。

1950年，彭泽民出任中华人民共和国中央人民政府委员，其家属从香港来到北京，并将包括这幅"博爱"墨宝的一批文物带到北京，捐赠给国家。1956年，彭泽民因心脏病辞世，享年79岁。纵观彭泽民的一生，离不开"爱国"两个字。作为一名名医，他深知自己病情的严重，曾自赋挽诗一首："大局方兴，忍言归去；生机活泼，何为悲为？"弥留之际的这段话看到的是彭泽民对新中国前景的满怀希望，而丝毫没有流露出对自己生命即将完结的悲伤，此乃大爱、博爱。而这幅题词正是彭泽民追随革命的见证，也是孙中山先生为四万万民众谋幸福的博爱情怀的见证。

70

肝胆相照　矢志不移

孙中山题赠梅培"博爱"条幅

■ 王宇洁

在中国国家博物馆的馆藏文物中，有一件是孙中山先生题赠梅培先生的"博爱"条幅，它宽70.5cm，高49.4cm，是由梅培的孙女黄允昭（原名梅曼云）于1981年12月捐赠给国家的。此幅"博爱"为竖款题字，经由岁月的沁染，宣纸的表面呈现出斑驳的美感，书写笔锋有力，运笔自如，在众多"博爱"题词中给人以厚重坚毅之感。横画在书写时向上的倾斜生出倔强之力，使章法富有变化，同时更体现着革命领袖沉毅笃行的品质。

这件法书的受赠者梅培先生，是当年美国华侨的杰出代表，是广东台山梅氏族人的骄傲。梅培（1881—1940）又名梅光培，广东省新宁市（今台山）端芬镇海阳村人。台山端芬镇是我国著名的侨乡。据1998年台山市侨情调查的材料显示，当年端芬镇人口为54000多人，海外华侨华人为73995人，90%以上集中在美洲，其中美国有60594人，有"美国华侨之乡"的美誉。1900年，与大多数同乡一样，梅培也赴美国留学和谋生。他起初在洗衣店当工人，之后在芝加哥唐人街经营"上海楼"餐馆，又在匹兹堡开设"中

华民国楼"，发展成为华侨富商。

梅培身为爱国华侨，深切感受到清政府统治下的中国与世界先进国家的巨大差距，因而立志参加革命活动。早在1908年梅培就与梅乔林等人在芝加哥组织革命团体，以会英楼为机关，与旧金山华侨革命团体少年社互相联系，向华侨宣传革命。1909年，孙中山先生在芝加哥进行革命活动时，梅培在"上海楼"首次谒见了孙先生，梅培深受其思想和人格的感化，从此追随孙中山先生左右，立志为民主革命而奋斗。孙中山在美宣传革命时，经常到他的餐馆做客，并向梅培宣传革命道理。梅培则从经济上资助孙中山，两人结为挚友。芝加哥是美国梅姓宗亲的"大本营"，在芝加哥的华侨中，梅姓约占3万人，因此有"芝加哥梅"之称。梅培利用自己的有利条件，在芝加哥从事革命活动。1909年，他与梅乔林等人一起协助孙中山组织同盟会芝加哥分会，积极宣传孙中山的革命思想和同盟会的纲领，扩大同盟会组织，发动侨胞捐资支持孙中山领导的武装起义。1911年广州黄花岗起义失败后，梅培受孙中山的重托，在

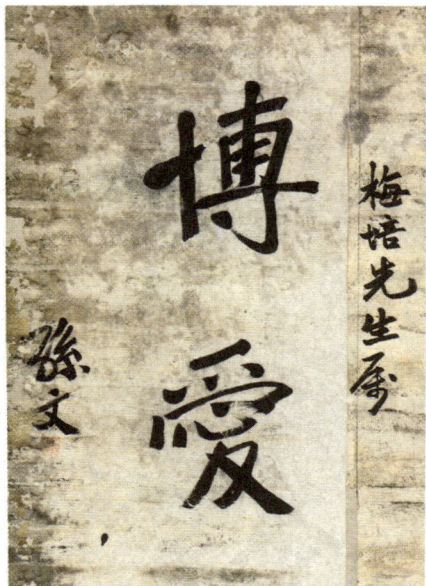

孙中山题赠梅培"博爱"条幅

侨胞中筹款 3 万美元作为善后费用。为了筹款，梅培义无反顾地竭尽所有，甚至通过借贷才凑足总额，孙中山对此十分感动。武昌起义成功后，梅培还与梅乔林等人向旧金山洪门筹饷局提议拨款购买飞机，组织华侨革命飞机队回国参加革命，支持发展航空事业。由于他对革命事业做出的诸多贡献，1912 年 3 月，临时大总统孙中山给梅培颁发旌义状，表彰其为国宣劳之举。1914 年，梅培在美国加入中华革命党，继续投身民主革命事业。

护法、护国运动期间，梅培再次受命赴美国筹募革命经费，1917 年返国。同年 9 月，孙中山任命梅培为海陆军大元帅府秘书兼参军处会计科科长。1922 年 6 月，陈炯明发动军事叛乱，炮轰总统府，企图杀害孙中山。梅培应召回国讨伐叛逆，被孙中山委任为大元帅府筹饷局总办。之后，除代表孙中山负责日常交际外，梅培还担任过广东造币厂厂长、子弹厂厂长、全国禁烟处处长、官产清理处长、公安局局长、财政厅厅长等一系列职务。1925 年 8 月 20 日，孙中山的亲密战友廖仲恺被国民党右派势力指使的凶手暗杀，梅培被蒋介石指为主使人之一而株连入狱。但经调查，反得蒋介石嘉许，说他行为磊落，后对其委以重任。1938 年广州沦陷前夕，梅培迁居香港。1940 年，因积劳成疾身患癌症，梅培在香港寓所逝世。由于梅培追随孙中山效力革命凡数十年，做出了重大贡献，逝世后，国民政府特通令褒扬。

梅培是爱国华侨的杰出代表，孙中山重要的革命战友，他放弃富足的生活，怀着救国家民族于水火之志，为革命事业慷慨解囊，奉献终身，一身正气、令人景仰。在美国期间，孙中山亲书"博爱"赠予梅培，既是对他的鼓励，又是对他的器重、关爱和赞许。梅培去世后，"博爱"条幅一直由其夫人保管。1964 年，梅夫人去世，条幅保存在女儿（黄允昭母亲）处，之后黄允昭去香港探亲，归国时将此条幅带回捐献给国家。

71

掌控海军的举措

孙中山为防止海军叛变致廖湘芸函

■ 王 南

中国国家博物馆收藏有1923年5月26日孙中山给廖湘芸的信。这封信书写于第二次护法战争及孙中山和陈炯明的斗争期间，和护法舰队的政治动向有着密切的关系。

护法舰队是1917年7月由当时的北洋海军司令程璧光率领的北洋海军舰只南下广州支持孙中山护法时组成的。后来程璧光被刺身亡，护法舰队掌握在以林永谟为首的闽籍派手中。孙中山经过1920年4月27日的夺舰战斗，又掌控了护法舰队，任命温树德为海军舰队司令。但是随着斗争的深入，政局的演变，护法舰队内部再次发生了变化。

1920年8月，粤桂战争爆发，孙中山依靠驻闽南的粤军陈炯明部，讨伐窃据广东的桂系军阀。10月，占领广东，把桂系军阀逐回广西。11月，孙中山在广东军民欢迎下由上海抵达广州，重组军政府，发起第二次护法战争。

1922年6月16日，陈炯明部发动兵变，炮击总统府和孙中山所在的观音山越秀楼，致使北伐中断，孙中山和陈炯明彻底决裂。战火中，孙中山由秘书林直勉、总统府参军林树巍等护送到海珠司令部，

得到温树德的迎接，后为进一步保险起见，在温树德的陪同下，乘小轮转移到楚豫舰上，17日午后，由于楚豫舰遭受陈炯明军队的炮击，受伤严重，孙中山乃转移到永丰舰（后改名中山舰）上继续坚持斗争达55天。8月9日，因局势恶化，援军不至，于是，在美籍顾问那文和广州市沙面租界的英国领事协商安排下，孙中山和蒋介石等人乘英国炮舰摩轩号（又译摩汉号）赴香港，次日上午抵达香港，中午再转乘苏俄皇后号邮船赴沪，14日安抵上海。

孙中山离开广东后，海军舰队司令温树德背离了护法宗旨，有率护法舰队北返之意，但经过与北京政府的海军上将萨镇冰、陈炯明的部将叶举协商，舰队暂时留在广东，北返之议暂行搁置，温树德仍暂行统领职权。

在陈炯明暂时取得军事胜利和对广东、广西的控制期间，原桂军将领刘震寰和滇军将领杨希闵和孙中山联络，共同反陈，孙中山乃分别任命刘震寰为讨贼军桂军总司令、杨希闵为讨贼军滇军总司令，这两支军队的加盟，大大增强了孙中山的力量，组编成了讨贼西路军。另一

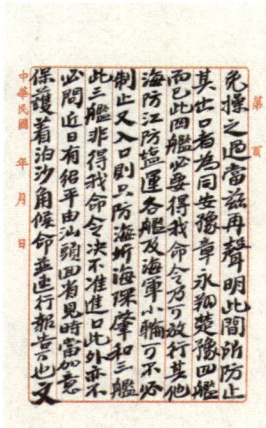

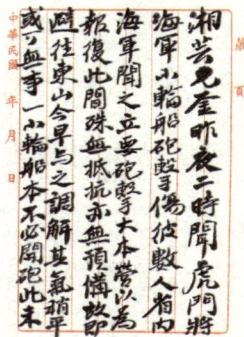

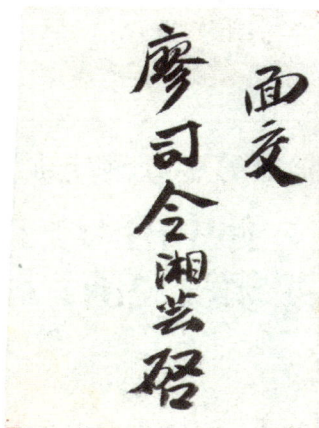

孙中山为防止海军叛变致廖湘芸函

方面，孙中山将前一阶段讨陈失败后退守闽南的许崇智等军队编为讨贼东路军，形成了对陈炯明东西两面夹击的态势。1923年元旦，讨贼西路军率先发起讨伐陈炯明。西路军的攻势猛烈，进军势如破竹，令陈炯明军队内部生变，迅速土崩瓦解。与此同时，温树德率领的海军也对陈军发出警告，不要顽抗，涂炭广州，舰队将领和部分粤军军官联名致函陈炯明，要其下野离穗。

1923年1月15日，陈炯明战事失败通电下野离穗，2月21日孙中山返回广州。3月2日成立统帅陆海军的大元帅大本营。一度改称广东舰队的护法舰队，又重归大本营领导。海军舰队的司令也仍由温树德担任，但并不掌握实权。

以滇、桂军队为主组成的讨贼西路军取得了军事上的胜利，控制了广东，但没能解决各种矛盾，广东的局势随着各派势力的卷入时稳时乱，同时影响了舰队将领的政治态度，舰队内部也渐渐发生了变化。尤其是舰队司令温树德的态度早就

摇摆不定，认为孙中山并不信任他，于是起了反叛之心，暗通北京政府，接受了北京政府的任命。而陈炯明经过一段时间的休整后卷土重来，也秘密拉拢温树德。

1923年5月26日，为了加强对海军舰艇的掌控，以防生变，孙中山到长洲要塞巡视，27日即委派随行副官马伯麟以特务委员（又称海军特派员）的身份驻长洲，会同长洲要塞司令苏从山严防海军各舰异动。同时又给时任虎门要塞司令的廖湘芸写信。孙中山在信中要求廖湘芸要防备同安、豫章、永翔、楚豫四艘军舰外出，强调必须要有孙中山自己的命令才可放行；又要防止海圻、海琛、肇和三艘军舰回要塞，同样也需有自己的命令才能放行，因为这三艘军舰由温树德掌控。为防止海军投向陈炯明，1923年5月31日，孙中山免去通敌的温树德的职务，宣布所有各舰一律由大元帅直接管辖，并调整了海军各舰长的人选。

72

报君筹金意，誓忠肱骨臣

孙中山为支应经费及速剿东江叛敌事致胡汉民函

■ 傅 琳

孙中山是中国资产阶级革命派的旗帜，胡汉民始终是这面旗帜的追随者。从同盟会成立到孙中山逝世20年间，胡汉民是孙中山最信赖的助手。

1905年8月20日，中国同盟会在东京正式成立。由于此时正值暑假，正在日本留学的胡汉民与廖仲恺等已回到广东，因此未能第一批加入同盟会。回到日本后，胡汉民等邀请孙中山到廖仲恺寓所，给他们讲述三民主义及革命诸问题。孙中山热情地向胡汉民等人讲述了中国革命的必要性与三民主义学说之大略。孙中山的话解除了胡汉民对民生主义的疑问，他后来在自传中写道："余等真正认识革命之意义，实由先生之指导。"此后，胡汉民、廖仲恺等人加入同盟会，胡汉民担任同盟会本部秘书。

胡汉民富有文才，《民报》创刊后即为编辑和主要撰稿人之一。他先后以"汉民""去非""辨奸"等为笔名，在《民报》上发表了《民报之六大主义》《告非难民生主义者》《排外与国际法》等20多篇宣传革命主张、驳斥保皇言论的文章，为赢得《民报》与保皇派《新民丛报》的论战做出了卓越的贡献，深得孙中山的赞许。

1908年3月，孙中山与胡汉民等人赴越南，在河内甘必达街设立秘密军事机关，策划广东、广西、云南三省的武装起义。胡汉民以严谨缜密、细致扎实的作风，成为孙中山策划起义的重要助手。几乎每次失败之后，他总是替孙中山承担起善后处理工作，任劳任怨，尽职尽责。这一点孙中山体会很深，所以他说胡汉民是最能替他"受过"的得力助手。除策划起义外，胡汉民还随孙中山一起在南洋筹集革命经费、创办报刊，宣传革命主张。在《中兴日报》与保皇党《南洋总汇报》的论战中，胡汉民又大显身手，发表《驳总汇报惧革命召瓜分（说）》《呜呼！满洲所谓宪法大纲》等多篇文章，致使保皇派败下阵来，"华侨乃渐趋于革命旗帜之下"。

武昌起义后，广东各界代表集会宣布广东独立，推举胡汉民为都督。1911年12月21日，孙中山自海外至香港，胡汉民赴港欢迎。胡汉民认为孙中山赴南京就职后，兵无可用，将被架空"同虚器"，建议孙中山留在广东，练得精兵数万，再直捣黄龙。孙中山不同意他的主张，认为从全局来看，当务之急在于建立中央政府。他说："四方同志正引颈属望，至此其谓我何？我恃人心，敌恃其力，既如所云，何故不善用所长，而用我所短？"胡汉民听后，自觉"所见不如先生之远大"，决定服从孙中山的决定，并请陈炯明代理都督，自己与孙中山一同北上。孙中山当选为临时大总统，任命胡汉民为总统府秘书长。在南京临时政府的一段时间，胡汉民负责处理文书，接见请谒总统的人员，组织实施总统的决定和批示，十分忙碌。他与孙中山同居一处，报告、商讨公务常至通宵达旦。孙中山辞去临时大总统后，胡汉民一同辞职，后再任广东都督。二次革命时，胡汉民初期犹豫不定，后来则跟随孙中山讨袁，失败后流亡日本。孙中山在日本重建中华革命党，胡汉民为政治部长。1917年，孙中山南下护法，胡汉民被任命为护法军政府交通部总长。因西南军阀排挤，护法失败，胡汉民随孙中山至上海。在上海，胡汉民与朱执信、廖仲恺、戴季陶等人奉孙中山之命创办了《建设》杂志。

1920年及1923年，孙中山两次赴广州建立政权，作为孙中山的主要助手之一，胡汉民担任过广东省长、代理大元帅等重要职务。在第二期护法中，陈炯明叛变并控制了广东的部分地区，1923年1月，滇、桂、粤联军再次攻克广州，将陈炯明叛军驱至粤东。此后，讨伐陈炯明残余势力成为广东革命政府的重要任务。1923年5月至11月，孙中山亲自坐镇指挥作战，在石龙设立行营，将广州大本营事务

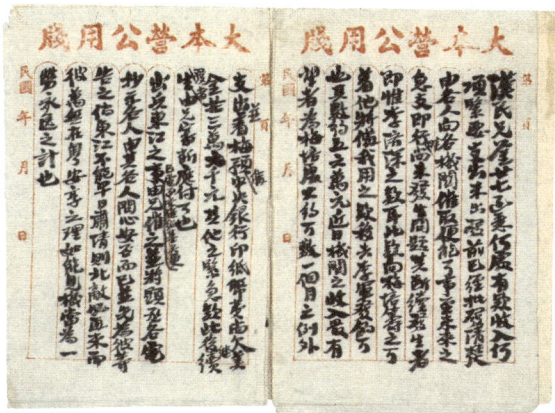

孙中山为支应经费及速剿东江叛敌事致胡汉民函

交由胡汉民代理。孙中山致函胡汉民等人："文在外专注意于军事，无暇分神于其他。一切政事，统由展兄代行。"中国国家博物馆收藏有孙中山7月27日自东江前线致在广州代理大元帅的胡汉民的一封亲笔信，信中向其指示财政事宜，并嘱其催促滇军司令杨希闵迅速出兵东江。孙中山让胡汉民代理大元帅，可见胡汉民在孙中山心目中的地位。这时的胡汉民，与廖仲恺、汪精卫一起，协助孙中山讨伐陈炯明，改组国民党，赞襄一切，成为孙中山最亲近、最信任的股肱之臣。

1924年11月，孙中山北上时，再次命胡汉民代行大元帅职权，并代理政治委员会和军事委员会主席。至此，胡汉民在国民党内的地位达到顶点。与孙中山的关系是胡汉民政治力量的源泉，孙中山逝世后，胡汉民也盛极而衰，在与汪精卫、蒋介石的政治斗争中失势，未能成为国民党最高领导人。

73

惩治贪污
孙中山为程天斗贪污案的批示

■ 安跃华

　　贪腐对于任何政权的稳固都会产生致命的影响，领导推翻了腐败清政府的孙中山对这一点更是有着深刻的认识。他认为要搞革命，首要任务就是把腐败政府连根拔起，建立起真正为人民服务的廉洁政府。他一向对贪赃枉法之徒深恶痛绝，因此在广东建立革命政权后，立即大刀阔斧地进行反腐，其中不乏身居要职的"大老虎"落马，经他亲自批示和处置的程天斗贪污案就曾经轰动一时。

　　程天斗，1879年生于广东香山（今中山市）南蓢田边村的一个农民家庭，由于家贫，年少时就漂洋过海，远赴檀香山投奔兄长。在当地做侨工的哥哥，因为收入微薄无力供他读书，他只能靠当勤杂工来半工半读。后来程天斗来到美国本土求学，1910年获得芝加哥大学哲学学士学位。同年1月，孙中山自纽约赴旧金山，途经芝加哥时发表演说，他受到革命感召加入同盟会。毕业后胸怀实业救国之志的程天斗随即回国，在香港筹组茂兴洋行。孙中山回广东成立革命军政府时，邀请他出任广东都督府工务司司长，负责规划城建工作。他首次提出了开辟广州马路的建议，由此颇获赏识，成为孙中山的得

力助手之一。1917年香港工商银行创办后，他担任该行行长。1918年又被推举为广东机器总会总理。1919年赴美担任美国铁路调查委员。1920年归国后，程天斗受委派出任广东省银行行长。在任期间，他整顿财政，清理积债，积极为北伐筹款。同时还发行了被称为"省票"的钞票。这种钞票早期信用很好，可以与当时的广东双毫银币等价使用，甚至一度与港币平行兑换，大大解决了军政府的财政困难，民间俗称此币为"天斗纸"。

　　身为孙中山同乡，又政绩显著，程天斗自然备受孙中山的信赖。他的仕途本该一帆风顺，继续得到重用，但恰在此时，他的人生轨迹出现了拐点，大权在握的他没能把握住自己，走上了一条歪路。1922年5月，程天斗被孙中山委以中央银行筹办员的重任，负责筹备创建中央银行。孙中山此举，意在整顿广东金融，建立起由革命政权直接掌握的金融机构，为继续北伐做好财政准备。然而就在这个时候，陈炯明发动叛乱，炮轰观音山总统府，同时包围财政厅，程天斗几经周折，化装逃脱后辗转到达香港，与他同时抵港的还有百余万巨款。1923年3月6日，即陆海

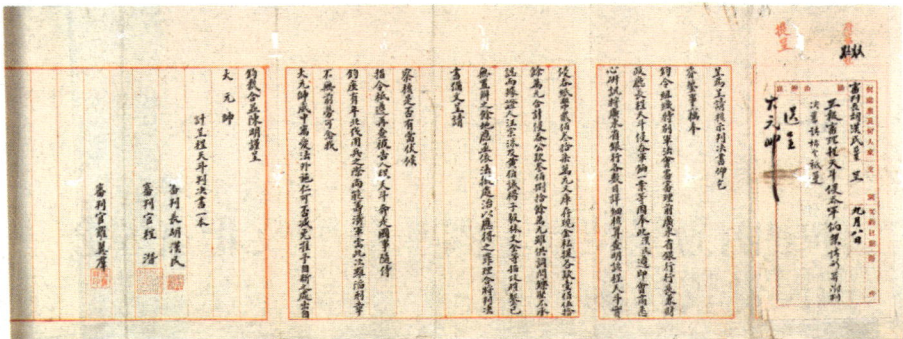

胡汉民、程潜为判决程天斗贪污案事呈孙中山函

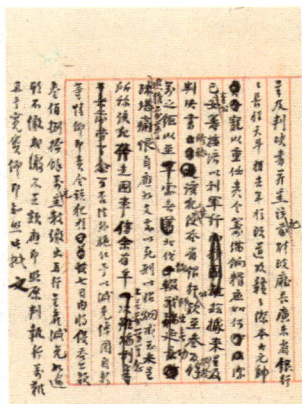

孙中山为程天斗贪污案的批示

军大元帅府成立后的第5天，孙中山又重新任命程天斗为中央银行筹办员，继续筹建工作。这一次程天斗却拒不就职，其私吞公款的行径也因而事发。孙中山闻讯后大为震怒，遂命公安局将其扣留查办，同时令大本营总参议胡汉民为审判长、军政部长程潜、兵站总监罗翼群为审判员，组成特别军法会来审理此案。

胡汉民等人遵命立即着手办理此案，经过悉心的研究和讯问，于9月8日将程天斗侵吞军饷一案的情形并判决书具函呈报给孙中山。函中陈述，经对广东省银行各数目详细核算，查明程天斗实侵吞纸币237万元，又私提库存现金150余万元，合计侵吞公款380余万元。虽然程天斗坚不认罪，但根据数位证人的指证，已经没有辩驳的余地，应依法治罪。可在函后胡汉民等人又为其开脱，称程天斗此前奔走国事，跟随孙中山多年，为北伐用兵筹济军需，"不无前劳"，询问可否威中寓爱、法外施仁，予以减免。

孙中山收到呈报后，对于自己"宠以重任"的程天斗犯下如此重罪痛心疾首，亲笔批示："该犯竟侵吞省银行公款至叁佰捌拾余万元之巨，以致军需无着，北伐饷辍，师出无功。追维前事，殊堪痛恨，自应如文处以死刑，以昭炯戒。"对于胡汉民的求情，孙中山则批复："责令该犯于七日内将所侵吞公款380余万元悉数交出，再行呈候减免，如逾期不缴或交不足额，应即照原判执行，万难再予宽贷。"此时，程天斗的同乡、广州卫戍司令魏邦平也上书孙中山，为程天斗求情。孙中山在信上仍然批示："必须全数交出方能免死。"最后经多位要员说情，在程天斗缴纳40万元赎罪后，孙中山于9月21日给胡汉民等发布指令，准予特赦。从此程天斗离开政界，赴港创办实业。

74

反对军阀贿选
孙中山为坚持同军阀斗争事致北京国会国民党议员函

■ 安海嵩

1922年第一次直奉战争由直系获得胜利后，北洋直系军阀首领曹锟，成为控制北京政府的实际当权者。此后，曹锟首先逼退了曾经亲皖祖奉的大总统徐世昌，以"恢复法统"之名迎接原任大总统黎元洪复职，并使其成为傀儡，迫使孙中山放弃护法旗帜。

1923年，妄想登台当上总统宝座已久的曹锟，又采用了各种手段对黎元洪进行"逼宫"，把当时的中华民国大总统黎元洪逼出了北京城。但曹锟既想登上总统宝座，又想披上"合法当选"的华丽外衣，于是斥巨资贿赂当时的国会议员。曹锟利用内政总长高凌霨和议长吴景濂收买国会议员，对允诺参加选举的议员许以5000元报酬。在金钱的诱惑下，国会凑足法定会议人数，1923年10月5日，总统选举会在北京象坊桥众议院会场举行。当日选举时，依附直系的内阁成员及军政官员也到场监视，议会周边军警林立，如临大敌，当发现人数不够时，强拉有病在身的议员出席，并附带医生。在直系操控下，投票总数590张中，曹锟得票480票，按照《总统选举法》规定当选为中华民国大总统，这就是中国近现代史上臭名昭

著的"曹锟贿选"。

此后，国会立即起草并通过了一部《中华民国宪法》，这部宪法虽然是中华民国成立后的第一部正式颁布施行的宪法，但却变成了曹锟上台后用于证明其正统地位的工具，使其贿选政权的"合法"性有了法理依据。

不过曹锟登上大总统宝座的喜悦很快便淹没在不安中。大选过后关于贿选的种种违法行为被揭露出来，如冒名顶替、伪造人数等，反对派议员纷纷揭露贿选黑幕。国会议员彭养光、韩玉辰向北京检查厅控告吴景濂等对议员行贿。各政党团体纷纷发电谴责，全国许多城镇的学生举行示威游行。曹锟被称为"贿选总统"，转瞬之间威信大跌。

在南方，以孙中山为首的护法军政府坚决否认1917年6月国会解散以后的北京政府的合法性。孙中山于1922年6月6日发表对外宣言，声明广东军政府为"中国事实上、法律上唯一政府"，要求各国"重申不干涉中国内政之宣言"。同年6月8日，广州非常国会开会，决议：（1）咨请政府宣布黎元洪解散国会、徐世昌窃踞北京大总统毁法乱国之罪，并请明

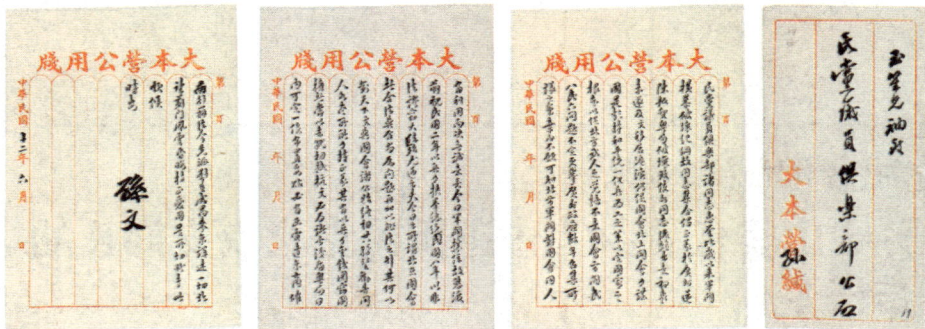

孙中山为坚持同军阀斗争事致北京国会国民党议员函

令拿办，明证典刑，以张国法；(2) 通电宣布黎元洪罪状。6月10日，广州政府通电各国，声明北京现无政府，所有全国交涉，应由广州办理。

1923年6月，曹锟为当上大总统进行"逼宫"，迫使黎元洪逃往天津，又派王承斌将黎元洪乘坐的火车在天津扣住，直至黎元洪命其在京躲避的夫人危氏交出大总统印并且签署了辞职书后才肯放行。面对这种情形，孙中山一面加紧讨伐广东省内的陈炯明残余势力，以图尽早开始北伐，一面致信在北京的国民党议员，要他们以议会为战场，同破坏民主与法治的北洋军阀做斗争。中国国家博物馆收藏有1923年6月15日孙中山致北京国会国民党议员的信，信中称"今日军阀攘位，故态复萌，视民国二年以兵力挟举总统、民国八年以非法谬窃大位，殆尤过之。夫今日之所谓北京国会者，合法与否，尚属问题，再加以非法之行，其何以对天下？文与国会诸公，始终相共，务望劝告同人，各尽所能，力持正义，其有以兵力、金钱图窃国权者，当以去就相抵抗，文必为诸公后盾。粤局日内可定。一俟布置妥帖，必有函电达京，商榷南行办

法"。在孙中山的号召下，很多不满直系军阀肆意以武力破坏法纪的国会议员离京赴津、沪。国民党籍议员200余名在上海发表宣言，不承认北京国会和摄政内阁。除号召北京的国民党议员南下，孙中山还联合皖系的卢永祥和奉系的张作霖，结成同盟，共同敦促各自派系的国会议员南下。同时，卢永祥在上海为南下的议员提供接济，使其免除后顾之忧。1923年10月9日孙中山在广东大元帅府下令讨伐曹锟，通缉贿选议员。孙中山还催促黎元洪在到沪议员的支持下组成"南下政府"，下令统计受贿议员。

1924年9月初，江浙战争爆发，9月中旬第二次直奉战争爆发。随后，冯玉祥等由热河前线回师北京发动政变，将曹锟软禁。10月24日，冯逼迫曹锟下令解除吴佩孚直鲁豫巡阅使及第三师师长等职务，并于同日召开军事政治会议，议决电请孙中山北上，共商大计，同时将所部改称国民军。曹锟无论如何也不曾想到一年前逼宫夺权的自己又被同样的手段逼迫下台。这场贿选闹剧也随着曹锟于11月2日被迫发表辞职通电而宣告结束。

75

国共合作北方结硕果

孙中山委任张继为中国国民党北京支部长的委任令

■ 吴金华

这是1923年3月12日中华民国陆海军大元帅孙中山签署的任命张继为中国国民党北京支部长的委任令并每月办公费用2千元的手令。

张继是国民党的元老之一，长期主持国民党的北方事务。也是中国国民党上层人士之中，最早与中国共产党及共产国际代表正式接触并建立政治联系的少数人之一。张继在辛亥革命时期就和陈独秀、李大钊是私交深厚的朋友。1921年10月，曾经营救过被捕入狱的陈独秀等数名共产党人。由于当时政治、社会形势的推动和国民党自身发展的需要，张继因为历史上与共产党领导人的特殊关系，使他成为促成国民党和共产党第一次合作的牵线人，为国民党建立同中共、苏俄的联系做出了重要贡献。1922年9月初，中共的重要领导人陈独秀、李大钊、张国焘、蔡和森、张太雷等人几乎都经张继介绍，由孙中山亲自主盟，以个人身份加入了国民党。张继曾兴奋地表示，所有中共负责人都由他的介绍相继加入了国民党，不啻是他对国民党有了不平凡的贡献。

1923年2月26日，张继被孙中山委任为国民党的北京支部长。张继特请孙中山委派李大钊为北京支部总干事。张继对李大钊十分信任，当他不在北京时，就将支部工作委托李大钊全权处理。

国民党一大召开后，中共北京区委便本着国共合作的原则认真贯彻大会精神，并依据中共三届一中全会关于"有国民党组织之地方……同志们一并加入；国民党无组织之地方……同志们为之创设"的指示精神，在李大钊等的领导下，北方的共产党员和青年团员全部加入了国民党，成为国民党北方组织发展的基础，以国民党组织或国民党特派员的身份，积极帮助国民党在北方地区改组和建立各级党部，发展党员，开展工运、学运、农运等各项革命活动，宣传国民革命精神。1924年4月，在中共的大力帮助下，国民党北京执行部成立。李大钊、于树德、何孟雄等中共党员参加了北京执行部的工作，并在其中负实际领导责任。国民党北京执行部的成立，为北方地区国共合作统一战线的发展和国民革命运动的开辟提供了重要的组织保证，并进一步推动了北方各地革命形势的不断高涨。

为了进一步扩展工作范围，李大钊派出几路人马前往天津、内蒙古、察哈尔、

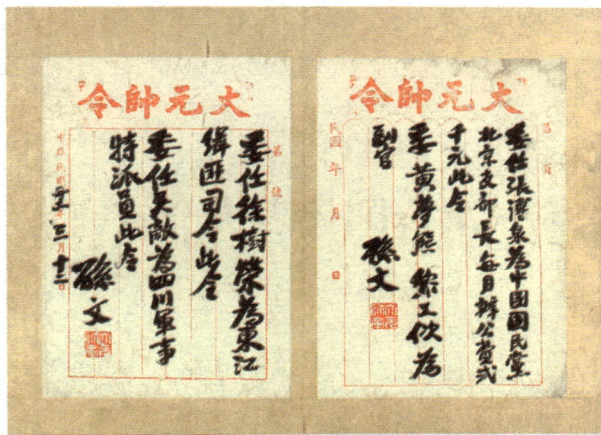

孙中山任命张继为中国国民党北京支部长的委任令

热河等地区组建国民党支部。在李大钊的领导下，国民党的势力在北方不断发展壮大。在《北京执行部报告书》中，提到自1925年起，"本党在北京之群众运动工作，已取得领导地位。所有示威运动之行列，十之九皆以本党党旗为先导，且十之九有本党同志为领袖。除少数商人外，多数群众不但对此不起反感，且逐日增加其信任程度。所属各省区党部，则因所处形势之不同，或已在公开，或迄今犹在秘密，然对于所有该地方之群众运动，已强半能居于主动地位。……凡北京执行部所辖各省区之民众，皆已对本党有相当之认识"。到1925年10月，国民党北京执行部所辖的东北、华北、西北15省区，党员人数已达14000余人。

国共之所以能够走到一起，是因为两党反帝反封建的革命任务是一致的，所以，李大钊一直将主要工作重点放在坚持反帝反军阀的宣传，以加强国共两党合作的基础。1924年11月，冯玉祥发动"北京政变"和孙中山决定北上发布的《北上宣言》，把北方的统一战线推向了高潮，

进一步宣传了孙中山的新三民主义，使国共合作的思想深入人心。孙中山逝世后，国共两党在北京又联合发起了30万人参加的悼念活动，形成了大规模的反帝反封建的政治宣传活动，极大地鼓动了人民群众参加国民革命的积极性，扩大了反帝反卖国政府的革命统一战线。

中共和国民党左派领导的北方地区国共合作统一战线，不仅为南方地区的国民革命运动和国民革命军北伐培养和输送了大批干部和人员，而且及时传递了大量的社会、政治、军事等情报和信息，有力地支援了南方地区的国民革命和国民革命军的北伐。

76

国民党一大的"精神生命"

《中国国民党第一次全国代表大会宣言及决议案》

■ 周靖程

护法运动失败后，孙中山认真总结经验教训，认识到革命屡受挫折的重要原因在于缺少真正的革命力量，决定接受苏俄和中国共产党的帮助，改组国民党。历经一年多的改组之后，1924年1月20日，中国国民党第一次全国代表大会在广东高等师范学校召开。国民党一大共通过了13项决议案，其中最能体现一大精神的文件便是《中国国民党第一次全国代表大会宣言》，它是"此次大会之精神生命"。

中国国家博物馆收藏有一本《中国国民党第一次全国代表大会宣言及决议案》，它是由国民党中央执行委员会刊行，1924年4月出版的，纵19cm，横13.5cm。从名义上说，宣言是当时国民党临时中央执行委员会"筹备许久"的重要文件。1923年10月25日，国民党召开特别改组会议，决定成立临时中央执行委员会作为负责筹备一大的最高权力机构，胡汉民、林森、廖仲恺、邓泽如、杨庶堪、陈树人、孙科、吴铁城、谭平山（共产党）等9人为临时中央执行委员，汪精卫、李大钊（共产党）、谢英伯、古应芬、许崇智等5人为临时中央候补执

行委员，鲍罗廷为顾问。但实际上，孙中山从一开始就直接掌握宣言的制定工作，执委会发挥的作用十分有限。

孙中山先是委托鲍罗廷起草宣言，后又派廖仲恺、胡汉民、汪精卫共同参与起草。鲍罗廷是当时苏联政府和共产国际驻广州代表，被孙中山任命为国民党组织教练员，向孙中山提出了一系列改组国民党的建议。鲍罗廷在起草宣言的过程中，广泛听取共产党人的意见，李大钊等中共代表经常到他的住处开会磋商，提出宣言草稿修改建议。而瞿秋白作为鲍罗廷的助手，将宣言的俄文稿翻译成中文，在文字修饰方面倾注了大量心血，实际上也成为宣言的起草者之一。11月，鲍罗廷完成宣言初稿。12月下旬，国民党上海执行部召开会议，廖仲恺、胡汉民、汪精卫、蒋介石等人出席讨论宣言稿，并指定汪精卫对其进一步修改。此后，鲍罗廷、廖仲恺、胡汉民、汪精卫等人又反复修改，最后经孙中山审订，才在一大召开前完成提交大会审议的宣言草案。

国民党一大召开后，孙中山指定胡汉

民、戴季陶、叶楚伧、李大钊、冯自由、黄泳台、黄右公、刘成禹、白云梯等9人为出版及宣传问题审查员，负责审查宣言。这个宣言虽然综合了国共两党不同政治派别的主张，但在提交大会审议时，还是引起了激烈争论。审查员们将宣言"国民党之政纲"部分做了重大增改，打算另辟一个单独的部分为国民党的"总纲"，而很多国民党代表也对重新解释的三民主义持保留意见。在这种情况下，孙中山在会议上发表了一系列演说，对一些争议问题做出解释，特别是对争议最为激烈的民生主义加以说明，强调"共产主义与民生主义毫无冲突，不过范围有大小"，要求代表们消除误解，彼此团结一致。经过不断说服，宣言在1月23日获得全体代表的一致通过。

宣言共分三个部分。第一部分"中国之现状"，总结了过去革命斗争的经验，分析了中国的历史与现状，批判了立宪派、联省自治派、和平会议派、商人政府派等政治派别的错误思想，指出进行国民革命，实行三民主义"为中国唯一生路"。第二部分"国民党之主义"，即新三民主义。其中民族主义有两方面意义，"一则中国民族自求解放；二则中国境内各民族一律平等"。民权主义主张"于间接民权之外，复行直接民权"，国民享有选举、创制、复决、罢官诸项权利。民生主义包含两方面内容：一曰平均地权、二曰节制资本。第三部分"国民党之政纲"规定了对外政策7条，包括废除不平等条约、取消列强在华特权等内容，对内政策15条，即实施三民主义的各项政治经济制度。

《中国国民党第一次全国代表大会宣

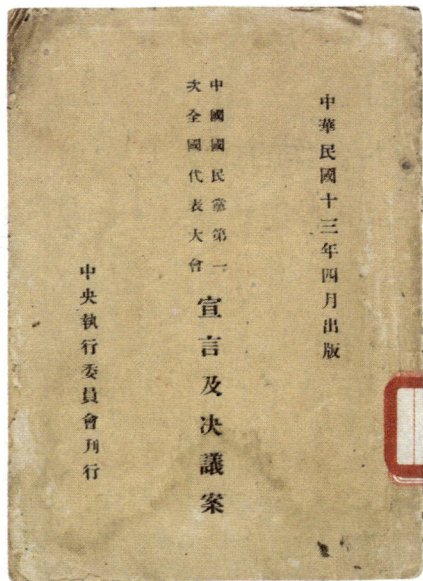

《中国国民党第一次全国代表大会宣言及决议案》

言》是国民党一大通过的纲领性文件，包含了反帝反封建的内容和联俄、联共、扶助农工三大政策的精神，把旧三民主义发展为新三民主义，因而成为国共两党合作的政治基础。

77

国共合作的体现
中国国民党一大通过的《中国国民党总章》

■ 黄　黎

孙中山认识到，历次革命的失败，皆由于党的组织不严密、根基不稳固所致，非从根本上改组党的组织不可。因此，他以俄共（布）党章为蓝本，由鲍罗廷主持起草国民党章程草案，并在1924年初的中国国民党第一次全国代表大会上获得通过。

通过对这本《中国国民党总章》进行考察，可以看出其蓝本是1919年12月的《俄国共产党（布尔什维克）章程》。两本章程的基本结构非常相似，俄共（布）的章程共分12章66条，国民党总章分13章86条，内容均由党员、党的组织机构、中央党部、地方党部、基层组织、党的纪律、经费、党团等几个主要部门组成。

例如，在党的组织结构中，俄共（布）建立了一套从中央到地方与国家行政区划相并行的层级结构，国民党亦仿行建立。在俄共（布）组织结构中，除各级权力机关外，还设立了从中央到地方的各级检查委员会，其职能是定期检查和监督同级委员会的工作。国民党也完全照搬了这一体制，在各级执行委员会之外设立了从中央至县一级的监察委员会。

俄共（布）党章中专门列有"党团"一章，规定在一切党外组织中，凡有党员3人以上者，即成立党团。它保证了党与非党群众的密切联系，更保证了党对党外组织的严密控制。俄共（布）党章中的这一独特机制也被国民党所吸收，并正式列入党章。

《中国国民党总章》将"纪律"列为专章，要求党员遵守党的纪律，这也是以往国民党旧党章中所没有，显然是仿效俄共（布）党章的结果。

自担任国民党的组织教练员之后，鲍罗廷极力向国民党人宣传只靠干部不靠党员的弊端，强调建立基层组织的重要性。俄共（布）党章规定"党支部是党组织的基础"，国民党仿照设立了"区分部"，规定"区分部为本党基本组织"。可以说，改组重点放在基层，是孙中山"以俄为师"的重心所在。

总体来说，国民党改组后，把提高党权、加强党的领导地位当作推进革命进程的关键，并在《中国国民党总章》中有所反映，这与俄共（布）体制的示范作用是分不开的。

值得注意的是，自兴中会一直到1924年改组以前，国民党一贯采用党首制，始

中国国民党一大通过的《中国国民党总章》

终由孙中山担任，而俄共（布）的组织体制在形式上实行委员制。在鲍罗廷为国民党起草党章时，决定让国民党仿照俄共体制实行委员制，得到孙中山首肯，因为孙中山担心自己逝世以后党内没有一人能立刻完全继承他的职位。但当新党章草案付诸审查时，审查委员会鉴于孙中山在党内的当然地位，乃在党章中增列"总理"一章，使在采纳俄共（布）委员制之外，兼顾总理制，明文规定以孙中山为总理；总理为全国代表大会主席和中央执行委员会主席，并对全国代表大会的决议有交复议之权；对中央执行委员会之议决，有最后决定之权。这是《中国国民党总章》对俄共（布）党章的一大修正，这也意味着"总理"位居全党"最高机关"之上。

1924年1月28日上午，汪精卫代表中国国民党章程审查委员会做关于中国国民党章程案的审查报告。在随后的讨论过程中，国民党右派分子方瑞麟在发言时提出"本党党员，不得加入他党，应有明文规定，主张在第一章第二条之后，增加一条文为'本党党员不得加入他党'"。他的意见得到了黄季陆、江伟藩等少数代表的支持，但遭到多数代表的反对。

针对方瑞麟的提议，大会主席团成员、中共党员李大钊根据中共党团会议的决定，在大会上发言，就中国共产党党员加入中国国民党一事，做了既诚恳又严肃的解释。他说："我等之加入本党，是为有所贡献于本党，以贡献于国民革命的事业而来的，断乎不是为取巧讨便宜，借国民党的名义做共产党的运动而来的。"接着，他义正词严地指出："我们加入本党的时候，自己先从理论上、事实上做过详密的研究。本党总理孙先生亦曾允许我们仍跨第三国际在中国的组织，所以我们来参加本党而兼跨因有的党籍，是光明正大的行为，不是阴谋鬼祟的举动。"

李大钊义正词严的发言，挫败了少数代表的刁难与阻挠。随后发言的廖仲恺坚决支持国共两党合作，支持共产党人加入中国国民党。廖仲恺发言后，大会执行主席胡汉民发言后，毛泽东立即提议进行表决，结果大多数代表赞成胡汉民的提议，决定"党员不得加入他党不必用明文规定于章程，惟申明纪律可也"。国民党右派阻止共产党员加入国民党，破坏国共合作的阴谋终于被粉碎。

1月28日下午，国民党一大通过了《中国国民党总章》，为中共党员、工农大众和其他革命分子加入国民党，把国民党改组成为工人、农民、小资产阶级和民族资产阶级的革命联盟提供了组织保证。

78

国共合作的确立

孙中山手批的国民党第一届中央执行委员会、监察委员会、预算委员会名单

■ 吴金华

在中国共产党人的努力和具体帮助下，以解决改组问题为中心内容的国民党第一次全国代表大会于1924年1月20日至30日在广州召开。这次会议代表总额196人，到会165人。代表中一半由各省党部选举产生，一半由孙中山指定。其中共产党员约占40%。李大钊、陈独秀、毛泽东、林伯渠、谭平山、王尽美、李维汉等人都以个人身份出席了大会。

孙中山以总理身份担任主席并致开幕词，他说："此次国民党改组，有两件事：第一件，改组国民党，第二件，就是用政党的力量去改造国家。"在这次大会上，孙中山总结了历次革命的经验教训，提出"联俄、联共、扶助农工"的三大政策，承认共产党员、社会主义青年团员以个人身份加入国民党。在孙中山主持下，大会通过了有中国共产党人参加起草的《中国国民党第一次全国代表大会宣言》。这个宣言，总结了过去革命斗争的经验，批评了当时社会上流行的立宪派、联省自治派、和平会议派以及商人政府派等各种错误的、反动的主张；确定了"联俄、联共、扶助农工"的"三大政策"；接受了中国共产党提出的反帝反封建的口

号，规定了民主革命的基本纲领以打倒帝国主义、打倒军阀为目标。从而把旧"三民主义"重新解释为革命的新"三民主义"。为了使国民党员普遍地了解新的革命理论，并向全国人民进行宣传，大会期间，孙中山开始系统地讲解新"三民主义"。把旧"三民主义"发展成新"三民主义"，这是孙中山的一个伟大历史功绩，也是他适应历史发展潮流的伟大革命精神的表现。在历经革命失败的痛苦之后，孙中山终于找到了拯救中国的道路。他认识到，革命要成功，就必须同中国共产党合作，唤起民众、扶助农工；必须联合世界上一切被压迫民族和人民；必须打倒帝国主义，铲除封建军阀的统治。

这次大会还通过了《中国国民党章程》《组织国民党政府之必要案》等决议案。选举产生了国民党中央执行委员会，推举胡汉民、汪精卫、廖仲恺、戴季陶、李大钊、邹鲁等24人为中央执行委员，邵元冲、林伯渠、瞿秋白、张国焘等17人为候补中央执行委员。

1924年1月30日，国民党第一次全国代表大会选出了国民党第一届中央执行委员会、监察委员会、预算委员会。选举

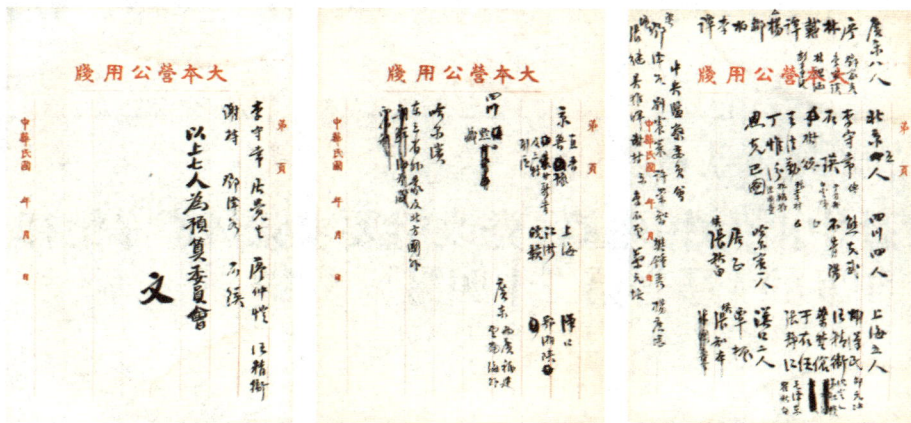

孙中山手批的国民党第一届中央执行委员会、监察委员会、预算委员会名单

方法为会议代表选出候选人，国民党总理孙中山确定名单、大会表决通过。在当选为中央执行委员和候补委员的 41 人中，有李大钊、于树德、谭平山、毛泽东、林祖涵、瞿秋白、张国焘、于方舟、韩麟符、沈定一 10 名共产党员。

30 日大会闭幕后，中央执行委员会、监察委员会及候补委员举行第一次全体会议，由孙中山主持，议决中央执行委员会设于广州，并分设执行部于北京、上海、汉口、四川、哈尔滨五地，将执行委员、监察委员及候补委员分配于中央及各执行部，指挥、监督党务的进行。中共党员分配在广州国民党中央的有谭平山、林祖涵；在北京执行部的有李大钊、于树德、于方舟、韩麟符、张国焘；在上海执行部的有毛泽东、沈定一、瞿秋白。中央执行委员会除设秘书处外，还设组织部、宣传部、工人部、农民部、青年部、妇女部、调查部、军事部；中共党员在各部任职的有组织部长谭平山、秘书杨鲍安；工人部秘书冯菊坡；农民部部长林祖涵、秘书彭湃。3月1日，中央执行委员会又

决议增设海外部，推林森为部长，并通过组织部提议，决定派遣各省临时执行委员会筹备员，分赴各省建立组织，其中中共党员有湖南夏曦、直隶于方舟、山西韩麟书、湖北刘芬、江苏张曙时、浙江沈定一、热河韩麟符、江西赵幹和邓鹤鸣。改组后的国民党实现了国共合作，使国民党获得新生，也使共产党得到迅速发展，从而加强了革命力量，开创了革命运动的新局面。

国民党"一大"的召开，标志着国共合作的正式建立。国民党经过这次改组，实际上已经成为工人、农民、小资产阶级和民族资产阶级的革命联盟。

79

消弭分歧维大局
孙中山为中国国民党改组要求党员遵守纪律印发的《通告第二十四号》

■ 吴金华

国民党内对共产党员加入国民党的分歧由来已久，几乎从未中断过。即使在国民党一大期间，国民党内对共产党员以个人身份加入国民党就议论纷纷，支持国共合作与反对国共合作两派在国民党"一大"前后展开了激烈的斗争。这个斗争虽然也包含共产党人同国民党右派之间在一些重大问题的争辩，但更值得注意的是国民党内部左右派之间在对待孙中山联共政策以及具体实施办法上的争斗。

国民党第一次全国代表大会，通过了国民党政纲，选举了孙中山为党的总理，选出了新的中央执行委员会和监察委员，成立了中央党部，发表了大会《宣言》，从政治思想到组织上完成了改组国民党的任务。1月30日下午，孙中山在闭幕词中，肯定了大会制度和通过的《宣言》是"会中所办最重要的事"，希望"大家遵守，一致行动，照所订定的条件去实行"。他特别强调"如果有了新见解，必须等到明年开第二次大会的时候，才去修改；在没有开第二次大会之先，我们对于这次大会所定的政纲，就万不可违背。如果有了违背，就是搅乱大众的步骤"。

但是国民党"一大"闭幕不久，国民党右派分子就开始暗中串联，纠集势力，造谣生非，破坏国共合作。当右派冯自由、刘成禺、谢英伯等人炮制所谓"警告李大钊等不得利用跨党机会以攘窃国民党党统案"，妄图兴风作浪时，孙中山即于2月16日晚将冯自由等右派分子叫至大本营当面申斥。孙中山警告他们说："反对中国共产党即是反对共产主义，反对共产主义即是反对本党之民生主义，便即是破坏纪律，照党章应当革除党籍及枪毙！"孙中山在对冯自由等的假检讨的批示中，要求全党同志"以后不得再起暗潮"。正是在这样的情况下，1924年3月16日，孙中山以中国国民党中央执行委员会主席的名义发表为中国国民党改组要求党员遵守纪律印发的《通告第二十四号》文件。通告中提到"本党自革命同盟会以来，历三十余年之奋斗，苦心孤诣，百折不挠，立志不可谓不专，用力不可谓不勤。然时至今日，覈其成功，仍若是之尟者，固由于其始之组织未密、训练未周所致。然而一般党员对于党与个人之关系，容有未能彻底了解，亦是重要原因之一也。兹重为我一般同志恺切言之。"

"夫结合多数之同志以成党，即应集

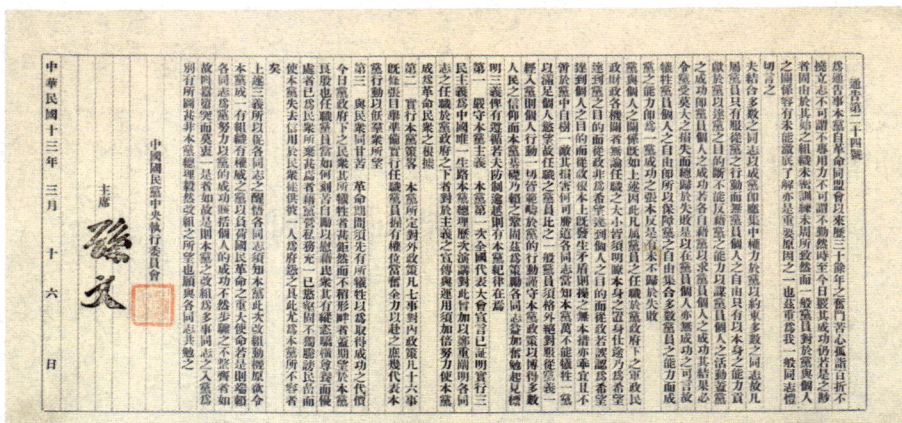

孙中山为中国国民党改组要求党员遵守纪律印发的《通告第二十四号》

中权力于党以约束多数之同志，故凡属党员，只有服从党之行动，而无党员个人之自由；只有以本身之能力贡献于党，以达党之目的，断不能反藉党之能力以谋党员个人之活动。盖党之成功，即党员个人之成功。若各自藉党以求党员个人之成功，其结果必令党受莫大之损失，而总归于失败。是以在党员个人亦无成功之可言。故牺牲党员个人之自由，即所以保障党之自由。集合多数党员之能力而成党之能力，即为一党成功之张本。反是，未有不归于失败。"孙中山以后还多次对共产党员加入国民党发出说明，指出"团体以内无新旧分子之别，在党言党，唯有视能否为本党为主义负责奋斗而定其优劣"，他在批判"好造谣生事者"之谰言后，强调接纳共产党的党员和青年团员"加入本党"，"吾党之新机，于是在乎"。

但是国民党右派并没有停止对联共政策的攻击，反而愈演愈烈。6月1日，国民党广州市党部执行委员孙科、黄季陆，向国民党中央提出反共提案。6月18日，国民党右派邓泽如、张继、谢持以中央监察委员名义，又向孙中山及中央执行委员会提出反对联共案，污蔑攻击中国共产党和社会主义青年团。孙中山对于国民党右派采取了坚决斗争的态度。但是，孙中山对为什么一定要同右派斗争、右派错在什么地方则没有做过认真的理论阐述。在组织上对右派的处理也不够彻底。对老右派的斗争比较坚决，对新右派特别是对那些阳奉阴违者认识模糊，处理不力，致使国民党内部的反右派斗争未能取得重大成果，孙中山逝世后，右派迅速地纠结起来背叛孙中山的"三大政策"及革命的新三民主义，这同孙中山生前对右派的打击不力、处置不彻底不无关系。

80

孙中山的建国设想

《国民政府建国大纲》

■ 周靖程

中华民国建立 10 余年来，民主共和不断遭到袁世凯专制和军阀独裁的破坏，孙中山虽几经抗争，却屡受挫折。认真反思过后，孙中山认为今后的革命，"不但当用力于破坏，尤当用力于建设"，而这一切的关键在于实行三民主义的"方法与步骤"，也就是国家建设的程序。孙中山早在制定《同盟会革命方略》时，便将革命进程划分为"军法""约法""宪法"三个时期，1914 年创立中华革命党时又将其改为"军政""训政""宪政"三个时期，形成了自己独具特色的"革命程序论"。1924 年 1 月，孙中山据此"制定国民政府建国大纲二十五条，以为今后革命之典型"。

《国民政府建国大纲》（以下简称《建国大纲》）全文共 25 条，是孙中山对国家建设提出的规划方案，也就是他所说的"方法与步骤"。开篇明确宣布"国民政府本革命之三民主义、五权宪法以建设中华民国"。第二至四条为三大建设目标：首要在民生，强调政府与人民协力解决食衣住行问题，使民生幸福；其次为民权，主张政府应当训练人民行使选举权、罢官权、创制权、复决权四权，使民权普遍；

第三为民族，强调对内应扶助弱小民族，对外则要抵抗强权，恢复国家独立。

《建国大纲》第五条将建设国家的步骤分为三个阶段：军政时期、训政时期、宪政时期。第六条标明军政的宗旨是扫除反革命势力，同时宣传三民主义，促进国家统一。第七条规定军政结束的时间，以一省完全平定为标准。

《建国大纲》第八至十八条为训政时期，即督率国民建设地方自治的相关要求。规定"先以县为自治之单位"，"政府当派曾经训练、考试合格之员，到各县协助人民筹备自治"，具体包括清户口、定地价、开矿产、修道路、训练人民行使四权等等。这些工作完成以后，就可以选举县官、县议员，"始成为一完全自治之县"。接下来，便扩而充之，以及于省，到"凡一省全数之县皆达完全自治者，则为宪政开始时期，国民代表会得选举省长，为本省自治之监督"。

《建国大纲》第十九条以下，是由训政过渡到宪政所必备的条件与程序。在此期间，中央政府当设立行政、立法、司法、考试、监察五院，以试行五权之治。等到"全国有过半数省份达至宪政开

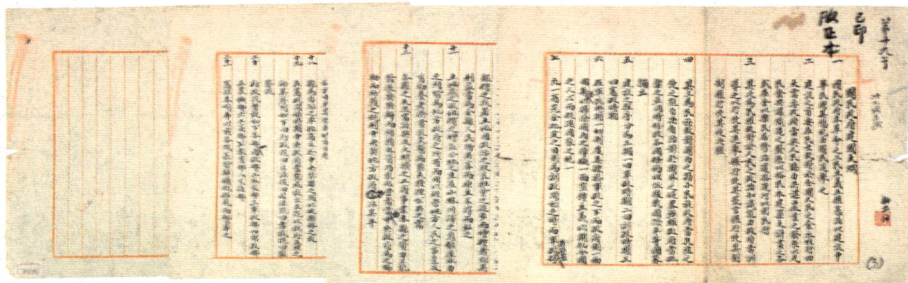

孙中山手批的《国民政府建国大纲》稿本

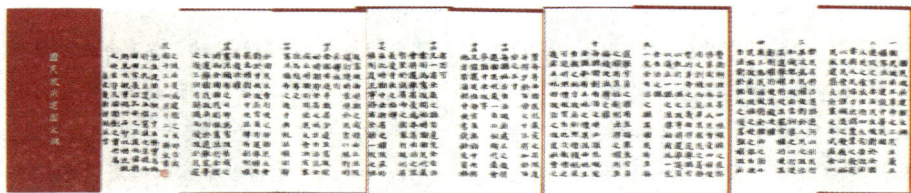

孙中山手书、宋庆龄跋《国民政府建国大纲》折（石印）

始时期"，就可以召开国会，颁布宪法。最后一条规定，"宪法颁布之日，即为宪政告成之时，而全国国民则依宪法行全国大选举。国民政府则于选举完毕之后三个月解职，而授政于民选之政府，是为建国之大功告成"。

1924年1月23日，《建国大纲》在国民党第一次全国代表大会上通过。孙中山对其非常重视，曾在《制定建国大纲宣言》中郑重宣布：凡承本政府之号令者，即当以实行建国大纲为唯一之职任。另外在孙中山去世前订立的遗嘱中，也将《建国大纲》与《建国方略》《三民主义》《第一次全国代表大会宣言》并列，被视为国民党同志必须遵守纲领文件。

"天下为公大道行——纪念孙中山诞辰150周年大型馆藏文物展"中，有两件《国民政府建国大纲》。第一件是孙中山手批的《国民政府建国大纲》稿本，共4页，与国民党一大通过的大纲内容基本相同，只是文字略有出入，它有26条，其中最后一条规定"中华民国之宪法定为六十年大修正一次"。稿本的首页标有日期，为22日所拟，即1924年1月22日。孙中山在其页上手批"第十九号已印改正本""此大纲未议"等字，说明此稿并不是最初稿，而且没有提交大会讨论。所以，23日国民党一大审议并通过的《国民政府建国大纲》，已将这件稿本中的第26条删去。第二件是孙中山手书、宋庆龄跋《国民政府建国大纲》折。1924年4月12日，为将《国民政府建国大纲》正式出版，孙中山在广州大本营手书大纲全文。宋庆龄特为题跋："先生建国大纲二十五条实为施行三民主义、五权宪法之基础，而图国家长治久安之至道也。兹特将先生亲笔稿付石印，以供先睹之快，并作民国开创之宝典焉。妻宋庆龄谨跋并书。"

81

孙中山《民族主义》自序解读

孙中山为《民族主义》出版写的自序

■ 周靖程

孙中山完成民族主义演讲后，将其内容加以整理，付梓成书，于 1924 年 4 月发行《民族主义》单行本。该书的序言，是孙中山 3 月 30 日在广州大本营写的，文末盖有"大元帅章"及"孙文之印"。

孙中山在自序中，主要说明了《民族主义》的成书情况。我们可以把序言分成两部分，前半段主要讲述《民族主义》写作，后半段论及《民族主义》演讲。全文如下：

自《建国方略》之《心理建设》《物质建设》《社会建设》三书出版之后，予乃从事于草作《国家建设》，以完成此帙。《国家建设》一书较前三书为独大，内涵有《民族主义》《民权主义》《民生主义》《五权宪法》《地方政府》《中央政府》《外交政策》《国防计画》八册。而《民族主义》一册已经脱稿，《民权主义》《民生主义》二册亦草就大部。其他各册，于思想之线索、研

究之门径亦大略规画就绪，俟有余暇，便可执笔直书，无待思索。方拟全书告竣，乃出而问也，不期十一年六月十六陈炯明叛变，炮击观音山，竟将数年心血所成之各种草稿并备参考之西籍数百种悉被毁去，殊可痛恨！

兹值国民党改组，同志决心从事攻心之奋斗，亟需三民主义之奥义、五权宪法之要旨为宣传之资，故于每星期演讲一次，由黄昌谷君笔记之，由邹鲁君读校之。今民族主义适已讲完，特先印单行本以饷同志。惟此次演讲既无暇晷以预备，又无书籍参考，只于登坛之后随意发言，较之前稿遗忘实多。虽于付梓之先复加删补，然于本题之精义与叙论之条理及印证之事实，都觉远不如前。尚望同志读者本此基础触类引伸，匡补阙遗，更正条理，使成为一完善之书，以作宣传之课本，则其造福于吾民族、吾国家诚未可限量也。

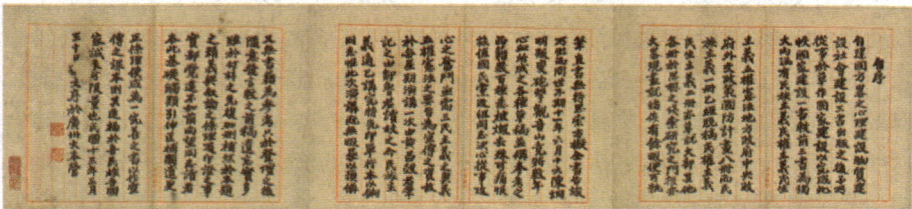

孙中山为《民族主义》出版写的自序

第一次护法运动失败后，孙中山辞去广州军政府大元帅职务，于1918年6月抵达上海，闭门谢客，专心从事写作，先后完成《孙文学说》《实业计划》《民权初步》三本书。后来他将三书分别改为《心理建设》《物质建设》《社会建设》，合编为一，命名为《建国方略》出版。自序清楚地告诉我们，孙中山在完成《建国方略》后，即有了《国家建设》的写作计划，而且将其分成八册，"较前三书为独大"。1919年，孙中山完成了《国家建设》的首册，即《民族主义》一书，之后又写出《民权主义》与《民生主义》的大部分草稿，而剩余各册也整理出写作线索，准备就绪。

1920年，陈炯明回师广东，驱逐桂系军阀，孙中山于11月再次回到广州，重组军政府，并于次年就任"非常大总统"。这段时期，由于公务繁忙，孙中山不得不暂停了《国家建设》的写作计划，但他仍然利用有限的闲暇时间，对三民主义草稿进行修改，以待出版。不料1922年6月16日陈炯明发动叛变，炮击观音山（今越秀山）的总统官邸越秀楼，所有草稿全部被毁，多年心血为之一空，令孙中山痛心疾首。所以，1924年出版的《民族主义》一书，原稿并不是孙中山1919年写成的《民族主义》，而是他当年的民族主义演讲。

自序的后半段首先说明了演讲、出书的第一个目的，是为了在国民党改组后，使党内同志能深入理解、贯彻三民主义。事实上，在国民党一大召开之前和召开期间，除了廖仲恺等少数国民党左派积极支持国共合作外，大多数国民党人对此持反对意见。冯自由、邓泽如等人坚决反对，数年来一直支持孙中山革命事业的海外华侨通电表示绝不赞成，胡汉民等人则态度消极，就连自己的儿子孙科也多次劝告孙中山放弃联俄、联共。所以，为了统一党内思想，孙中山还在国民党一大召开期间，便迫不及待地到广东高等师范学校演讲三民主义，并且在讲完民族主义六讲后，马上发行单行本，其目的就在于"以饷同志"。

孙中山在自序中写到，民族主义演讲稿由黄昌谷笔记，邹鲁读校。黄昌谷是孙中山的私人秘书，跟随孙中山多年，三民主义演讲每讲都由他速记，并在事后进行校译整理。邹鲁是老同盟会会员，在国民党一大上当选为中央执行委员会委员，在孙中山演讲三民主义期间，负责演讲稿的校对，并提出部分修改意见。可以说，他们二人对《民族主义》的成书与出版出力最多。

孙中山在自序中还自谦地表示，此次演讲并无准备，只是"随意发言"。其实，孙中山在演讲前会准备大量资料，再据此即席发挥。据郑彦棻（被誉为"侨务之父"，青年时就读于广东高等师范学校，曾聆听过孙中山的三民主义演讲）记述，孙中山"演讲时，态度从容，声调铿锵，侃侃而谈，内容非常充实，虽然是高深的理论，但因运词顺豁，趣味隽永，取材适切，深入浅出，极吸引听众的注意和兴趣"。

孙中山在自序的最后指出演讲、出书的第二个目的，希望党内同志和大众读者能在学习《民族主义》一书时，触类旁通，不断使之完善，成为"宣传课本"，以便为国家建设服务。

82

孙中山晚年的"民族主义"观

孙中山《民族主义第二讲》手稿（部分）

■ 周靖程

随着革命的发展，以及理论认识的深入，孙中山晚年摒弃以前相继倡导的"排满建国""五族共和"（汉、满、蒙、回、藏五族平等），开始赋予民族主义新的内涵。1924年1月27日至3月2日，孙中山在广东高等师范学校礼堂演讲民族主义六讲，对民族主义做出最深刻、最系统的阐释。同年4月，民族主义演讲稿经过整理出版。

民族主义作为三民主义之首，是民权主义与民生主义的前提，也是孙中山一整套国家规划方案中，首先要解决的问题。孙中山演讲《民族主义》，运用民族起源、发展、融合等理论，列举了大量中外事例，说明民族主义是反抗帝国主义压迫，"救中国危亡的根本方法"。而只有通过铸造"国族"，才能唤醒人们日益淡薄的民族意识和国家意识，争取民族独立和国家富强。

孙中山在演讲中指出，从全世界范围来说，争取国家独立的武器只有一个，即民族主义。他把民族主义视为"国家图发达和种族图生存的宝贝"，而中国之所以像"一盘散沙"，处处受外人的压迫，就是因为失去了这个"宝贝"。那么这个"宝

贝"是什么时候失去的呢？正所谓"明亡以后无华夏"，孙中山认为满清入关后，由于统治者大力推行政治、文化高压政策，许多汉人俯首称臣，民族主义便被消灭了，所以等到近世列强相继入侵中国的时候，很多国人也是麻木的。

既然如此，我们该怎样恢复民族主义呢？孙中山认为恢复民族主义的方法有两个，首先是要国人知道"我们现在所处的地位"。总体来说，我们是世界上的弱国，受到列强经济、军事、外交等各方面的压迫，处境非常危险；第二个是，我们知道处境的危险后，就要把固有的团体联合起来，组成一个"国族团体"。孙中山认为，对中国而言，"民族主义就是国族主义"。因为，"中国自秦汉而后，都是一个民族造成一个国家"，而且现在蒙古、满洲等民族不过一千万人，他们同汉族相比是极少数，可以说中国人"完全是一个民族"。所以，孙中山判断，中国是一个民族国家，而这个民族，就是汉人和各少数民族共同组成的国族。

那么，怎么做才能铸造成"国族"呢？孙中山的方法是，以汉族为中心，利用中国原有的家族和宗族观念，通过恢复

孙中山《民族主义第二讲》手稿（部分）

中国固有的道德，主要是"忠孝、仁爱、信义、和平"，以及恢复中国固有的"修身、齐家、治国、平天下"智能，融合其他各族而成"国族"。但孙中山在这里已对传统道德赋予新的阐释，例如"忠"并非封建时代的"忠君"，而是"忠于国、忠于民，要为四万万人去效忠"。等到恢复中国固有的道德、智能之后，再去学欧美的所长，这样就可以筑成一道坚固的中华民族钢铁长城，使国族与"欧美并驾齐驱"了。

这份孙中山《民族主义第二讲》手稿，只是第二讲结尾处的一段，与后来发表的文字略有出入，主要讲述了帝国主义对中国的经济压迫。

民族主义第二讲的时间是1924年2月3日。孙中山在演讲的开篇就提出一个命题，即一个民族的兴亡，除了"天然淘汰"之外，还与"政治力""经济力"密切相关。孙中山为大家讲述这样一个事实，一百多年来，西方列强的人口增加了数倍，如果照此速度发展下去，"百年之后我们

的人口便成了少数"，"中国人口便可以灭亡"。比自然力更可怕的，是西方列强政治力与经济力的压迫。政治力压迫，就是列强不断侵略中国，割占领土、强占租借地，甚至一度想瓜分中国。而"经济力"压迫则包括很多，具体表现为："全国海关都在外人的手内"，中国人不能自己支配关税；洋货充斥市场，贸易入超严重；外国银行遍布各地，它们发行纸币、经营汇兑、吸纳存款，加快资本输出；列强还垄断了中国的航运，"中国无航业与他抵抗"；此外还有"租界与割地的赋税、地租、地价三项，数目亦实在不少"。这么多项算起来，我们每年"所受的损失总共不下十二万万元"，"今日中国已经到了民穷财尽之地位了"，但很多普通人却对此毫无感觉。所以，孙中山在演讲的最后焦急地呼吁大家，必须要重视列强自然力、政治力和经济力的压迫，并且要设法"打消这三个力量"。而这个方法，就是他在其他各讲中讲到的铸造"国族"。

83

孙中山三民主义演讲与成书

孙中山著《三民主义》英文版 (SAN MIN CHU I)

■ 周靖程

《三民主义》一书是根据孙中山1924年在广州做的"三民主义"演讲整理成书的，也是其著作中成书最晚的一部。

三民主义是孙中山最重要的革命学说和政治纲领，是其民主思想的精髓。1905年，孙中山在《民报》发刊词中第一次将同盟会纲领"驱除鞑虏，恢复中华，创立民国，平均地权"，概括为民族、民权、民生三大主义，后来经过革命党人的不断宣传，三大主义便以"三民主义"之名流传于世。在漫长的革命生涯中，随着自己认知水平的提高，根据国内外局势的变化，孙中山曾多次对三民主义做出解释和修正。晚年，孙中山将旧三民主义发展为新三民主义，并确定了体现其实质内容的"联俄、联共、扶助农工"三大政策。

国民党一大召开期间，代表们围绕着提交大会审议的《宣言》展开激烈争论，虽然最后《宣言》得以通过，但国民党内实则暗流涌动，各派分歧依然存在。从1924年1月27日起，孙中山为具体解释说明《国民党一大宣言》，消除党内异议，使自己的思想得以广而告之，每逢周日都到广东高等师范学校礼堂演讲三民

主义，"分令党、政、军各机关人员和各学校教职员学生等，前来听讲"，其中由于公务缠身和眼疾入院治疗等原因，暂停了数周。至8月24日，孙中山共完成民族主义6讲、民权主义6讲、民生主义4讲。其实，按照原来的计划，孙中山将民生主义也安排了6讲，但后来由于督师北伐及北上和谈等原因，剩余两讲，即"住和行的问题"没有完成。

孙中山在《民族主义》第一讲开篇便告诉大家，"三民主义就是救国主义"。首先，民族主义就是国族主义，也是实现民权主义与民生主义的前提。孙中山认为，中国现阶段正面临着西方列强"政治力""经济力"和人口增长"天然力"的压迫，只有利用中国原有的家族和宗族观念，把家族或宗族扩展为国族，才可以凝聚民族精神，与欧美并驾齐驱。等到中国真正强盛后，还要消灭帝国主义，"去统一世界成一大同之治"，从而把民族主义发展为世界主义。

其次，民权主义即实行民主政治，是三民主义的核心。孙中山在《民权主义》第一讲先对"民权"做出界定。他告诉大家，"有团体有组织的众人，就叫作

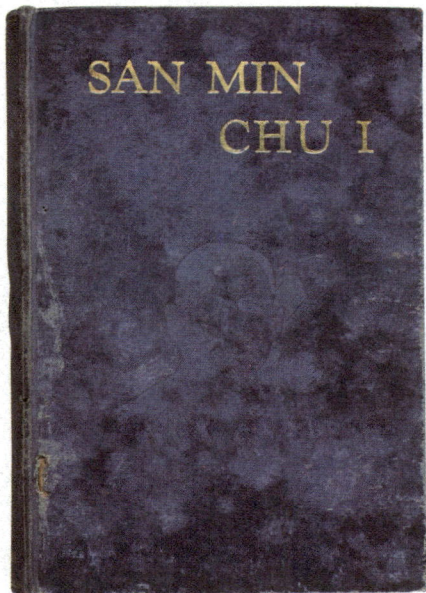

孙中山著《三民主义》英文版（SAN MIN CHU I）

民"，而"权就是力量，就是威势"，所以"人民管理政事，便叫作民权"。孙中山认为欧美的民主政治存在着弊端，就是人民没有"直接民权"，管不了政府，而要避免这种现象，就需要"权能分开"，即将人民的权力与政府的权力分开。具体来讲，是人民用选举、创制、复决、罢免四权去监督政府，而政府则利用立法、司法、行政、考试、监察五权来管理国家。这么做，才可以保证"用人民来做皇帝，用四万万人做皇帝"。

最后，民生主义是人民幸福，也是三民主义的最终归宿。孙中山在演讲中给民生下了个通俗的定义：民生就是人民的生活——社会的生存、国民的生计、群众的生命。他主张用平均地权和节制资本的办法，"解决中国的民生问题"。平均地权，就是"政府照地价纳税和照地价收买"，而后"所加之价完全归公有"，从而防止土地过分集中，保证"耕者有其田"。另外，针对"外国因为大资本是归私人所有，便受资本的害，大多数人民都很痛苦"的弊端，孙中山主张一方面发达资本，另一方面还要防患于未然，用"节制资本"的办法，使振兴实业"所得的利益归大家共享"。

每一次演讲结束后，孙中山都会审阅黄昌谷笔记的演讲稿，再交由邹鲁等人反复校对修订，才得以形成定稿，在《中国国民党周刊》上逐讲发表。1924年4月、8月、12月，国民党中央执行委员会宣传部在广州分别印行《民族主义》《民权主义》《民生主义》单行本，随后由民智书局出版《三民主义》合印本。

1929年，毕范宇（Frank Wilson Price）将《三民主义》翻译成英文，书名为 SAN MIN CHU I，陈立廷编辑，在太平洋关系学会中国委员会资助下出版发行。毕范宇是美国基督教南长老会传教士、汉学家，在华长期从事教育改革、乡村建设、教会发展等活动。陈立廷是留美学生，回国后曾任上海基督教青年会总干事、中华基督教青年会全国协会干事等职。而太平洋关系学会又被称作"太平洋国际学会"，是1925年由檀香山基督教青年会及一些学者和实业家组成的国际性民间学术团体，专门研究亚太问题，总部设在美国檀香山，在中国等14个国家设有分会。

84

孙中山唯一演讲录音留声

孙中山演讲《勉励国民》《告诫同志》《救国方针》录音片

■ 周靖程

孙中山是一名出色的演说家，他一生在各种不同场合发表了许多著名的演说，而其中只有一次留下了录音，也就是 1924 年 5 月 30 日，他应上海中国晚报社社长沈卓吾之邀，在广州南堤（现沿江中路）小憩俱乐部的录音演讲。

沈卓吾（1887—1931），江苏如皋人，老同盟会会员，长期追随孙中山从事革命活动，1920 年奉孙中山之命在上海创办《中国晚报》，传播革命思想。1924 年春，《中国晚报》组建留声部，沈卓吾有了一个大胆的设想，即利用留声技术，为名人演讲录音。为此，沈卓吾在《中国晚报》上刊登广告："晚报鉴于声音感人之深，而外人所制留声音片，限于音乐歌曲，仅可悦耳消遣，于国于民，均无裨益。为特聘请专家，附设留声部，专制名人演说，科学讲话，宣传救国要旨，冀为社会指导。并代个人制造家训遗嘱，发音准确，历久不坏，各国回针唱机，均可适用。"要说当时中国最有名的名人，无疑是孙中山莫属了。1924 年 5 月，沈卓吾带领留声部技术人员南下广州，邀请正在白云山养病的孙中山录音演讲，一来可以宣传孙中山的革命思想，二来也可借此机会扩大报社影响。

孙中山认真考虑之后，不顾身体有恙，还是答应下来。5 月 30 日下午 5 时，孙中山带领两名随从来到广州南堤小憩俱乐部，以《勉励国民》《告诫同志》《救国方针》为题对着留声机演讲。为了方便更多的民众能听懂演讲内容，达到宣传效果，孙中山录制了两个版本。其中《勉励国民》与《告诫同志》用国语演讲，《救国方针》为带有香山口音的粤语版本，二者内容大致相同。据沈卓吾日记所载，孙中山演讲时"态度从容和蔼，发音高低适中"，而且虽然他刚刚大病初愈，但"毫无倦容，共历 40 分钟而退，仅最后略现气急而已"。

孙中山演讲录音完成后，《中国晚报》留声部将其录制成 3 张每分 78 转的胶木唱片，每张有两面，其中第 1 至第 3 面是《勉励国民》，第 4 面是《告诫同志》，第 5、第 6 面是《救国方针》，于 1924 年下半年向海内外发行。唱片盘粘贴着圆形的黄色封面，顶端印"上海中国晚报留声部制"，底端对应着英文"CHINA EVENING POST SHANGHAI"，中间偏上的位置印有嘉禾图案和孙中山像，偏下的位置为 3 张唱片名称，6 面分别是"孙中山先生国

孙中山演讲录音片

语演讲勉励国民其一""孙中山先生国语演讲勉励国民其二""孙中山先生国语演讲勉励国民其三""孙中山先生国语演讲告诫同志其四""孙中山先生粤语演讲救国方针其五""孙中山先生粤语演讲救国方针其六"，正中间印有《中国晚报》录制唱片的广告语和使用说明，左侧为"中国自制，发音准确"，右侧为"钢针唱片，由外转内"。意思是，留声机的唱针先置于唱片的外缘开始播放，渐渐转至接近唱芯的地方播完。由于早期的唱片是由内转向外的，此套唱片录制时，正值新旧唱片交替的时期，所以特意注明"由外转内"。

孙中山在《勉励国民》演讲中，首先向大家提出这样一个问题："为什么我们从前是顶强的国家，现在变成这个地步呢？"因为"我们国民睡着了"，导致"我们这几百年来文明就是退步、政治就是堕落"。孙中山接着说，"今天中国安危存亡，全在我们中国的国民睡还是醒。如果我们还是睡，那么就很危险。如果我们能从今天就醒起来，那么中国前途的命运，还是很大的希望"。只有醒起来，"我们大家才有思想，有动作，大家才能立一个志来救这个

国家"。那么，"要从哪一条路走呢"，孙中山给出的答案是"要从革命这条路去走"，"拿革命的三民主义"去救中国。孙中山在演讲的最后，希望大家都能详细研究他在广东高等师范学校演讲的《三民主义》，然后再广泛宣传。这样，"中国就很快的可以变成一个富强的国家，与列强并驾齐驱"。

《告诫同志》的演讲，是针对革命党同志的。孙中山在演讲中，告诫"革命党还要学从前革命先烈这个样，要牺牲性命，要舍身来救国，要为中国前途来奋斗"，而不要做一个假革命党，"借革命来图一个人的私利，借革命这条路来做终南捷径，来升官发财"。

当时，孙中山的这次录音演讲唱片发行量很大，但时隔百年，能完整保存下来的并不多，目前只有国家博物馆、上海博物馆、宋庆龄故居等少数单位有此收藏。所以，这3张唱片不但具有很高的历史价值，而且由于同版唱片存世不多，尤为弥足珍贵。

85

殷切的期望
孙中山对陆军军官学校开学训词

■ 陈 冬

经过长期的革命斗争，孙中山深刻地认识到，没有一支自己的军队，没有一支有信仰的武装力量，就不能真正实现三民主义。在与苏俄和共产国际的交往中，苏俄红军的建军原则和组织方式给他以很大的启发，他决定以俄为师，在苏俄、共产国际和中国共产党的帮助下，建立一所培养军事干部的军官学校。

1924年1月24日，国民党第一次全国代表大会期间，孙中山指示成立军校筹备委员会，规划创办军校事宜。蒋介石被指定为军校筹备委员会委员长，但他参加完一次会议后，于2月离开广州，4月21日才返回。在此期间，廖仲恺领导军校筹备委员会，制定组织原则，选定建校地点，挑选了工作人员，完成招生入学考试。

1924年6月16日，陆军军官学校于广州市黄埔区长洲岛正式成立，因此也被人们习惯称为黄埔军校。孙中山亲自兼任军校总理，蒋介石为军校校长，李济深为副校长，廖仲恺为党代表，政治部主任戴季陶、副主任周恩来，政治秘书聂荣臻，教练部主任李济深、副主任邓演达，教授部主任王柏龄、副主任叶剑英，军事总教官何应钦。

孙中山对陆军军官学校开学训词

孙中山主持了这场隆重的开学典礼并发表重要演说，他首先拿中俄革命做了对比，开门见山地指出开办这所学校的必要性。他说："我们革命，只在内对付一个很衰弱的政府；俄国革命，在内要对付一个威权很大的政府，在外还要对付全世界的列强。可是俄国还能够在六年之内，革命取得彻底成功，我们革命的时间比俄要长一半，但俄国革命取得成功，我们不能成功，当中的原因是俄国革命成功后，便马上组织革命军，而由于我们的革命，只有革命党的奋斗，没有革命军的奋斗；所以一般官僚军阀便把持民国，我们的革命便不能成功。今天要开这个学校，就是从今天起，把革命的事业重新来创造，要用这个学校内的学生做根本，成立革命军。"接着，孙中山阐释了什么叫革命军："拿先烈做模范，就是要学革命党，要学革命党的奋斗，有和革命党的奋斗相同的军队，才叫作革命军。"

孙中山在讲话中指出："有革命先烈那样的行为，有了那一样的行为，才叫作革命的基础。"他说，"要从自己的方寸之地做起，要把自己从前不好的思想习惯和性质，像兽性罪恶性，和一切不仁不义的性质，都一概革除。所以诸君，要在政治上革命，便先要从自己的心中革起，自己能够在心理上革命，将来在政治上革命，便有希望成功。"他还对学习方法谈了自己的看法，"做革命军的根本，要有高深的学问。不但是每日在讲堂之内，要学先生所教的学问，还要举一隅而三隅反，自己去推广。在讲堂之外，更需要注重自修的工夫，把关于军事学和革命道理的各种书籍及一切杂志报章，都要参考的研究，

研究有了心得之后，一旦融会贯通，自然可以的，发扬革命的精神，继续先烈的志愿，舍身流血，造成中华民国的基础，使三民主义完全实现。"

孙中山还为陆军军官学校题写训词：

三民主义 吾党所宗 以建民国 以进大同

咨尔多士 为民前锋 夙夜匪懈 主义是从

矢勤矢勇 必信必忠 一心一德 贯彻始终

孙中山题写的训词后来由陈祖康谱曲，成为黄埔军校校歌，此后更成为中华民国国歌。孙中山核定黄埔军校校训为："亲爱精诚"，廖仲恺题联"先烈之血、主义之花"。

6月16日是孙中山在广州蒙难两周年的日子，孙中山在这一天召开开学典礼，就是要向世人宣示，我们将建立自己的革命军队去打倒像陈炯明这样的军阀。孙中山的这篇对陆军军官学校开学训词，为军校和革命军的建设发展指明了前进方向，提供了根本遵循，是对军校广大学员的期望和重托。孙中山对黄埔军校的学生寄予了厚望，他要求全体学员以救国救民事业为己任，为维持共和、消灭无道贪暴的军阀而努力奋斗。他希望他们视死如归、舍身流血，发扬革命的精神，继续先烈的志愿，使三民主义完全实现，革命大告成功，像俄国一样，可以同世界各国并驾齐驱，中国的民族才可以永远地生存于人类。

86

名校良将

国民党陆军军官学校发给蔡升熙的第一期卒业证书

■ 杨志伟

中国国家博物馆收藏有一张国民党陆军军官学校发给蔡升熙的第一期卒业证书，规格纵40cm、横56cm。证书纸张呈灰白色，蓝框黄底；文底印有红色"革命尚未成功，同志仍需努力"12字；四角分别为"三民主义"4字，均系隶书。证书上方印有孙中山肖像，两旁交叉相伴中华民国国旗与国民党党旗；证书下端绘有镰刀、斧头、步枪图案，寓意农、工、兵合作革命。正文内容及日期均使用毛笔填写，自右向左为"卒业证书　本校第一期学生蔡升熙按照本校规定步兵科教育修学期满考试及格特给证书。"颁发者为"海陆军大元帅，陆军军官学校总理孙文""校长蒋中正""党代表廖仲恺"，颁发日期为"中华民国十四年三月一日"，在颁发日期处钤有印文为"陆军军官学校官印"的红色长方形关防。

卒业证书中提到的陆军军官学校即是被誉为中国"西点军校"的黄埔军校。辛亥革命后，孙中山继续高举民主革命的旗帜，进行了反袁、护法和北伐战争。但是，由于各派军阀的阻挠、破坏，这些斗争都失败了。甚至连孙中山扶植起来的"粤军总司令"陈炯明，最后也背叛

了他，导演了一出炮击总统府的历史闹剧。当孙中山在失败中徘徊、探索革命新道路的时候，苏俄与中国共产党向他伸出了援手。孙中山对中俄革命进行分析对比后指出："由中国和俄国革命的结果不同，推求当中原因，便是我们的一个大教训。"孙中山指出的教训，可以概括为两条：第一，要使中国革命取得胜利，必须有一个与工农相联系、组织严密、有战斗力的革命党；第二，必须有一支由革命党领导的、像苏俄红军那样的革命军。这是孙中山改组国民党、创建黄埔军校的重要原因。

1921年12月至1923年，孙中山先后同共产国际代表马林、苏俄代表达林、越飞及共产党人李大钊进行了会谈；派出以蒋介石为首的代表团赴苏联考察、学习。所有这些，都促使他得出一个结论："今后之革命非以俄为师，断无成就。""走俄国人的道路"，这就是他的选择。于是，他力排众议，毅然决定改组国民党，实行国共合作。

1923年，由蒋介石率领的"孙逸仙博士访问团"回国后，国民党中央执行委员会决议组织"国民军军官学校"。后来成

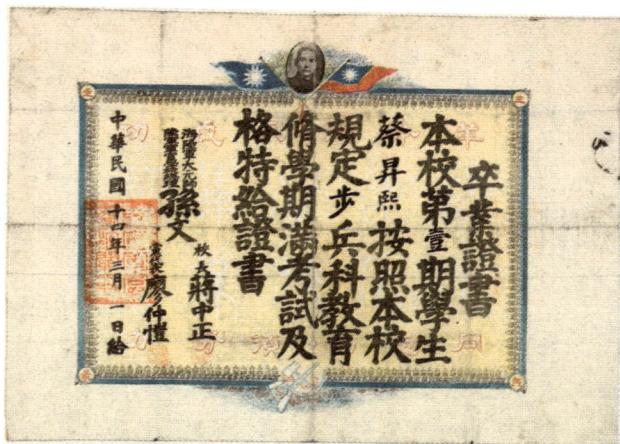

国民党陆军军官学校发给蔡升熙的第一期卒业证书

立陆军军官学校筹备委员会，委任蒋介石为筹备委员会委员长。校址经孙中山多次勘察，最后指定黄埔长洲岛原广东陆军学校与广东海军学校为黄埔军校校址。

1月24日，陆军军官学校正式在广州黄埔长洲岛开办。孙中山亲自任校总理，蒋介石任校长，廖仲恺任党代表。国民党陆军军官学校在创建过程中，国共两党许多杰出人物都曾在军校任职任教，共产党方面有周恩来、叶剑英、陈毅、聂荣臻、李富春、陈潭秋、李达、恽代英、肖楚女、项英、郭沫若等；国民党方面有蒋介石、廖仲恺、李济深、汪精卫、邓演达、胡汉民、戴季陶、何应钦、李宗仁、邵力子等。当时一大批国内军事、政治精英齐聚国民党陆军军官学校，成为军校建设和发展的中坚。

蔡升熙（蔡申熙），字旭初，1906年2月12日生，湖南省醴陵县人。1924年5月入黄埔陆军军官学校，编入黄埔军校第一期学生第六队。在黄埔军校这座革命的熔炉内，他受到了共产主义思想的熏陶和洗礼，于1924年秋加入了中国共产党。

1924年11月底，蔡升熙在黄埔军校步兵科毕业，被分配到黄埔军校教导团担任下级军官。1925年7月，该团被编为国民革命军第1军，蔡升熙到第1师任营长。1926年北伐战争过程中，他先后任国民革命军第四军营长、第二十军团长。

1927年8月，蔡升熙参加南昌起义，不久又参加广州起义。广州起义失败后，他来到上海，在中共中央军事委员会工作。翌年，他奉命赴江西任江西省委军委书记，后任吉安东固革命根据地游击队第一路总指挥。1930年蔡升熙任中央长江局军委书记，参与组建红十五军并任军长。1931年1月率部与红一军会师并合编为红四军，任第二师师长、鄂豫皖特委委员兼军委副主席等职。1932年9月，蔡升熙率红二十五军担负掩护红四方面军西撤的任务，与敌激战两个昼夜，在腹部中弹的情况下仍坚持指挥作战，最后壮烈牺牲。

20世纪20年代中期创办的国民党陆军军官学校，是中国第一所专门培养革命军政人才的军官学校，共培养出数百名著名将领，其中上将以上高级将领就有50余人。国民党陆军军官学校的创建，是近代中国革命的迫切需要和客观形势的必然要求，是孙中山先生总结以往长期军事斗争的经验教训，真诚学习苏联经验，继续探索革命道路的丰硕成果。

87

平定商团叛乱
孙中山为镇压商团叛乱致范石生、廖行超函

■ 安跃华

清朝末年，社会秩序混乱，洋人横行不法，土匪、盗贼、散兵游勇猖獗，骚扰盗抢现象频生。各地工商业者为了维护自身利益自发地组织起来，进而发展成为商团武装。其中的广州商团最早起源于广东商人的自卫团体——粤商维持公安会。1912年2月，粤商维持公安会创立了"粤省商团"，就是现在普遍称作的"广州商团"，并获得当时的北京政府备案，批准其可持械训练。

广州商团初建时只有40人，但是到了1923年至1924年间，伴随着财政、经济危机和社会矛盾的激化，以及治安的严重恶化，广州商团超常发展起来，规模达到10个团，商团军数千人。同时，广东全省商团也呈现出联合发展之势。1924年5月底，广州、佛山、番禺、东莞等地108个商埠代表在广州西瓜园举行全省商团代表大会，决定组建广东省商团联防总部，推举广州商团团长陈廉伯为总长，邓介石、陈恭受为副总长。商团组织形成规模后，为壮大实力便开始购置武器。8月9日，商团向国外订购的一批价值约100万元的枪械弹药，包括长短枪9841支，子弹337万余发，由

挪威商船"哈佛"号运抵广州，被广州革命政府以私运武器为由予以扣留。

此后，围绕着这批扣械，广东革命政府与广州商团之间展开了长达两个月的交涉。其间，商团为索回军火，多方活动，除发动商人公开向政府请愿外，还设法通过"调人"从中斡旋，但都没有结果。为向政府施压，迫使政府交还扣械，商团便于25日组织广州及附近县镇全面罢市以作抗拒。罢市对广州的社会秩序及政府的财政收入都造成了极为不利的影响，此时盘踞东江的陈炯明也正在伺机进攻广州。鉴于当时的局势已经十分严峻，孙中山便答应了与商团关系密切的驻粤滇军第二军军长范石生和师长廖行超，于罢市次日由他们介入调停。大罢市使截取广州、佛山一带大部分税收的滇军大为紧张，范、廖二人出于滇军的自身利益，主张政府向商团妥协。为了迅速解决事件，孙中山在29日一天内先后3次致函二人，敦促他们务必与政府保持一致。在范、廖的主持下，政府与商团订立了包括二陈通电拥护孙中山；所扣枪械发还；商团改组后归广东省长节制；商店复业后军队回防；商

孙中山为速与政府一致行动致范石生、廖行超函

团报效政府 50 万元；商团联防改组后由范、廖负责将军械点交商团等 6 项内容的协议。同日，孙中山对这一调解协议基本表示认可。双方签订协议后，商人陆续复市。

然而事件到此并未结束。10 月 4 日，商团因尚未领回被扣枪械，遂联络广州及 100 余个县镇在佛山开会，决定发动第二次罢市，并再次前往广州向政府表示抗议。9 日，孙中山下令发还部分枪械给商团，但商团又以所发还的非原枪械且坚持全数发还为由，于同日发动了全省罢市。次日"双十节"，黄埔军校学生暨广州市各界举行大巡行，当各界游行队伍经过太平南路时，与商团军发生冲突，当场被打死 20 多人，伤百余人，事件的进展达到高潮。孙中山当即下令在广州成立革命委员会，自任会长，以许崇智、蒋介石、汪精卫、廖仲恺、陈友仁、谭平山为委员，鲍罗廷为顾问，授全权于革命委员会，领导解决商团问题。同时孙中山仍致函廖行超、范石生，要求他们"竭力拥护革命委员会"，遵令厉行镇压。13 日，广州宣布戒严。14 日，省长胡汉民下令解散商团。15 日凌晨，黄埔学生军、警卫军、工团军、农团军、从韶关回师的北伐军，以及湘、桂、赣各军同时出动，兵分 5 路镇压商团，捉拿骨干分子，收缴商团枪械。经过几个小时的激战，革命政府军队攻占了西关商团总部，商团军溃散而逃。在这种情形之下，陈恭受不得不乞和，缴械赎罪。至 20 日，广州、佛山、东莞、顺德、江门、清远等地的商团军残余陆续被缴械、遣散，陈廉伯等人遭到通缉。至此，以"扣械事件"引发的"商团事变"最终以武力平定结束。

88

反直三角同盟
孙中山题赠杨宇霆的"天下为公"横幅

■ 李 良

自 1917 年孙中山南下广东，举起护法旗帜，北方的北洋政府就一直是他的主要敌人。先是段祺瑞皖系军阀，后来曹锟、吴佩孚直系势力崛起，成为孙中山的头号对手。面对直系军阀这个主要敌人，孙中山联合同样与直系为敌的奉系、皖系，结成了共同反对直系的粤奉皖三角同盟。参与这个同盟并不意味着孙中山放弃三民主义的信仰，而与争权夺利的军阀势力同流合污，对粤奉皖三方来说，它都只是一个策略性、阶段性的同盟，是当时国内各个政治派别为各自利益纵横捭阖的产物。

孙中山与皖系的合作较早。护法战争中，孙中山与皖系本是对手，孰料政局变幻，南北方内部均生剧变，反令双方携起手来。在南方，握有实权的桂系陆荣廷联合西南军阀改组军政府，排挤孙中山，迫使孙中山辞去海陆军大元帅职务。在北方，直系与皖系的矛盾愈演愈烈，直系吴佩孚与南方的桂系达成协议，从前线撤兵，倒戈北上。在这种形势下，皖系为了自保，积极与各方联络反直。自 1919 年下半年起，皖系的段祺瑞、徐树铮就派人与在上海的孙中山接触。孙中山对此并不拒绝，称"如段能完全服从我之主张，我当引为同志也"。孙中山以皖系废除所有

对日密约作为合作条件，段祺瑞于 1920 年 7 月 14 日宣布废止中日共同防敌军事协定。孙中山公开宣称："兹为和平统一早日实现，已与仇敌段祺瑞实行携手。"

皖系在直皖战争中失败，此后继续与孙中山合作以对抗直系。在福建，皖系的李厚基与孙中山的援闽粤军合作，由李支援陈炯明率领援闽粤军回师广东。1921 年 11 月，徐树铮奉段祺瑞命赴广州，与汪精卫、廖仲恺会晤，随后在蒋介石陪同下前往桂林会见孙中山，商讨联合讨直计划。孙中山非常器重徐树铮，欲请他担任参谋长。徐树铮对孙中山也非常推崇，称他"励精进取，言不及私，因知其屡撅屡起，自有一种不可磨灭之真力在"。徐树铮致书段祺瑞，极力建议与孙中山密切合作。

1922 年 6 月，陈炯明发动叛乱，孙中山避走永丰舰，随后到上海。许崇智率领的粤军在赣闽边界遭到陈炯明部与直系的夹击。徐树铮与孙中山在上海会晤，商定皖系的王永泉部与许崇智部合作，共同对付倒向直系的李厚基。孙、皖两方合力击败了李厚基，占领福州。这次合作使许崇智部粤军在困境中获得宝贵的立足点，为日后再次回师广东打下基础。

孙中山题赠杨宇霆"天下为公"横幅

　　孙中山与奉系的合作也是针对直系的。从 1920 年至 1924 年间，奉系一直是直系最强劲的对手。孙中山为反直的需要，1919 年秋派东北籍的宁武北上，与奉系张作霖建立联系。由于当时奉系与直系尚未公开对立，孙中山与张作霖的合作没有实质性进展。直皖战争后，直奉矛盾日趋尖锐，张作霖开始重视与孙中山的合作。1922 年 2 月，张作霖派代表李梦庚赴桂林面见孙中山，经双方商讨，制订了南北夹击直系的军事计划。根据这个计划，孙中山平定广西后，即准备从广西借道湖南北伐。然而，湖南的赵恒惕在"援鄂"失败后，与吴佩孚达成协议，拒绝孙中山借道湖南北伐。孙中山只得回师广东，改道由韶关北上。4 月底，第一次直奉战争爆发，奉系失败，退回关外。孙中山因受到陈炯明的阻力，未能及时发动北伐，原定的粤奉两方南北夹击直系的军事合作计划没有实现。此后陈炯明更发动叛乱，孙中山被迫出走上海。

　　奉粤各自败给对手，面对强敌，更需要互相支援以减轻压力。张作霖派奉系要员韩麟春赴上海，与孙中山及皖系的浙江军务督办卢永祥商讨建立三角联盟。孙中山也派汪精卫为特使赴东北与奉系进一步接洽。三方还决定在上海建立联络机构，各自派遣常设代表，协调各方立场。

　　孙中山失去广东根据地，所属军队没有稳定的立足点，经费补充无着，处境非常窘困。孙中山向张作霖求助，张作霖答应给予援助。张作霖先后多次给孙中山提供经济援助，还从海路向孙中山提供了大量军火。这些援助对孙中山重整力量打败陈炯明，重建广东革命根据地发挥了很大的作用。

　　中国国家博物馆收藏有一幅孙中山题赠杨宇霆的"天下为公"横幅，它是粤奉合作的见证。杨宇霆 (1886—1929)，字邻葛，奉天法库人，曾任奉军参谋长、东北陆军训练总监、东三省兵工厂总办等职，是张作霖最倚重的左右手之一。杨宇霆作为张作霖的代表，在粤奉合作中居间联络，执行双方达成的协议，发挥了重要的作用，孙中山为表示感谢，特为题字"天下为公"。

　　粤奉皖三角同盟是针对直系的暂时性的军事同盟，在政治上，由于各方立场有根本差异，难以达成一致，特别是孙中山确立联俄联共政策后，与奉皖两方的矛盾更难以调和。第二次直奉战争后，直系的统治轰然倒塌，粤奉皖三角同盟的基础也不复存在，随之解体。

89

内部一击
孙中山致直军将领信函

■ 李 良

为了打倒以曹锟、吴佩孚为首的直系军阀这个主要敌人，孙中山除联合张作霖、段祺瑞建立粤奉皖反直三角同盟外，还利用直系内部矛盾，在直系内部建立反对曹锟、吴佩孚的同盟，为内外夹击，最终打倒称雄一时的直系军阀起到了极大的作用。

在直系内部，孙中山首先争取到的盟友是冯玉祥。冯玉祥（1882—1948），安徽巢县人，字焕章。早年从军，曾充北洋第六镇队官，第二十镇管带。武昌起义后，与施从云、王金铭在滦州密谋响应，失败解职。1914 年随陆建章赴陕，任第十六混成旅旅长，加入基督教。1918 年奉命率军南下攻打护法军，因通电主和被段祺瑞免职，后经曹锟调停复职。1921 年升第十一师师长，旋任陕西督军。第一次直奉战争后，调任河南督军，不久改任陆军检阅使，驻军北京南苑。冯玉祥虽出身北洋，但具有一定的革命思想，对革命领袖孙中山怀有敬意，且他们同为基督徒，联系纽带又增加了一层。1915 年护国战争时，孙中山就通过教友徐谦的关系，致函冯玉祥的幕僚刘芳牧师，请他劝冯玉祥起兵反袁。1920 年驻军湖北汉口时，冯玉祥曾致书孙中山："中国已濒于危亡，真正救国，只有先生一人百折不回，再接再厉，无论如何

失败，我行我素，始终如一。""今虽扼于环境，未能追随，但精神上之结合，固已有日。"孙中山接到信后，即于 9 月密派徐谦、钮惕生为代表，持亲笔复函到汉口慰问冯玉祥。冯玉祥回忆："两位都是基督徒，又是我平常所稔知的朋友。他们对我说了很多鼓励和鼓舞的话，希望能够一致从事革命工作，使我很是兴奋感激。""把我多年的积懑和处境尽情倾吐一番。"双方从此信使往来不断。后来，冯玉祥又派遣秘书任祐民到广东看望孙中山，向孙表示，只要孙用得着，冯无不尽力以赴。在北洋，冯玉祥依附直系，但他受到直系实权人物吴佩孚的打压，在直系内并不得志。

除早已与冯玉祥书信往来外，孙中山还与直系内部的胡景翼、孙岳等部秘密联系，推动他们与冯玉祥共同建立反对曹锟、吴佩孚的联盟。

胡景翼（1892—1925），陕西富平人，字笠僧。1910 年，在井勿幕等人的介绍下，加入同盟会。武昌起义时，在陕西举兵响应。民国成立后赴日本，进入孙中山举办的"浩然庐学社"学习，见到了他仰慕已久的孙中山先生。结束学习后，1914 年奉孙中山命回陕西进行反袁斗争，在陕西督军陈树藩部下任职。1917 年，响应孙中山

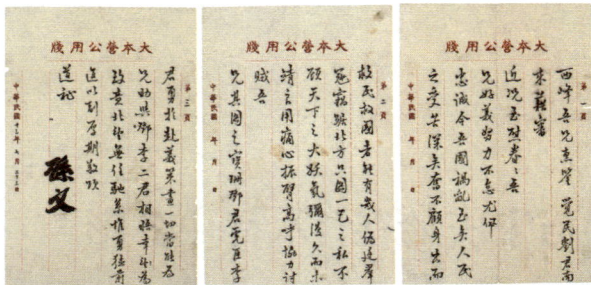

孙中山为北伐事致续西峰函

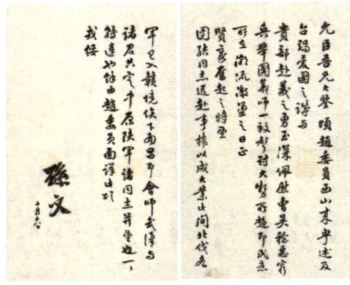

孙中山为争取陕军支持北伐事致
刘允臣函

的号召，参加组织陕西靖国军，讨伐陈树藩。1920 年，直系势力伸进陕西，面对不利局势，胡景翼接受直系改编。1922 年第一次直奉战争时，胡景翼与冯玉祥共同东出潼关助直反奉。但是战后，胡景翼同冯玉祥一样，受到吴佩孚的打压。

孙岳（1878—1928），直隶高阳人，字禹行。1904 年入保定武备学堂，毕业后在北洋第三镇任职，加入中国同盟会。武昌起义后，参与滦州兵变，失败后南下投奔革命党。受孙中山、黄兴器重，被委任为苏淞宁扬镇五路军总司令，驻长江以北，同清军作战，民国成立后任第九师师长。二次革命时，任北伐讨袁第一路军司令，失败后与李烈钧同流亡日本。后奉孙中山命回国反袁。1917 年投入曹锟手下。在直皖战争及第一次直奉战争中，为直系胜利立下战功。孙岳虽是北洋直系将领，但心向孙中山的革命事业。

中国国家博物馆收藏的孙中山致刘允臣、续西峰的密信揭示了孙中山与胡景翼、孙岳部的联络往来。刘允臣，名守中，陕西富平人，同盟会会员，早年参加辛亥革命，长期为胡景翼的亲信幕僚。1924 年 10 月，孙中山派往北方联络反吴势力的

赵西山持胡景翼、孙岳密信返广州，报告胡景翼、冯玉祥、孙岳将乘机发动政变的秘密计划。孙中山即托赵西山带回致胡景翼亲信幕僚刘允臣的信，赞扬其"爱国之诚"和"赴义之勇"，并"望团结同志迅赴事机，以成大业"。孙中山告以等其攻下南昌后，将与他们"会师武汉，共定中原"。刘允臣积极往来于胡景翼、冯玉祥、孙岳之间，推动三者在直系内部结成反对吴佩孚的联盟，并制订乘第二次直奉战争时发动"北京政变"的计划。胡景翼部的续西峰原为同盟会员，拥护孙中山的革命主张，他派代表刘觉民由天津赴广州面谒孙中山，报告将择时起兵反对曹、吴的计划，并拟成功之后请孙中山北上主持政事。孙中山复信称赞续西峰"奋不顾身而出而救国救民"，鼓励他"惟望勇猛前进，以副厚期"。

孙中山在直系内部联络同志反对曹锟、吴佩孚的努力产生了巨大的效果。1924 年第二次直奉战争期间，冯玉祥联合胡景翼、孙岳等部发动"北京政变"，囚禁曹锟，吴佩孚腹背受敌，从前线败退，直系势力顷刻间土崩瓦解。

90

北上议和　舍生忘死
1924 年 11 月孙中山与宋庆龄在日本神户合影

■ 刘　丹

　　1924 年 10 月 23 日，直系将领冯玉祥发动"北京政变"，推翻了曹锟的贿选政府。冯玉祥等致电孙中山等，主张"一切政治善后问题，应请全国贤达急起直追，会商补救之方，共开更新之局"。段祺瑞、张作霖也先后电请孙中山北上共商国是。孙中山 10 月 27 日电复冯玉祥等人："义旗事举，大憝肃清，诸兄功在国家，同深庆幸，建设大计亟应决定，拟即日北上与诸兄晤商。"11 月 10 日，孙中山行前发表《北上宣言》，主张对内召开国民会议，结束军阀统治，对外废除不平等条约，反对帝国主义侵略，以期唤起民众，和平统一中国。

　　1924 年 11 月 13 日上午，孙中山携夫人宋庆龄等乘"永丰"舰启程，各军政人员及机关团体代表数百人为孙中山送行。下午"永丰"舰抵黄埔，孙中山视察黄埔军校后于午夜 12 时乘"永丰"舰驶往香港。11 月 14 日 7 时，孙中山乘"春阳丸"邮船赴上海。

　　11 月 17 日到达上海后，孙中山和宋庆龄在莫利爱路 29 号寓所接见各界欢迎代表，并举行招待上海新闻记者茶话会。在会上，孙中山做了慷慨激昂的演说，他说："这次单骑到北京去，就是以极诚恳

的意思，去同全国人民谋和平统一。至于要达到这个目的……是要开一个国民会议……在国民会议席上，第一点就要打破军阀；第二点就要打破援助军阀的帝国（主义）……我这次往北方去，所主张的办法，一定是和他们的利益相冲突。大家可以料得到我很有危险。但是我为救全国同胞，求和平统一开国民会议，去冒这种危险，大家做国民的人便应该做我的后盾。"

　　1924 年 11 月 22 日，孙中山一行乘坐的"上海丸"抵长崎，受到长崎新闻记者、中国留日学生及华侨等 200 余人欢迎。孙中山在船上接见中国留日学生代表并发表演说，强调对外要废除一切不平等条约，打破列强的侵略，收回海关、租界和领事裁判权。中国应争取日本帮助中国废除不平等条约，实现中日亲善，经济同盟，获得无穷大利。11 月 24 日下午，"上海丸"抵神户。孙中山一行登岸后寓于东方旅馆，在东方旅馆与宋庆龄拍照合影，这是孙中山与宋庆龄最后一次合影。国家博物馆珍藏的这张照片是宋庆龄赠给好友柳亚子夫妇的，照片装裱在灰色硬纸板上，底衬上有宋庆龄题字："亚子先生、

夫人纪念。一九廿四年在天津宋庆龄"，底衬上有北京同生照相馆的字样。

1924年11月30日，孙中山乘"北岭丸"号离开神户前往天津。12月4日上午，孙中山偕夫人宋庆龄及众随员到达天津法租界美昌码头，受到各界人士的热烈欢迎。随后，孙中山与宋庆龄乘专车至张园。各欢迎代表随至，孙中山在张园的平远楼前的大台阶处与大家合影留念。孙中山向欢迎的各界发表了一个书面谈话，因身体不适，由汪精卫代为向众宣读，大意包括三点："第一点说明孙先生道经日本时曾忠告彼国朝野臣民，应本同文同种之谊，为互助合作之精神，取消二十一条及一切不合理的优先权；第二点说明在天津休息几天即去北京，赴京目的，并无权位观念，完全为促进召开国民会议，一俟时局粗定，当游历欧美，促使各国取消对中国的一切不平等条约及不合理的优先权；第三点说明孙先生对国民军修改清室优待条件及驱逐溥仪出宫的举动，表示满意。"

孙中山拜会张作霖返回张园后，即感身体不适，发冷发热，肝区疼痛，即请德国医生施密特诊治。12月5日，张作霖到张园回拜了孙中山，孙中山在病榻上接待了他。

12月18日，段祺瑞派的代表许世英、交通总长叶恭绰到张园请孙中山赴北京。在谈到外交问题时，当得悉段祺瑞对各国公使团有"外崇国信"的保证，孙中山声色俱厉地说："我在外面要求废除不平等条约，你们在北京偏偏尊重不平等条约，你们要升官发财，怕那些外国人，要尊敬他们，又何必来欢迎我呢？"一气之下，

肝病加重，原定于22日进京，只好延期。当时，北京各界人民殷切盼望孙中山早日进京，赴天津欢迎孙中山入京的人络绎不绝，医生也劝孙中山入京疗养。1924年12月31日上午，孙中山偕夫人宋庆龄及其众随员由张园起身至东车站乘专车入京。

孙中山置个人安危不顾，置病重之身不顾，长途跋涉，辗转北上，日夜操劳，为的是消除军阀混战、废除不平等条约，达到和平统一、救中国。孙中山离开天津后的71天即1925年3月12日便病逝于北京，逝世前，尚念着"和平……奋斗……救中国……"一代伟人壮志未酬而身先死，为后人留下"革命尚未成功，同志仍需努力"的嘱托，其开创共和的功绩、光辉伟大的人格、不屈不挠的意志都将永载史册。

1924年11月孙中山与宋庆龄在日本神户合影

91

革命尚未成功 同志仍须努力

于右任书孙中山《总理遗嘱》

■ 刘 丹

1925 年 3 月 12 日，孙中山病逝。病逝的前一天，孙中山由宋庆龄扶着手腕在准备好的遗嘱上签字。汪精卫作为笔记者，宋子文、孙科、孔祥熙、邵元冲、吴敬恒、戴恩赛、何香凝、邹鲁、戴季陶等人作为见证人也在遗嘱上签字，北京同生照相馆当场拍摄了遗嘱照片。13 日，《晨报》等北京报刊报道了孙中山去世的新闻及遗嘱全文。14 日，《晨报》刊登了《国事遗嘱》《家事遗嘱》照片。

然而，遗嘱并不是孙中山提前准备的，其订立过程至今仍有争议，目前主流持提前拟定说、汪精卫临时草拟说和孙中山口述说三种说法。

第一种是提前拟定说。随着孙中山病情日益加重，国民党政治委员会着手为其准备遗嘱，但是关于起草人是吴稚晖还是汪精卫学界尚有争议。孙科是订立遗嘱的亲历者和见证人之一，据他回忆，在孙中山谈及遗嘱要说些什么时，汪精卫答曰："我们已草就一稿，想读给先生听，先生如同意，就请签字；如不赞成，则请先生口示他语，我可笔记。"于是汪精卫乃将预写之遗嘱稿逐字读之。"先父甚感满意，这就是现在的《国父遗嘱》。另

备有家事遗嘱一纸，读罢，亦表满意，惟尚未签字。"而国民党元老于右任和张继则在回忆文章中认为，孙中山遗嘱是由吴稚晖起草，经过政治委员会再三讨论修改后，在孙中山病危时由汪精卫向孙中山口述，经孙中山签字而成。

第二种是汪精卫临时草拟说。汪精卫在 1926 年 1 月 4 日中国国民党第二次全国代表大会上答复国民党中央执行委员会、中央监察委员会的"接受总理遗嘱并努力履行之"提案时就孙中山遗嘱订立情形进行了说明："兄弟记得去年一月一日先生由天津进京时吩咐过几句话，……他亲口授兄弟写下的是'他积四十年革命之目的，是求中国之独立、自由、平等'……除这句话以外，先生此时还对我说明革命的方法，要特别注重两点：第一点是唤起民众；第二点是联合世界上以平等待我之民族，共同奋斗。兄弟听了他这几句话，就马上把他记起来，因为时间紧急，又在他面前写起的缘故，所以所写的字，很是草率。读给先生听过，他点头道：'好呀。'又预备一张家事的遗嘱，一字字的由兄弟念过之后，总理也点头说：'好。'我们原想即时就请总理签字

的，但孙夫人在房外，正在哭声很哀，总理就说：'你且暂时收起来罢，我总还有几天的生命的。'我们因此不敢再请总理签字，就把这张遗嘱折好，放在衣袋里，退了出来，随即到政治委员会报告。"

第三种是孙中山口述说。根据何香凝的忆述，以及《向导》周报关于孙中山病逝后的北京通讯，都说遗嘱是孙中山在病床上口授，由汪精卫当场笔录。何香凝回忆道："记得是二月二十二日，我们和孙先生谈立遗嘱的事，到了二十四日，遗嘱已经全写好了。预备的遗嘱共有三个，一个是国民党开会常念的那个，由孙先生口说，汪精卫在旁笔记的；还有一个是写给苏联政府的，由孙先生用英文说出，由鲍罗廷、陈友仁、宋子文、孙科笔记的。"

《总理遗嘱》本身没有标点，根据1937年4月1日，国民政府第212号训令，将《总理遗嘱》全文标点如下：

余致力国民革命，凡四十年，其目的在求中国之自由平等。积四十年之经验，深知欲达此目的，必须唤起民众，及联合世界上以平等待我之民族，共同奋斗！

现在革命尚未成功，凡我同志，务须依照余所著：建国方略，建国大纲，三民主义，及第一次全国代表大会宣言，继续努力，以求贯彻！最近主张开国民会议，及废除不平等条约，尤须于最短期间，促其实现！是所至嘱！

纪念孙中山在国民党的政治生活中一直是一件大事，这从对待孙中山遗嘱的态度就可见一斑。1925年5月16日，国民党召开第一届中执会第三次全体会议，就通过接受《总理遗嘱》案，发出宣言和训令，决定各级党部每次开会都要恭读

《总理遗嘱》。1926年1月4日，在国民党在广州召开第二次全国代表大会时，通过了接受遗嘱案，并有"凡我党员，如有违背遗嘱或曲解遗嘱者，作叛党论罪"的内容。至此，孙中山遗嘱有了法律上的意义。国民党执政期间，各种书刊、公文纸上印有《总理遗嘱》，并且恭读《总理遗嘱》成为许多集会、会议与典礼开始时的程序之一。党、政、军、文化界要人都曾手书总理遗嘱，以示总理信徒的身份。中国国家博物馆收藏有1927年于右任手书《总理遗嘱》。于右任是国民党元老，也是近代著名书法家。这篇《总理遗嘱》在魏碑体中融入行书和隶书的笔意，使藏品不仅蕴含着历史价值，更成为一件艺术珍品。

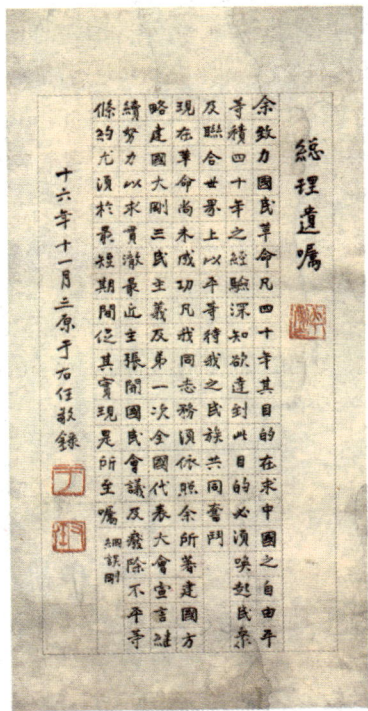

于右任书孙中山《总理遗嘱》

92

班禅的祝福
孙中山逝世后九世班禅献的陀罗经被

■ 刘 丹

1925 年 3 月 12 日上午 9 时 30 分，孙中山在北平铁狮子胡同 29 号病逝。在孙中山重病期间，曾遗言夫人宋庆龄，对其遗体的处置，愿意"按友人列宁保存遗体"的方法，用防腐方法保存。孙中山去世后，遵照孙中山的遗嘱，在病逝的当天正午，给遗体穿上大礼服，裹上陀罗经被，上盖海陆军旗帜，用病床送往协和医院施行保存手术。据资料记载，孙中山逝世后，九世班禅曲吉尼玛和前清废帝溥仪各送来一件陀罗经被，用于覆盖遗体。其中九世班禅曲吉尼玛赠予的陀罗经被如今保存在中国国家博物馆。陀罗经被是在藏传佛教传入中国后才出现于随葬品之中的。在清朝，只有皇室或者皇帝赐予方能使用，就目前发现的实物而言，故宫收藏的一件明黄织金陀罗纹经被除颜色与个别细节外，与国家博物馆所藏几乎一致。

佛教中认为在寿终之际，将陀罗经被覆盖于遗体之上，能使亡者罪灭福生，免除过去世间一切冤家魔障之难。九世班禅曲吉尼玛赠予的陀罗经被上标有人体部位的汉字："左肩""右肩""脐间""密处""左膝""右膝""左脚掌""右脚掌"，可以表明其用于覆盖遗体的用途。

国家博物馆所藏这件陀罗经被，被面红色，上用金线织有纹饰。最外围织缠枝纹，第二圈织银锭形纹，第三圈织 36 个团，团内是梵文，每个团外四角为翔凤纹，最里圈的花纹是银锭、花卉。被的中心是片金织梵文组成佛塔形，佛塔四周间饰杂宝、花卉。佛塔顶部织四个汉字"阿弥陀佛"。在塔的左上端织汉文："愿我命终过去时，面睹无量光如来，海会聚众慈悲力，信心明续竟未满，中有身识初见时，八大菩萨示正道，化生净土极乐国，复利娑娑诸有情，释迦最胜妙果位，我今所作未证间，得修清净微妙道，愿念出家之世间，总持辩才神通等，执持无量功德藏，能获无量慈悲智，所愿速得极菩提。"

佛塔右上端织文为："最上三宝吉祥地，出生无比之三宝，最上三宝光明中，而能清净大宝鬘，汝今即成大菩萨，成就胜道应于此，依化次弟而修学，资粮位与加行位，见到及彼修道位，无比最上殊胜道，今有间断菩提道，如是解脱道中等，以尽除诸业障迷，能往于彼圣道唵，啰得聶亡啰得聶亡麻局三巴斡啰得纳吉啰得聶亡啰得聶亡麻束必束的杓答耶萨哩斡仓巴仓哞登叱。""三界垢秽不能染，犹如无染净莲花，三有莲花而出坐，速能往彼极乐土，唵巴得灭仓巴得灭仓巴得麻三巴斡麻曷素喝。"

佛塔下端织汉文："此陀罗被乃按灭恶趣本续所作也，续云此灭恶趣威德王密咒，功德无量，不可思议，若为亡魂作利益者，书此密咒真言字种，贴于亡尸额、喉、心、密等处，或复佩戴盖覆亡者，是人魂识承佛如来密咒功德摄受之力，无始劫来种种罪业，悉皆清净不堕地狱、恶鬼、畜生，诸除恶趣。即得往生西方净土，莲花化生阿弥陀前，受菩提记。若彼亡魂极深重，不能往生西方净土者，承此摄受亦得往生人间天上，精修善行，毕竟往生莲花世界，获菩提果也。"

这件陀罗经被，除了佛教上的意义外，更重要的是班禅所代表的西藏领导人对孙中山及当时的国民政府表达的民族团结意愿。

辛亥革命胜利后，面对周边少数民族的分离倾向，孙中山提出了"五族共和"论。在1912年1月1日孙中山就任中华民国临时大总统的就职演说中，孙中山提出："国家之本，在于人民，合汉、满、蒙、回、藏诸地为一国，即合汉、满、蒙、回、藏诸族为一人，是曰民族之统一。"1912年3月11日孙中山公布的《中华民国临时约法》的"总纲"第三条规定西藏是中华民国22行省之一，以宪法的形式，从法律上规定了民国政府对西藏地方的主权。从当时的实践来看，"五族共和"的内涵与精神对于阻止边疆危机进一步恶化，解决国内民族问题发挥了重要作用。

九世班禅对中华民国的缔造者孙中山怀有深深的敬意。1929年5月26日下午五时，运送孙中山灵柩的灵车自北平前门东车站启程南下，随灵车赴南京的代表中即有九世班禅的代表冯德明。九世班禅还为奉安大典撰写藏文祭文，译文如下："维中华民国十八年六月一日，班禅额尔德尼叩祭我总理在天之灵。先生首创革命，得救众生，思同父母。先生前生种道德之宏因，今生得其济众之硕果。我西藏同胞遵仰先生领导之下，共循正轨；先生手造共和，奠国基于磐石之安，解放民众倒悬，俾登极乐世界，人民歌功颂德，有史以来，今古世界第一人也。昊天不吊，折我木铎，先生如在地之岳，在天之日。鞠诚哀告，伏惟尚飨。"通过祭文，可以看出九世班禅对孙中山的革命活动有深刻的认识，并对孙中山的历史功绩给予了积极的评价。

孙中山逝世后九世班禅献的陀罗经被

93

无尽的思念
纪念孙中山的《哀思录》

■ 周靖程

"天下为公大道行——纪念孙中山诞辰150周年大型馆藏文物展"中有本纪念孙中山的《哀思录》，蓝底封面，纵28.4cm，横17.5cm，厚度7.5cm，为印刷的线装本古籍。

《哀思录》是一种类似于悼词的书籍，多由相关治丧机构编纂出版，以表达对逝者的缅怀和哀思。1925年4月，国民党中央执行委员会在上海成立"总理葬事筹备委员会"，也称"孙中山先生葬事筹备处"，委员有张静江、汪精卫、叶楚伦、宋子文等12人。筹备处的主要任务是在南京紫金山选址，建造中山陵，另外还编纂出版了《哀思录》。纪念孙中山的《哀思录》共3册。第1册由吴敬恒题写书名，共7卷，分别是"遗像""遗嘱遗墨""自传""由粤往津记事""病状经过""医生报告""治丧报告"；第2册由张静江题写书名，共4卷，分别是"海外各地追悼会摄影""吊唁函电""祭文""海外各地追悼记事"；第3册由胡汉民题写书名，也有4卷，分别是"分海内各地追悼会摄影""悼歌悼曲""挽联""海内各地追悼记事"。

展览中的《哀思录》为第1册。翻开此书，在目录之后映入我们眼帘的是一组孙中山"遗像"，此卷共选取了7张颇具代表性的历史照片，对其生前身后的几个重要人生结点予以再现。前5张是孙中山青年和晚年时的照片，后两张是孙中山逝世后所拍的铁狮子胡同行辕病室和西山碧云寺灵堂。

卷二分"遗嘱""遗墨"两项内容。遗嘱是汪精卫书写、孙中山手签的"国事遗嘱"和"家事遗嘱"，遗墨包括孙中山手写的《建国大纲》《民族主义自序》，及其手抄的《礼运》"大同"篇。《礼运》是《礼记》中的一篇，全文借孔子与子游的对话，论道了礼的起源、运行与作用，而其中最精彩的文字，即孙中山手抄的"大同"篇，一直为儒家先贤所津津乐道，它勾勒出"天下为公，选贤与能，讲信修睦"的大同社会，对历代政治家，改革家都有深刻的影响。孙中山在倡导西方民主思想的同时，也继承、延续了古人的大同理想，他曾多次题词"天下为公"，并在晚年两次全文抄录《礼记·礼运篇》。

卷三名为"自传"，实为孙中山所著《建国方略》之一《孙文学说》第8章"有志竟成"一文。由于当时流布于市面的中国革命著作，多出自文人学士之手，与事实有所出入，未能起到凝聚人心，坚定革命信念的效果。孙中山作为革命的领导者和亲历者，便以"自传"的方式，通过"追述革命原起，以励来者，且以自勉"。

卷四"由粤往津记事"，由孙中山生前秘书黄昌谷撰写，详细记述了孙中山率众从广州，经香港、上海、日本长崎、神户，抵达天津时的各项欢迎、会见等活动。

卷五"病状经过"，分"驻津养病时代""北京饭店养病时代""协和医院养病时代""铁狮子胡同养病时代"4部分内容。1924年12月4日，孙中山刚到天津就病倒了，先后请日本医生松冈、德国医生施密特等人诊治，病情忽好忽坏。年底，孙中山扶病入京，住在北京饭店，由协和医院德国、美国医生共同会诊，确诊为肝癌，采用针药治疗。1925年1月26日，孙中山入协和医院接受手术，但为时已晚。2月18日，病情日趋严重的孙中山，通过升降机、特备汽车等工具，转至铁狮子胡同5号行辕（今张自忠路23号）休养。

卷六"医生报告"，分"协和医院之报告""克礼医生之报告"两部分。协和医院报告，从1925年1月27日至3月12日，详细记录了这期间孙中山的医治、用药、脉搏、体温等情况，其中还特别提到协和医院院长刘瑞恒写给孔祥熙，请其转达孙中山家属的一封信。刘瑞恒在信中，如实相告孙中山家属，"孙先生入本院即发觉所患为肝癌最末时期，为不治之症"；由于德国医生克礼为孙中山病情会诊主任，所以他也记有医生报告。"克礼报告"自2月19日记至3月12日，其

内容与协和医院报告基本一致，但较为简略。

卷七"治丧报告"，分"治丧处之组织""治丧经过"两部分。孙中山逝世后成立的"北京治丧处"，由秘书股、事务股、招待股组成，他们承担了整个治丧期间的各项组织活动；"治丧经过"分"逐日大事记""儿亲到中央公园记事""奉安西山碧云寺"三小节，全面记述了孙中山逝世后的灵堂布置、在协和医院举行家祷礼、中央公园公祭、移灵西山碧云寺等过程。

《哀思录》真实记述了孙中山北上等革命奋斗历程，并且详细记录了孙中山的治病经过、治丧经过，描写了很多鲜为人知的历史细节，具有很高的史料价值。

纪念孙中山的《哀思录》

94

孙中山追悼会二则

两枚孙中山纪念章

■ 周靖程

　　1925 年 3 月 12 日，孙中山在北京与世长辞，在京国民党人立即向海内外发布讣告，并迅速成立"孙中山先生治丧办事处"，通电全体国民党员左臂缠黑纱 7 日，停止宴会娱乐 7 日，邀集各团体开追悼大会。在此后的一个多月时间里，国民党国内外各地党部，海内外社会各界，包括党、政、军、农、工、商、学、兵，以及海外华侨、国际友人等举行了一系列悼念孙中山的活动。当时，北京、上海、广州、西安、济南、香港、台北等几乎所有的大城市，和香山（1925 年 4 月 16 日改称中山县）、无锡、南通、嘉兴、常德等许多中小城市，以及苏联、日本、美国、英国、法国、墨西哥、越南等国的部分城市都举行了孙中山追悼会，这其中大部分是由国民党主办的，也有一部分是民间各界人士自发举办的。

　　孙中山逝世时，国民党虽然在野，却是国内第一大党，社会影响力巨大，它也自然越过北洋政府，成为孙中山系列治丧追悼活动的主导者。除了几乎遍布全国各地的国民党党部外，国民党海外各地党部也纷纷遵照治丧办事处的命令，举行孙中山追悼会。中国国民党是 1919 年

成立的，其前身是中华革命党、中国同盟会，甚至更早的兴中会。由于孙中山等革命党人曾长期在海外宣传中国革命，筹资募款，培育了庞大的海外革命力量，所以国民党的海外党部亦不在少数。据统计，孙中山逝世时海外国民党组织总支部有 14 个，所辖支部 88 个，分部 524 个，区分部 875 个。

　　孙中山逝世后，全国甚至世界各地发行了很多纪念孙中山的纪念章。这枚"孙总理千古"纪念章（右上图），是中国国民党日本横滨支部召开孙中山追悼大会期间颁发的。获悉孙中山逝世的消息后，中国国民党东京、横滨支部于 1925 年 3 月 13 日召开执行委员会紧急会，决定做孙中山遗像明信片，制孙中山纪念徽章，并拟定日期召开党员哀悼大会。3 月 22 日，中国国民党横滨支部召开孙中山追悼大会，会场中悬挂孙中山遗像，两旁高挂挽联挽幛，广东全省商会联合会会长王棠等人相继发表演说，追述孙中山的革命事迹及其三民主义思想，勉励党内同志继承总理遗志，担负起国家的责任，全体人员感言泣下。这枚纪念章为金质，直径 2.8cm，正面是孙中山头像，左下

方有"HATA"的英文字样，背面中间书"革命尚未成功，同志仍须努力"，上方书"孙总理千古纪念"，下方书"中国国民党驻日本总支部谨制"。"革命尚未成功，同志仍须努力"是孙中山对国民党人的政治嘱托，在他逝世后一般也作为各地哀悼灵堂中遗像两旁的挂联。至于"HATA"的字样，在同时期发行的其他孙中山像纪念章中也出现过。因这类纪念章的孙中山像浮雕十分精致，极有可能是外国造币厂代制的，所以"HTTA"很可能是外国雕刻师的签名。

孙中山虽然不是名义上的国家元首，但其社会声望当时远在北洋政府各首脑之上，深受人们的爱戴，所以很多民间团体也自发举行追悼会。这枚纪念章（右下图）是香山旅沪同乡会举行孙中山追悼大会期间颁发的。纪念章呈圆形，孙中山头像置于内圆中间，外圆为国民党党徽，上方书"追悼孙公纪念"，下方书"香山同乡"。1925 年 4 月 19 日，香山旅沪同乡会在上海虬江路举行孙中山追悼大会，礼堂中悬挂孙中山全身遗像，两旁缀以生花绿竹，周围悬挽联数百副，显得格外凄凉壮丽。到会者千余人，其中有数人发表演说，讲述孙中山之三民主义。上海开埠通商后，很多香山买办随洋商入沪，后来在他们的不断带动下，以及上海本身迅速崛起成为"冒险家乐园"的吸引下，越来越多的香山人涌入这座新兴城市，并逐渐形成一个以买办为核心的精英群体。经过长时间的孕育，1922 年在上海成立了旅沪香山同乡会，由沪上巨富陈炳谦任会长，集中了旅沪香山籍成功人士。孙中山是香山人的翘楚，也是当时社会最有影响力的人物，而

且由于其多次到上海，与旅沪的香山同乡一直保持着良好的关系，深得他们的拥护与尊重。

中国国民党驻日本总支部制的孙总理千古纪念章

香山同乡追悼孙公（中山）纪念章

95

选址紫金山　建造中山陵

孙中山先生安葬纪念章

■ 周靖程

孙中山先生安葬纪念章，一般也称为奉安纪念章，由美国著名雕刻家爱迪肯制模，美国纽约徽章美艺公司铸造，铜质，直径7.6cm，没有别针和挂链，不作佩戴之用。1929年6月1日奉安大典时，国民政府发给每位与会代表一张赠券，规定次日即可凭此券去国民党中央党部领取奉安纪念章。当时并没有赠完，1930年国民政府将剩余的纪念章，赠予应征设计灵谷寺国民革命军阵亡将士纪念塔方案而没有获得奖金的参与者。纪念章呈圆形，正面铸孙中山浮雕头像，背面刻有中山陵祭堂的建筑浮雕，上方刻吴敬恒篆书"孙中山先生安葬纪念　中华民国十八年三月十二日"，绲边印着英文"MEDALLIC ARTCO·N·Y"，即纽约

徽章美艺公司。纪念章的日期为中华民国十八年三月十二日，即1929年3月12日，是因为国民政府原定于在这一天举行奉安大典，但当时通往中山陵的主干道——迎榇大道没有完工，才改成在6月1日举行，而在决定更改日期之前，驻美公使伍朝枢已经向美国定铸纪念章了。

奉安纪念章背面的中山陵，是孙中山的陵墓，多年来它已经成为南京的象征，成为海峡两岸人民共同缅怀孙中山的记忆符号。紫金山也称钟山，位于南京城东郊，三峰相连，宛如巨龙，形势十分险要，它与西面的石头城遥相对应，使南京素有"龙盘虎踞"之称，自古便为帝王之家，也是中华民国的第一个首都。对于孙中山来说，南京凝结着他太多的革命记

孙中山先生安葬纪念章

忆，以及无限的未竟期许。而选址紫金山除了山势之外，还有一个重要原因，即这里有明孝陵，埋葬着孙中山十分推崇、与自己同样"驱除鞑虏，恢复中华"的明太祖朱元璋。所以，能够安葬南京紫金山，就成为孙中山生前的一个愿望。1912年3月21日，孙中山辞去临时大总统职务后，与胡汉民等人来到紫金山明孝陵狩猎散心，当他看到眼前山峦巍峨，翠峰如簇的景色时豁然开朗，笑着对左右说，"待我他日辞世后，愿向国民乞此一抔土，以安置躯壳"。临终之前，孙中山更是嘱托汪精卫等人，"吾死之后，可葬于南京紫金山麓，因南京为临时政府成立之地，所以不可忘辛亥革命也"。

孙中山逝世后，遵照孙中山生前遗愿，国民党人将其遗体在协和医院进行防腐处理后，暂厝北京西山碧云寺，待中山陵建成后再安葬南京。1925年4月，国民党中央执行委员会成立"总理葬事筹备委员会"，议决在南京紫金山选址建造陵墓。同月，宋庆龄、孙科等人三次登上紫金山选择墓址，最后确定在地势开阔，且高于明孝陵的紫金山中茅山南坡修建陵墓。但当时南京正处于北洋军阀统治之下，这事国民党说了并不算。为此，葬事筹备委员会与南京当局数次交涉圈地建陵，最后仅立案2000亩，直到国民党北伐成功定都南京，才于1928年3月将紫金山全部划为陵园。

选址、圈地之后便要开始建陵，但如何使这项具有重大历史意义的工程，既能体现孙中山的革命思想，又能得到民众的认同，凝聚民族的记忆，必须慎之又慎。1925年5月，葬事筹备处在《申报》刊登启事，向全世界公开征集孙中山陵墓设计图案，大致要求作品庄严朴素、兼具中西风格，并且要保证参观的便利，使之成为一个开放的纪念空间。截至9月15日，共有40余种中山陵设计图案参与应征。葬事筹备委员会为此特别聘请南洋大学校长凌鸿勋、德国建筑师朴士、中国画家王一亭、雕刻家李金发担任评判顾问，对这些图案逐一评判，并写出书面意见，最后由宋庆龄、孙科等孙中山家属与委员会评选出各个奖项。

在所有应征图案中，获誉最多者为吕彦直设计的警钟形图案，他也因此获得首奖，并被聘为中山陵建筑师。吕彦直（1894—1929），安徽滁县（今滁州市）人，中国近代杰出建筑师，设计中山陵时只有33岁。在中山陵主体工程施工过程中，吕彦直数次往返于沪宁之间，并长期住宿山上，督促施工，终因积劳成疾，于1929年3月18日病逝。次年，国民政府在中山陵为吕彦直立碑纪念，但遗憾的是，此碑于抗战期间丢失，至今下落不明。

1926年3月12日，国民政府举行中山陵奠基仪式，工程历时3年，1929年春基本完工，全部工程于1931年底竣工。整个中山陵的布局从南向北，牌坊、陵门、碑亭、祭堂等建筑由低到高依次排列，依山势而成一大钟形，有"木铎警世"之意。1929年6月1日，国民政府举行隆重的奉安大典，孙中山灵榇被放置于祭堂下面的墓室中，一代伟人就此长眠中山陵。

96

奉安大典的文字记录

《总理奉安实录》

■ 刘 丹

　　孙中山北上抵京后，1924年1月2日，德国医生狄博尔、克礼、美国医生施密特等会同诊视，断定孙中山所患为"最烈肝病"。孙中山拒绝了医生外科手术的建议，只约了克礼医生以内科施治。1月23日，克礼医生发现仅用药物已经无法控制病情，必须进行手术。三天后，手术在协和医院进行。当医生打开孙中山的腹壁，却发现他的肝部已经坚硬如石，生有恶瘤，腹腔内多处组织甚至已经黏连在了一起，已无法救治。医生们只好将病变化脓的组织进行简单处理，取出小块组织进行病理检验，最后断定，孙中山已是肝癌晚期。后来，孙中山又尝试了当时最先进的放射性镭锭照射疗法、中医疗法，以及日本新发明的驱癌药液"卡尔门"等。然而，这一切都无法挽救孙中山的生命。

　　1925年3月11日，孙中山由夫人宋庆龄扶着手腕，在之前准备好的遗嘱上签字，而后连连低呼："和平……奋斗……救中国……"3月12日上午9时30分，孙中山伟大的一生走到了终点。

　　3月19日，孙中山灵柩从协和医院移至中央公园社稷坛大殿，供各界人士和广大民众吊唁。由于自发前来的民众过多，使得东单三条、帅府园一带交通断绝，王府井人山人海。从王府井、长安街、天安门到社稷坛道路两旁站立恭迎的民众达12万人。仅一周时间，公祭处收到花圈7000余个，挽联5900余幅，签字留名的吊唁者746823人、机关团体1254个。

　　孙中山逝世后，段祺瑞北京政府曾准备为孙中山实施国葬，并在非常参议会上通过并拟定国葬办法。当时国民党人出于政治考虑拒绝了北京政府的安排，决心另行为孙中山举行葬礼。

　　1925年4月18日，孙中山葬事筹备处在上海成立，推定张静江为主席，杨杏佛为主任干事，孙科为家属代表，共同负责孙中山营葬事宜。同年5月，葬事筹备处登报面向海内外征集孙中山陵墓设计方案并采纳吕彦直设计的钟形方案。1926年1月，陵墓在孙中山生前选定的南京紫金山动工，由于当时战事频仍，直至1929年5月才基本完成。

　　1929年，已在形式上完成全国统一大业的南京国民政府为孙中山举行隆重的"国葬"仪式，即"奉安大典"。

　　奉安大典和奉安之前的奉移（将灵柩

总理奉安委员会编印的《总理奉安实录》

从临时停灵的香山碧云寺移送至南京国民党中央党部的过程称作"奉移")的各个方面都经过了精心策划。迎榇路线几经改易。参加奉移的轿夫都提前半个月前往南京训练。为了确保奉移的顺利进行，北京特派迎榇专员办事处制印了《中山先生灵榇奉移秩序》《恭移总理灵榇送殡行列次序》等章程，详细规定了每一行列送殡者的身份、先后次序以及行列间相隔的距离、士兵枪口朝向等细节。奉安委员会又就赙赠物品、参加奉安典礼人员、奉安仪式等做了非常细致的安排。

1929年5月26日，孙中山灵榇专列从北平驶往南京。灵车从北平东车站开出后，得到沿途各站当地党政官员及各界民众的热烈响应。济南早于5月中旬就着手准备迎榇，搭建松柏牌坊与演讲台，全城街道均悬标语。自5月26日起，济南"各

界一律下半旗志哀，左臂缠戴黑纱，并停止一切宴会娱乐七天"。27日，孙中山灵柩抵达济南，全市放假，早6时，各界民众10余万整队到津浦车站大会场，手持花圈、传单等物，沿途高呼口号。沿途其他车站也都严阵以待。5月28日凌晨，当灵车行抵曹老集车站时，突降大雨，但车站两旁以青年学生为主体的民众队伍，依然肃立在站台上，"一任风雨淋湿他们的衣裳而一丝不动"。

5月28日，灵榇抵达浦口，奉安大典的迎榇仪式开始。灵榇按国民党颁布的《迎榇礼节》由浦口运送至中央党部公祭三天。6月1日，孙中山灵榇奉安中山陵，宋庆龄等孙中山家属、国民党军政各界要员、多国公使、海外友人、民间团体等多达20万人参加了典礼。

为了使这个记忆流传下去，整个迎榇、奉安过程委托北京同生照相馆跟随拍摄，并将所得照片出版为《总理奉安纪念册》。另外，有奉安委员会在大典结束后将所有葬事筹备、迎榇、奉安经过编集成篇，定名为《总理奉安实录》，1930年付印出版。由国民党中央宣传部赠送参加奉安大典的各界代表每人一册以资永久纪念。

97

奉安大典的影像留存
北平同生照相馆摄制的《总理奉安纪念册》

■ 刘 丹

1926 年 6 月 1 日，南京国民政府为孙中山举行了葬礼——奉安大典。这场声势浩大的"国家仪式"前后历经四年的准备，留下了许多影像纪录，其中北京同生照相馆拍摄的《总理奉安纪念册》是最权威、最详细的。

奉安大典事无巨细均经过详细策划，关于仪式上的摄影问题也经过专门讨论。迎榇专员办事处在第五次会议上讨论决定："凡请求摄影者，须经本处核准，给予特别许可证，方可随榇摄影。凡摄之影，须经本处审查后方许可发卖。""核准同生照相馆给予特别许可证，随灵榇摄影。核准北洋美术社给予许可证，随灵榇摄影活动写真片。"5 月 26 日凌晨，在北平香山碧云寺普明妙觉殿灵堂内，奉移礼节开始之前，"覆盖棺套后，同生照相馆至堂前用镁光摄影，摄毕，举行奉移礼节"。奉移礼毕"一时三十五分，灵至大门前将下石阶时，各报摄影记者竞相摄影，镁光炫目，照耀如同白昼"。可见尽管沿途有许多别的照相馆、摄影记者可以拍摄奉安大典，但部分场合只有同生照相馆有"独家"拍摄权。

北京同生照相馆位于前门廊坊头条，创办于 1910 年，馆主是广东人谭景棠。

谭景棠原先是上海耀华照相馆的学徒，1904 年入股上海丽华照相馆，后因经济纠纷退出，转而"远历重洋，考参学光"。1908 年，谭景棠在上海北四川路开设上海同生照相馆，恰逢苏杭甬铁路通车，同生照相馆迅速派员前往拍摄，从此与铁路摄影结缘。1909 年，中国首条由中国人自行设计的铁路——京张铁路建成通车，京张铁路工程局委托同生照相馆将建筑房厂、桥道等拍摄照片，汇集成《京张路工摄影》。全册照片制作精美，具有强烈的纪实性和新闻性，京张铁路总工程师詹天佑因此颁给同生照相馆"精工速肖"奖牌一枚。其后，同生照相馆还赴华北拍摄制作了《津浦铁路南段摄影集》《京师环城铁路工程摄影集》等大型铁路照片册。宣统初年，同生照相馆更是被聘请进京为慈禧太后和光绪皇帝的葬礼拍摄照片。1910 年，谭景棠意识到北京照相市场的潜力，在前门廊坊头条创立分馆，将上海同生照相馆交与胞兄谭存照经营。由于谭景棠交游广阔，同生照相馆经常为北洋政府要人、社会名流服务，并为官方重大活动提供摄影。

同生照相馆与孙中山结缘于 1911 年 12 月 25 日，这天流亡海外的孙中山在上

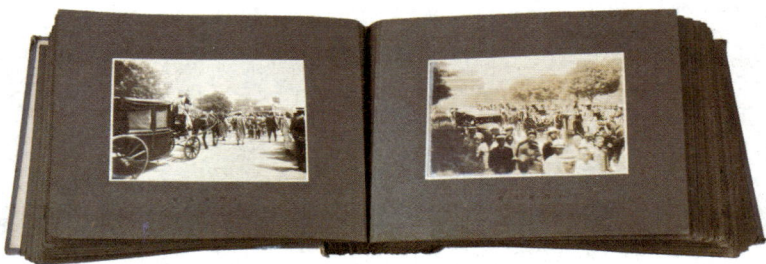

北平同生照相馆摄制的《总理奉安纪念册》

海三马路外滩海关码头登陆，开始着手主持成立中华民国。他特地去上海同生照相馆拍摄肖像一帧，以备未来宣传之用。这帧半身西装像，深得孙中山满意，后来被当作"标准像"多次赠送友人。1924年，孙中山应冯玉祥邀请北上共商国是，旅京的广东同乡开会组织了"旅京广东同乡欢迎孙中山筹备大会"，地址就设在中山公园同生照相馆。

孙中山病逝之后，经孙中山的卫士、同乡马湘推荐，其国事、家事遗嘱均由同生照相馆当场拍摄，其后的家祭仪式，以及由协和礼堂移柩至中山公园公祭的全部过程，都由其独家摄影。4月7日，这些照片全套出版并公开发售，中国国家博物馆藏《总理奉安纪念册》和《纪念孙先生纪念册》即为其中之一。

《纪念孙先生纪念册》为黄褐色卡纸封面，三孔线装，长22.5cm，宽18cm。封面印有"纪念孙先生照片之一""北京同生照相馆摄制"字样。共有照片57张，主要展现了孙中山逝世后，遗体由协和医院进行防腐处理；孙中山灵柩移至中央公园、举行公祭后灵柩移往北京西山碧云寺暂厝的整个过程。比较全面地反映了1925年孙中山逝世后北京的追悼活动，如孙中山行馆内设的灵堂、宋庆龄等

亲属守灵、北京市民迎送灵柩、中央公园社稷坛公祭、移灵碧云寺等情景。影集内照片全部原照粘贴，每张照片下方配有文字说明。

《总理奉安纪念册》相册长34.7cm，宽24cm，封面为紫灰色硬卡纸，中间印有"中华民国十八年五月廿六日至六月一日""总理奉安纪念册 第一集 汉民敬题""北京同生照相馆摄制"等字样，四周由梅花枝条围绕，顶部绘以梅花拥簇着中山陵主建筑——祭堂的图案。相册中共有照片160张，均为黑白照片，尺寸13cm×19cm，每张照片下面附有文字说明。主要内容共分为四个部分，一为孙中山灵榇公祭后暂厝于香山碧云寺，碧云寺外景、易棺、移灵及公祭照片共21张，二为灵榇起灵至抵达南京浦口车站沿途照片97张；三为灵车抵达浦口车站后扶灵榇至威胜舰，至中央党部礼堂公祭照片25张；第四部分为奉安大典当日，从中央党部至中山陵照片17张。

同生照相馆以记录孙中山先生生前光辉形象和死后哀荣，不仅在当时名声大噪，也给后人留下了一笔重要的遗产，凭借奉安大典相关照片，我们得以生动地重温这场民国时期空前绝后的国家典礼，永志孙中山先生的革命精神。

98

一诺千金重　生死亦同盟
日本友人梅屋庄吉出资铸造的孙中山半身像

■ 周靖程

孙中山一生结交了很多同情、支持中国革命的国际友人。其中有一位叫梅屋庄吉的日本人，对孙中山重信守诺，生死与共，几乎用尽毕生的精力帮助孙中山和中国革命事业。

梅屋庄吉（1868—1934），日本长崎人，认识孙中山之前，只是一名普通的商人，在香港经营一家照相馆。1895年春，孙、梅二人在香港结识，由于志趣相投，彼此一见如故。梅屋十分赞同孙中山的思想主张，敬佩他的勇气才智，当他听孙中山说要发动广州起义时，当即承诺"君若举兵，我以财政相助"。

梅屋一诺千金，他一生都在经济上全力支持孙中山的革命事业，几乎倾其所有。广州起义前，梅屋购置枪支援助革命；武昌起义爆发后，梅屋克服财政困难，两次给革命军汇款；孙中山反袁期间，梅屋协助孙中山创办中国第一所航空学校，并承担了全部运营经费。

1913年9月至1916年5月孙中山流亡日本期间，是孙、梅二人相处最长、交往最深的时期，他们一起探讨革命，一起聚会，一起游玩，留下很多美好的回忆。这张孙中山与梅屋夫妇的合

孙中山与梅屋夫妇的合影

影，是1914年11月17日在东京拍摄的。这一天，梅屋夫妇先是陪同孙中山到麹町区有乐町大武照相馆合影，孙中山端坐前面，梅屋夫妇分立两后。随后，三人一同来到国技馆观赏菊花，东京的秋天天高气爽，各种菊花盎然绽放，孙中山与梅屋谈笑风生，心情十分愉快。孙中山回国后，孙、梅双方聚少离多，只在1918年有过短暂的会面，但他们一直都有书信往来，梅屋经常给予孙中山经济资助和政治声援，二人虽隔千里，仍若比邻。

孙中山逝世后，梅屋变卖家产，甚至将妻女的首饰拿去典当，花重金聘请日本著名雕刻家牧田祥哉设计、著名铜像铸造业主筱原金作铸造孙中山铜像，四尊立铜像共花费126400日元。

1928年底，第一尊孙中山铜像竣工，高3.6米，重7吨，身穿西装的孙中山站在讲台上左手叉腰，右手伸向前方，向大众宣传三民主义的形象栩栩如生。1929年3月，梅屋偕妻女亲自护送铜像到中国，以"报答明治二十八年（1895年）于香港握手以来，结盟三十年的故友"。梅屋将第一尊铜像捐赠给南京中央陆军军官学校（后移至南京中山陵），该校是国民政府1928年设置的军事教育机构，其前身是广州黄埔军校。1929年10月14日，孙中山铜像揭幕典礼在南京中央陆军军官学校隆重举行，蒋介石、胡汉民等国民政府要员，及中外各界代表一万余人出席揭幕仪式。梅屋受邀为铜像揭幕致辞，他表示赠送铜像的目的"在于万众一旦瞻仰，更为先生之至明至德所感化，发奋遵奉其遗训，为建设三民主义国家和完成统一和平而一致努力"。1930年，梅屋夫妇又先后两次，护送其他三尊孙中山铜像到中国，分别捐给黄埔军校（由于黄埔军校主体已迁往南京，改称中央陆军军官学校，原校址只有少数学生，1930年9月即告停办）、中山大学（其前身是国立广东大学，1926年更名为国立中山大学）和中山县。赠给中山县的铜像原存放于翠亨村孙中山故居，后在抗日战争时期转移至澳门国父纪念馆，至今仍在那里受到人们的瞻仰。

梅屋来华期间还带来100尊孙中山半身小铜像，送给包括宋庆龄等孙中山亲属、友人等作为纪念。这尊孙中山半身铜像高23cm，面容慈祥、目光如炬，表现出一个革命家的自信与坚定，它是梅屋赠送给孙中山生前卫士长刘海山的。

梅屋原本计划再铸三尊孙中山铜像，分别立于北平、武昌和上海，使这些有着孙中山重要人生记忆和革命重大转折记忆的城市，都可以再现伟人的风采。但"九一八"事变爆发后，中日关系恶化，梅屋由于与孙中山及国民政府的特殊关系，在日本的日子并不好过，加之年迈多病，资金短缺，这一计划终究未能实现。

梅屋庄吉是孙中山的忠实追随者。自香港结盟以来，梅屋一直恪守承诺，不遗余力地支持孙中山，及中国革命事业，直到逝世。梅屋在临终前留下如是遗言：吾人为中国革命所做之一切，均是为恪守与孙中山之盟约。

日本友人梅屋庄吉出资铸造的孙中山半身像

99

父女恩怨
孙中山女儿孙婉在美国加州州立大学留学时的肖像剪影

■ 项朝晖

这张白色纸片上的黑色剪影是一个少女的侧面全身像，少女面部轮廓柔和，下巴微抬，平视前方。她头戴一顶饰有花叶和丝带的宽檐帽，一根长辫垂于后背。她身着过膝长裙，脚蹬小巧的皮鞋，左手似握有一本书，自然地放在身侧。剪影透出少女的文静秀气，她就是孙中山先生的次女孙婉。

孙中山一生有过三个儿女，长子孙科，长女孙娫，次女孙婉，都是发妻卢慕贞所生。孙婉1896年11月12日生于檀香山，碰巧与孙中山同天生日。她出生的时候，孙中山正被囚于英伦。童年的孙婉很少能见到父亲，一直与母亲、姐姐寄居在檀香山的伯父孙眉家中。1907年，她与母亲和姐姐随大伯一家从檀香山迁居香港九龙，三年后，才赴南洋与父亲短暂地团聚。1912年孙中山就任中华民国临时大总统后，她才与母亲姐姐一起被接回国内。

孙中山被迫辞去临时大总统后，袁世凯为了收买人心，特批孙科以"勋人子弟"的身份官费赴美留学，孙科同时给孙婉争取到了加州州立大学的入学资格。16岁的孙婉离开父母赴美留学，就读于加州

州立大学文学系。1913年，姐姐孙娫因病早逝，孙中山非常悲痛，他将爱女之心倾注在孙婉身上。他嘱托即将赴美留学的同盟会会员王伯秋照顾孙婉。正是这一嘱托，导致了孙中山与孙婉之间的一段父女恩怨。

王伯秋，湖南湘乡人，生于官宦之家，在日本早稻田大学政治系留学期间加入了同盟会，因学业优异、办事干练，深得孙中山的赏识与器重。到美国后，他遵照孙中山的嘱托，对孙婉关爱呵护有加。这使得从小缺少父爱的孙婉很快对他产生了依恋，坠入了情网。孙中山得知这段恋情后，表示坚决反对，因为王伯秋年长孙婉12岁，早在15岁时，就已结婚成家，是一个有家室和孩子的男人。坚决抵制一夫多妻的孙中山无法接受这个事实，他当即拍电报要求孙婉退婚回国，电报中称："新政与新婚必是有冲突的，尤其做小一事，婉儿应该好好反省……益速速回国，把事情办理妥当。"

热恋中的孙婉难以接受父亲的意见，在她的印象中，相处不多的父亲是个冷冰冰的"伟大人物"，是属于国家的却不是"属于我的，甚至连我的婚姻也要横加阻

拦"。基于少年的"父亲反对的，我就偏要拥护"的叛逆心理，1914年她毅然与王伯秋在美国结婚。婚后夫妻恩爱，并育有一儿一女。

孙中山得知他们结婚的消息后，又严命王伯秋必须与原配夫人离婚，否则就不承认他这个女婿。1919年孙婉夫妻回国。王伯秋因母命难为，离婚不成，而在同盟会和国民政府里的职位也因"重婚"一事被一降再降，最后不得不带着一双儿女离开了孙婉。孙婉痛苦得一度精神失常，父女间原有的隔阂又加深了一重怨恨。

1921年3月19日，孙婉带着一腔悲怨嫁给了留美法学博士戴恩赛，虽然婚后夫妻感情融洽，也育有一儿一女，但也难解对父亲的成见。他们结婚当天，孙婉就拒绝了父亲与哥哥出席自己的婚礼。当收到父亲寄来的4000元礼金"嫁妆"时，她连信也不回，并将"嫁妆"直接转交母亲卢慕贞，发誓不用父亲一分钱。

1925年2月孙中山在北京病危，孙婉也不肯北上去见父亲的最后一面。孙中山在病中草拟了致苏俄政府遗书后，特意吩咐夫人宋庆龄把自己的一张照片送给孙婉做纪念。弥留之际，他还拉着陪伴在侧的女婿戴恩赛的手，喃喃地说，"婉儿快来，婉儿快来……"这一声声呼唤，是作为父亲的孙中山，在生命的最后一息表达的对爱女的牵挂和愧疚。

1949年10月，广州解放前夕，孙婉随丈夫偕女儿移居澳门。随着年龄的渐长和思想的成熟，孙婉也渐渐理解了父亲。晚年面对记者的采访时，她说："哪有亲爹不爱儿？只是他国事繁杂，哪里还顾得了家事。……而作为男人，他的担当

太多，根本没有时间给我解释，当时的我也实在太过倔强，不屑于听他的任何解释。当我翻悟之时，一切已如黄花逝水。"

1979年4月，孙婉病逝于澳门，享年84岁。该幅剪影是孙婉的养女，美籍华人司徒倩女士2004年11月23日捐赠给中国国家博物馆的。

孙婉在美国加州州立大学留学时的肖像剪影

100

书法艺术中的革命情怀

孙中山书"天下为公"

■ 张 冰

孙中山（1866—1925），名文，字载之，号日新，又号逸仙，幼名帝象，化名中山樵，常以中山为名。孙中山是中国民主革命伟大先行者，中华民国和中国国民党缔造者，三民主义的倡导者。孙中山是一位伟大的革命家。同时，他在书法艺术领域也有着独特的建树，他把自己的革命理念融合到了书法艺术中，纵观他的书法艺术，更多呈现出是建立在实用性基础上的一种艺术表达。

书法作为中国传统艺术的一种形式，具有独特的文化现象。书法通过抽象的线条来表达书家的一种情绪，艺术家的修养、性情决定艺术的格调和品位。孙中山的书法是通过他对社会和个体生命清晰的认识，将情感和认识深入到作品之中，最终呈现出来的一种艺术存在。孙中山书法艺术风格的产生与他的丰富的人生阅历有着紧密的联系。孙中山生于广东省香山县（今中山市）翠亨村的一个农民家庭。年少时入私塾读书，接受传统文化教育；青年时开始接受西方现代教育，了解西方文化和历史。之后，孙中山为民族独立、社会进步和人民幸福而终生致力于伟大的民族民主革命事业。孙中山学贯中西，心怀祖国和人民大众，其宽广的视野、高尚的情怀和崇高的境界赋予其书法以丰富的内涵。

"天下为公"出自儒家经典《礼记·礼运·大同篇》，描述孔子等古代先贤心目中"没有战争，人人和睦相处，丰衣足食，安居乐业"的理想社会。其中"天下为公"的思想符合近代民权思想及"民有、民治、民享"的政治理论，深为孙中山所推崇，也是孙中山书法经常采用的内容之一，孙中山常借助它来抒发和传播自己的政治理想。1924年，孙中山在题为《三民主义》的演说中，他这样解释"天下为公"："真正的

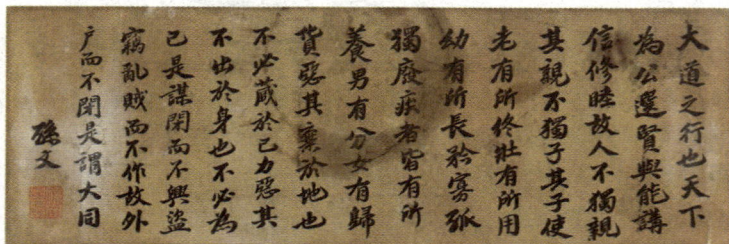

孙中山书《礼记·礼运·大同篇》横幅

孙中山题赠杨寿彭"天下为公"横幅

孙中山书"天下为公大道行"横幅

三民主义，就是孔子希望之大同世界"。

图一是孙中山书写的《礼记·礼运·大同篇》。全文如下："大道之行也，天下为公。选贤与能，讲信修睦。故人不独亲其亲，不独子其子。使老有所终，壮有所用，幼有所长。鳏寡孤独废疾者，皆有所养。男有分，女有归。货恶其弃于地也，不必藏于己。力恶其不出于身也，不必为己。是故谋闭而不兴，盗窃乱贼而不作。故外户而不闭。是谓大同。"正文共107字，通篇气息流畅、章法浑然一体、字体自然生动，毫无社会功利世俗之气。用笔稳健、朴拙、有力，显现出魏碑魄力雄强、意态奇逸的韵味，又透露着颜体的遒劲和苏体的丰润。逐字逐句细细品读，流露出孙中山书写此篇时平静、娓娓道来、不急不躁的内心，字里行间充满了对未来理想社会的期望。在作品的左下角落"孙文"名款，下方盖篆字"孙文之印"印章。名款和印章的位置恰到好处，使作品在构图上达到平衡，同时丰富了作品的节奏。

孙中山书写的另外两幅书法作品的内容"天下为公"（左图上）及"天下为公大道行"（左图下）都是出自《礼记·礼运·大同篇》。此篇"天下为公"是孙中山为旅居日本的华侨实业家杨寿彭题写的。杨寿彭（1881—1938）早年加入同盟会，曾任国民党神户交通部副会长，中华革命党神户大阪支部副支部长，中国国民党神户支部长。他长期坚定追随孙中山，热心党务，发动爱国华侨资助孙中山的革命事业。1913年，孙中山亲书"天下为公"横幅相赠，杨寿彭将其悬挂于会客室中。卢沟桥事变后，杨寿彭积极为国内抗战捐款，遭日本政府逮捕，身受酷刑，于1983年1月去世。基于此篇横幅不平凡的经历和对杨寿彭的影响，成为一幅十分著名的孙中山书法作品。"天下为公大道行"是孙中山针对《礼记·礼运·大同篇》内容的一种提炼、总结。通篇用笔浑厚遒劲，字体结构、框架清晰、硬朗，而不露锋芒。

文化形态上的变异随着社会观念的演进时有发生，书法在几千年的传承和发展中，内容和形式都在不断地发生变化。随着时代的发展，革命领袖的书法艺术以其独特的内容拓宽了书法的思想领域。孙中山将其革命精神融入书法艺术中，其书法作品不仅仅是作为一种艺术存在，更多的承载着孙中山的革命思想、政治主张，蕴含着孙中山的伟大情怀，起着唤起民众、宣传革命思想的重要作用。